B. & K.

Jörg Lüderitz

Neumärkisches Panorama

Zwischen Aurith / Urad und Zorndorf / Sarbinowo

Verlag Bock & Kübler

Gewidmet allen Deutschen und Polen,
die während des Zweiten Weltkrieges und danach
durch Flucht und Gewalt sowie durch Vertreibung
aus der Heimat gelitten haben.

© Verlag Bock & Kübler, 2004

Erkner bei Berlin

Friedrichstraße 23

D–15537 Erkner

Tel. und Fax 03362 / 590 350

Satz/Gestaltung: Kathrin Steuer

Fotos: Jörg Lüderitz

Farblithos: tritec Grafikwerkstatt Berlin

Einband: Zorndorf/Sarbinowo

Druck:

Verlag ITeE, Radom, Polen

ISBN 3–86155–110–1

.14,90

Inhalt

Geleitwort 7

Aurith / Urad: Die Schildbürger der Mark Brandenburg 9

Bad Schönfließ / Trzcinsko Zdroj: Rückschau ins Mittelalter 15

Bärwalde / Mieszkowice:
Der Sterbeort von Markgraf Waldemar 1319 22

Berneuchen / Barnowko:
Früher Fischzucht, heute Gasgewinnung 28

Bernstein / Pelczyce:
Wo der Mörder Masch sein Unwesen trieb 35

Betsche / Pszczew: Landschaftspark der Seen und Wälder 41

Driesen / Drezdenko:
Die östlichste Stadt Brandenburgs von 1260 bis 1945 47

Drossen / Osno:
Ein polnischer Priester bekennt sich zur Mark 53

Frankfurt–Dammvorstadt / Slubice:
Eine deutsche Vorstadt wird zur polnischen Universitätsstadt 59

Gleißen / Glisno: Das ostbrandenburgische Sanssouci 65

Kalau / Kalawa: Am Oder–Warthe–Festungsbogen 71

Königswalde / Lubniewice:
Naturschönheiten zwischen drei Schlössern 78

Liebenau / Lubzra: Unterwegs durch Klein–Masuren 84

Neudamm / Debno: Im Reich des Verlegers Julius Neumann 90

Neuwedell / Drawno: Nationalpark am Wildwasserfluss 98

Paradies / Goscikowo:
Zisterzienserkloster zum Priesterseminar 105

Inhalt

Pförten / Brody: Wo einst Graf von Brühl residierte   110

Rokitten / Rokitno: Ein Madonnenbildnis als Wallfahrtsziel   120

Rosenthal / Rozansko: Landpartie zum Picknick bei Frieda   126

Rostin / Roscin: Erinnerung an Granit und Tonpfeifen   134

Soldin / Mysliborz: Mahnungen für alle Zeiten   139

Sommerfeld / Lubsko:

Spitzweg–Atmosphäre in der Niederlausitz   146

Spiegelberg / Pozrzadlo: In der Nachfolge Theodor Fontanes   152

Sternberg / Torzym:

Ein Schnittpunkt früher Handelsstraßen   158

Vietz / Witnica:

Versöhnung unter Deutschen und Polen als Lebensmaxime   164

Woldenberg / Dobiegniew:

Museum im Kriegsgefangenenlager   171

Zantoch / Santok: Polnisches und deutsches Troja   177

Zehden / Cedynia: An den Karpaten des Nordens   183

Ziebingen / Cybinka: Das Refugium von Ludwig Tieck   190

Zielenzig / Sulecin: Aufgeschlossenheit für Fahrradtouristen   197

Zorndorf / Sarbinowo:

Der Pflug geht drüber hin – Schlachtfeld 1758   202

Zu diesem Buch   213

Quellen– und Literaturhinweise   214

Der Autor   219

Geleitwort

Gern habe ich dem Wunsch von Jörg Lüderitz aus Grünheide entsprochen, ein Geleitwort für sein jüngstes Buch über seine alte Heimat, die frühere Neumark, zu schreiben, die heute Bestandteil unseres Nachbarlandes Polen ist.

Schon der Buchtitel "Neumärkisches Panorama. Zwischen Aurith/ Urad und Zorndorf/Sarbinowo" weckt die Lust, die Essays dieses Bandes näher zu studieren und eine Landschaft wieder zu entdecken, die unserem Bewußtsein für lange Zeit entschwunden war. Der Autor sagt gleich zu Beginn, daß es ihm in seinem Werk nicht um Nostalgie, sondern um Versöhnung und die gemeinsame Zukunft von Deutschen und Polen im geeinten und freien Europa geht. Er wendet sich gleichermaßen an Deutsche und Polen, die als Folge des Zweiten Weltkrieges ihre Heimat verloren haben und eine neue Heimat begründen mußten. Die einzelnen Kapitel sind eine Fundgrube an Landes – und Lokalgeschichte. Sie machen eine alte Kulturlandschaft wieder lebendig, die zur Identität derer gehört, die dort einmal gelebt haben und die für die heute dort lebenden Menschen in gleicher Weise identitätsbildend im europäischen Sinne werden kann.

An der deutsch–polnischen Grenze, die in der Europäischen Union nicht mehr trennt, sondern die Menschen miteinander verbinden soll, spürt man deutlicher als anderswo die existentielle Bedeutung guter Nachbarschaft. Das Land Brandenburg hat es von Anfang an als seine zentrale Aufgabe angesehen, die Grenze für die Menschen durchlässig zu machen und zu einem verbindenden Element zwischen Deutschen und Polen zu gestalten.

Dazu leistet der Autor mit seinem Essay–Band einen wertvollen Beitrag. Er führt mit großer Liebe und Einfühlungsvermögen in die Geschichte und die Lebensverhältnisse von einst, aber auch in die von heute ein. Man spürt, daß es ihm um Tradition im besten Sinne geht. Die große Publizistin Marion Gräfin Dönhoff sprach während der Zeit des Kalten Krieges mit schmerzlicher Bitterkeit von den Namen, die keiner mehr kennt. Die Städte, von denen der

Autor in seinem neumärkischen Panorama berichtet, sind in die Geschichte zurückgekehrt, die heute eine gemeinsame Geschichte von Deutschen und Polen ist. Indem er dieses Panorama vor uns ausbreitet und mit den Menschen und ihren Schicksalen füllt, regt er uns an, das Fahrrad zu besteigen und durch die schöne Landschaft von Ort zu Ort zu radeln. Namen wie Aurith/Urad, Liebenau/Lubrza, Ziebingen/Cybinka und gar Paradies/Goscikowo haben einen bezaubernden Klang, dem man folgen sollte. Mit zahlreichen Quellen– und Literaturangaben ermöglicht es der Autor dem historisch interessierten Leser, noch tiefer in die Geschichte dieses Teils Mitteleuropas einzudringen.

Dr. Hermann Freiherr von Richthofen

Aurith / Urad
Die Schildbürger der Mark Brandenburg

Vom Osten her, aus den Seen des Sternberger Höhenlandes, kommt die Pleiske, ein schnellfließendes, klares und auffallend kaltes Gewässer, dem Oderstrome zugeeilt. In dem spitzen Winkel, welchen dieselbe bei ihrem letzten Laufe zur Oder bildet, liegt das große Dorf Aurith, im Volksmunde der dortigen Gegend Auerth genannt.

Die eine der Dorfstraßen liegt hoch an der Oder entlang; steil fällt die Kieshöhe hinter den Bauerngehöften zum Strome hinab, der zur Zeit der Hochfluten und des Eisganges zerstörend an dem Abhange rüttelt und manchen Kiesbrocken und Erdklumpen in die Tiefe zieht und hinweg führt, so daß man durch Anpflanzung von Baum – und Strauchwerk den weiteren Bestand des Ufers schützen muß.

Die zweite Hauptstraße geht dem Pleiskeufer nach. In jeder dieser beiden Straßen liegt ein Bauernkrug; im untersten Teil des Ortes, wo beide Straßen sich vereinigt haben, liegt der Schifferkrug. Von der Höhe der erstgenannten Straße blickt man über den Oderstrom hinweg nach dem Königlichen Dominium Aurith und weiter in eine fast drei Meilen lange und etwa eine Meile breite fette Aue, die saftige Wiesen und sehr fruchtbaren Ackerboden aufweist, vor fünfzig Jahren aber noch fast ganz von einem mächtigen Eichen– und Erlenwalde bedeckt und von Sümpfen durchzogen war.

Johannes Samuel Paulus Golling

Aurith (Auszug)

Aus: "Die Provinz Brandenburg in Wort und Bild", Band 2 (1912)

Es ist ein beschauliches und friedliches Landschaftsbild, das der Autor in dieser Schilderung vor uns ausbreitet. Bis zum heutigen Tag hat es kaum Veränderungen erfahren. Und doch ist um Fluß, Hügel und Niederungen ein Wandel vorgegangen.

Nach dem Willen der Siegermächte wurde im Ergebnis des Zweiten Weltkrieges im Jahre 1945 die Oder zur neuen Grenze zwischen Deutschland und Polen. Während es vordem meist üblich war, daß die seßhafte Bevölkerung wohnen bleiben durfte, wurde diesmal verfügt, sie müsse ihre Heimat räumen. Den größten Teil der Aurither Bevölkerung traf somit, wie gleichzeitig insgesamt etwa zwölf Millionen Deutsche, das grausame Schicksal der Vertreibung von Haus und Hof, des Verlustes von Hab und Gut. Seither besteht ein deutsches Aurith nur noch am Westufer der Oder, dort wo der Standort des früheren Dominiums, eines kleinen Gutes, war.

Das eigentliche Bauerndorf heißt jetzt Urad und wird von Polen bewohnt, die seinerzeit ebenfalls die Heimat verlassen mußten.

Inzwischen zogen Jahrzehnte ins Land. Die meisten der damals Vertriebenen beider Länder leben nicht mehr. Doch ihre Nachkommen, auch die in Aurith/Urad, setzen sich vorrangig nach den politischen Wandlungen um 1990 mit der gesamten Geschichte und Kultur ihrer Region auseinander. Und gerade hier gibt es manch Interessantes aus der germanischen und slawischen, der deutschen und der polnischen Tradition zu entdecken.

Die Bezeichnung für Aurith rührt aus dem Slawischen her und war ursprünglich die Deutung für "eine Ansiedlung auf einem aus dem sumpfigen Untergrund herausragenden Geländestück". Eine direkte Übersetzung lautete: "Hintern", oder auch "das dicke Ende der Getreidegarbe".

Aurith/Urad ist ein uraltes Siedlungsgebiet. Aus der Steinzeit und der frühen Bronzezeit gibt es dafür keine Nachweise. Um so ergiebiger sind bedeutende Funde aus der mittleren Bronzezeit mit ihrer sogenannten Lausitzer Kultur von 1 200 bis 800 vor der Zeitenwende, die von der Oder nach Osten bis auf die Landschaft um Posen/Poznan und im Westen bis zur Linie Strausberg/Lübben ausstrahlte.

In Aurith/Urad wurde ein kompletter Urnenfriedhof freigelegt, der die Seßhaftigkeit der Bevölkerung in dieser Zeit nachwies. Man fand hier zahlreiche Formen von Trinkgefäßen mit mehr oder weniger bauchigen Unterteilen sowie Verzierungen mit Linien–, Punkte– und Kerbmustern. Diese Eigentümlichkeiten ließen sie als besonderer "Aurither Typ" innerhalb der Lausitzer Kultur in die Ur– und Frühgeschichtsschreibung eingehen.

Es folgten Einflüsse der keltischen Kultur sowie die Besiedlung durch germanische Stämme, von denen auf der Gemarkung von Aurith/Urad Vogelkopf–Fibeln, also Spangen zum Schließen der Kleidung, gefunden wurden.

Semnonen, Wandalen, Burgunden und Rugier lebten neben– und nacheinander an der mittleren Oder. Der Wandertrieb ließ sie nach Westen und in den Süden weiterziehen.

In dem Buch "Das Sternberger Land im Wandel der Zeiten" ist der aufschlußreiche Bericht des byzantinischen Geschichtsschreibers Prokop über den Wechsel von der germanischen zur slawischen Besiedlung nachzulesen:

"König Geiserich hatte mit den abgewanderten Wandalen im Raum des zerstörten Karthago ein neues Reich gegründet, das Sizilien, Korsika und die Balearen umfaßte. Eine Abordnung aus dem Sternberger Land, von der Prokop berichtete, bestand aus wandalischen Stammesgenossen, die in der alten Heimat zurückgeblieben waren und um 450 nach Christus dem König einen Besuch machten. Sie übermittelten die Grüße der Daheimgebliebenen und baten schließlich die ausgewanderten Verwandten um Verzicht auf die Besitzrechte in der alten Heimat. Angeblich soll diese Bitte vergeblich gewesen sein. Jedenfalls läßt sich aus dem knappen Bericht des Byzantiners der Schluß ziehen, daß die Stammesverfassungen der Germanen außerordentlich stabil waren. Die Familienbindungen müssen besonders fest gewesen sein, wie auch die Einstellung zum persönlichen Eigentum festgefügt war.

Wie sonst hätten sich wegen dieses Anliegens Abgesandte für eine derart beschwerliche Reise finden lassen. Wir kommen auch deshalb zu der Auffassung, daß am Ende der Völkerwanderung um 600 nach Christus das Gebiet zwischen Weichsel und Elbe nicht menschenleer gewesen sein kann, sondern beachtliche Gruppen von Germanen weiterhin in den alten Wohngebieten lebten.

Die wandalische Reisegesellschaft zeigt auch, daß nicht nur Alte und Gebrechliche zurückgeblieben waren. Doch kann nicht geleugnet werden, daß die Abwanderer viel freien Raum und auch viele geräumige Dörfer hinterließen. Es gab also genug Platz für neue Siedler, die aus dem Osten, von Böhmen und Schlesien her der Oder und Elbe folgend, in den mitteldeutschen Raum stießen. Sie setzten sich in die verlassenen Dörfer und Höfe und nahmen für etwa 500 Jahre auch das Sternberger Land in Besitz".

Aurith/Urad gehörte nach der Einwanderung dieser Slawen zeitweilig zum sogenannten Kleinen Wendengau. Hier befand sich das Stammland der Leubuzzi, also der Lebuser.

Erstmals ist nun ein fester Wohnplatz nachweisbar, und zwar als Rundling, bei dem sich um einen Teich herum die Häuser gruppierten. Etwa vom 7. bis zum 9. Jahrhundert lebte jeweils ein Geschlechtsverband in solch einer Frühform des Dorfes. Die Entstehung des polnischen Herzogtums im 10. Jahrhundert mit seiner Grenze an der Oder sowie die Gründung des Bistums Lebus um das Jahr 1125 brachte das Christentum und mit Wahrscheinlichkeit auch eine Vergrößerung von Aurith/Urad mit sich.

Vertraglich vereinbart kam nach 1250 der Ort als Teil des Lebuser Landes unter die Herrschaft der Markgrafschaft Brandenburg. Wie es hieß, wurde von der einheimischen Bevölkerung "niemand vertrieben oder unterworfen". Die Slawen sollen sich auch nicht bedroht gefühlt, sondern sich bald dem "deutschen Reglement" angepaßt haben.

Aurith/Urad nahm mit einigen weiteren Orten der Umgebung eine gewisse Sonderstellung ein, denn dort wurden Trachten über Jahrhunderte weiter bewahrt und getragen und auch slawisches Sprachgut bis in das 17. Jahrhundert hinein gepflegt. Wahrscheinlich war hier der Anteil der bereits vorher seßhaften Bevölkerung besonders hoch.

Erstmals urkundlich erwähnt wurde das Dorf – im Besitz des Johanniterordens befindlich – im Jahre 1350. Schon um diese Zeit wurde eifrig die Waldbienenzucht betrieben. Von 1429 bis 1817 befand sich Aurith/Urad im Besitz des Zisterzienserklosters Neu Zelle. Die Bauern hatten dorthin einen jährlichen Zins zu entrichten. Von den Besitzern der kleineren Höfe war Holz zu schlagen. Auch die Bewirtschaftung der Klosterwiesen war genau geregelt.

In den vierziger Jahren des 19. Jahrhunderts kam es im Zuge der

Separation zur neuen Landesverteilung auf die nun staatliche Grundherrschaft und die Bauern. Ebenso wurden die Hütungs– und Holzrechte neu aufgegliedert. Das durch Abholzungen entstandene kleine Gut, ein königliches Dominium, lag westlich der Oder und war mit der Wagenfähre zu erreichen. Am Fluß befand sich ein Holzstapelplatz.

Eine schlimme Feuersbrunst hatte im August 1802 das gesamte Dorf einschließlich der Kirche vernichtet. Es mußte alles neu aufgebaut werden. Das Gotteshaus stand 1816 wieder.

Die Bevölkerungszahl von Aurith/Urad stieg bis zum Jahr 1939 auf rund 1.300 an. Wer nicht in der Landwirtschaft tätig war, der arbeitete in der nahen Papierfabrik Pulverkrug. Auch lebten etwa zwanzig Schiffer im Dorf, und es gab gewerblichen Fischfang an der Oder.

Die Bewohner von Aurith/Urad galten zur deutschen Zeit als brandenburgische Schildbürger. Als Ursache wird angenommen, daß der Ort sehr abgeschieden inmitten weiter Wälder lag. Wenn die Bauern einmal bis in das städtische Frankfurt kamen, wurden sie wegen ihrer Naivität manchmal von den überheblichen Bürgern und Studenten verspottet. Von den Geschichten, die man ihnen andichtete, seien an dieser Stelle zwei Beispiele erwähnt:

Als die ersten Salzheringe nach Aurith gebracht wurden, fanden sie so sehr den Beifall der Bewohner, daß diese beschlossen, diese Fische in ihren Gewässern anzustammen. Ein Fäßchen Heringe wurde gekauft und in einem kleinen See zur Vermehrung ausgeschüttet; im nächsten Jahre wurde das Wasser des bequemen Einfangens der Fische wegen abgelassen. Man fand nur einen Aal und war überzeugt, dieser habe alle Heringe und ihre Brut verzehrt und war sich einig, daß er auf die martervollste Weise bestraft und umgebracht werden sollte. Verschiedene Todesarten waren bereits in Vorschlag gebracht, aber als nicht hart genug befunden worden. Da rief eine Stimme: "Wir wollen ihn ersäufen, das soll ein schwerer Tod sein". Dieser Vorschlag fand Zustimmung. Man warf den Bösewicht ins Wasser und wohlig schlängelt er von dannen. Die Zuschauer aber stehen und urteilen mit Grausen: "Das Ersäufen muß doch ein schwerer Tod sein; habt ihr gesehen, wie er sich hat krümmen müssen?"

Und hier eine zweite Geschichte:

Aurith gehörte zum Sternberger Gebiete. Nach dem Amte in Zielenzig waren die Abgaben abzuliefern. Durch weite und dichte Wälder führte der Weg dorthin. Als nun einmal zwei der Männer beauftragt waren, die zusammengebrachten Steuern dorthin zu tragen, durchschritten sie, aus der Aurither Heide hinausgetreten, das Matschdorfer Waldrevier. Das schwere Kurantgeld war in Kober verpackt, die an Stricken auf ihren Schultern hingen. Da hörten sie einen Kuckuck rufen. "Hörst du den Kuckuck rufen?", sagte der eine, "Ja", erwiderte der andere, und aufhorchend setzte er hinzu: "Das ist unser Kuckuck!" Darauf der erste wieder: "Das ist wahr, das ist unser Kuckuck, der ist uns nachgeflogen". Und der zweite darauf: "Ei, den wollen wir nach Hause treiben, den müssen wir nach Hause treiben". Kurz entschlossen hängen beide ihre schweren Geldkober an einen Baum, und das Kuckuckstreiben beginnt, bis der Vogel über die Aurither Grenze hinübergescheucht ist.

Zufrieden mit ihrem Erfolg kehren beide nach ihrem Wege und der Stelle zurück, wo sie ihre Kober aufgehängt hatten. Aber, o wehe! Kober und Geld waren verschwunden. Die Aurither hatten zwar ihren Kuckuck wieder, aber es war ihnen teuer zu stehen gekommen. Sie behielten ihn nun auch auf dem Halse und haben ihn heutigen Tages noch, denn die Geschichte wurde in der Gegend bekannt, und seit der Zeit neckt man jeden Aurither damit, und sagt besonders zu jedem jungen Ortsangehörigen, wenn er in Gesellschaft anderer zu reden wagt, etwa auf Jahrmärkten und vornehmlich bei den jährlichen Gestellungen zur Militäraushebung: "Du bist ein Aurither Kuckuck! Auertscher Kuckuck!"

Die Aurither sollen aber auch selbstbewusst und lokalpatriotisch gewesen sein. Davon zeugt ihr kerniger Wahlspruch: "Auert bleibt Auert, solange die Welt dauert!" Den Lehrern Golling (1837–1917) und Schubel (geboren 1913), die ihre Jugendzeit in Aurith verbrachten, verdanken wir die Aufzeichnung und Bewahrung mancher der alten Geschichten, so auch dieser.

Aurith/Urad unterscheidet sich heute wenig von anderen Grenzdörfern. Nun verläuft zwar ein starker Verkehr am Ortsrand vorbei, auch nähern sich Wirtschaftsflächen immer mehr, aber an der

Oderseite mit größerem Wald als früher und an der Pleiske/Pliszka ist es idyllisch wie eh und je.

Auf deutscher Seite ist aus dem Gut ein richtiges kleines Dorf geworden, das gern von Radwanderern bei ihren Touren entlang am Oderdamm aufgesucht wird.

Noch gibt es nicht wieder den Fährbetrieb, aber hoffentlich bald führt er die deutschen und die polnischen Bewohner von Aurith und von Urad zusammen. Bislang ist die Sprachbarriere eine Hürde beim gegenseitigen Kennenlernen oder beim Erzählen alter Geschichten. Aber viele deutsche Texte über Ostbrandenburg und seine Geschichte wurden bereits ins Polnische übersetzt, vielleicht auch schon die von den brandenburgischen Schildbürgern aus Aurith an der Oder.

Bad Schönfließ / Trzcinsko Zdroj
Rückschau ins Mittelalter

An der Stelle der heutigen Stadt Bad Schönfließ, welche in älteren Zeiten vielfach Schowenfleet genannt wurde, stand der Sage nach vor Zeiten ein kleines Dorf, Dornbusch geheißen. In der Nähe des Dorfes lebte einst ein Fürst, der eine einzige Tochter hatte, die er über alles liebte, und der er nie einen Wunsch versagte, das war die Prinzeß Edeltraut.

An einem schönen Sommertage wollte sie mit ihren Gespielinnen ein kühles Bad in den klaren Fluten des Baches nehmen, der mit munterem Geplätscher bei dem Dorfe Dornbusch vorüberfloß. Wie sie aber mit ihnen zum Bache herniederstieg und denselben ziemlich erreicht hatte, sah sie zu ihrem Schrecken, daß sie von demselben durch eine scharfe Dornenhecke getrennt war, also von dem ersehnten Bade Abstand nehmen mußte. Schnell entschlossen wandte sie sich mit der Bitte an ihre gütige Fee, duftende Rosen an dieser Stelle hervorzuzaubern. Kaum war dieser Wunsch ausgesprochen, so befand sie sich mit ihren Gespielinnen inmitten blühender weißer und roter Rosen; die häßliche Dornenhecke aber war verschwunden.

Die Prinzessin war von dem wundervollen Anblick so überrascht und entzückt, daß sie ihren Vater bat, dem Dorf statt des häßlichen Namens Dornbusch den weit schöner klingenden Namen Schönfließ zu geben. Gern willfahrte der Vater der Bitte seines über alles geliebten Kindes, und so erhielt der Ort den Namen, den er noch heute führt.

Rudolf Schmidt
Die Entstehung des Namens der Stadt Schönfließ.
Aus: "Sagenschatz des Kreises Königsberg"

Die meisten Städte Brandenburgs bildeten sich an Orten, die schon vorher besiedelt waren; so auch in der Neumark. Vorläufer waren häufig Marktflecken. In deren Vorgeschichte sind oft slawische oder germanische Wohnstätten, auch Burganlagen nachgewiesen. Vorwiegend an Flüssen, Seen und an sumpfigen Niederungen bestand die günstigste Möglichkeit zum Ausbau der Siedlungen bis zur Stadtgründung. Eine weitere Voraussetzung war die Lage an einem Handelsweg, manchmal noch die Grenzsituation. Dort, wo dann die Hauptstraßen oder später die Bahnstrecken andere Routen nahmen, entwickelten sich die Städte kaum weiter.

Als Beispiele in der östlichen Mark Brandenburg könnte man dafür Göritz/Gorzyca, Königswalde/Lubniewice, Lagow/Lagow und Zehden/Cedynia nennen. Bad Schönfließ/Trzcinsko Zdroj erlitt ein ähnliches Schicksal. Doch sind hier sehenswerte mittelalterliche Befestigungsanlagen erhalten geblieben.

Stadtmauern einschließlich der Tore und Türme wurden errichtet, um sich vor Feinden zu schützen. Zugleich waren sie Abgrenzungen des mit Wohn–, Wirtschafts– und Verwaltungsgebäuden bebauten Stadtgebietes. Das kann man sehr gut auf alten Plänen und Stichen erkennen. Für das aufblühende Bürgertum galt eine vortrefflich ausgestattete Befestigung außerdem als Zeichen der Macht und Stärke. Vorher gab es bereits Gräben und Wälle oder Holzbe-

festigungen als Verteidigungsanlagen. Nun wurden sie aus Feld–
und Ziegelsteinen errichtet und im Rahmen der herrschenden Bau-
stile zusätzlich künstlerisch gestaltet.

Die Tore waren wichtig zum Öffnen und Schließen des Stadtgebietes. Von den Türmen aus verfügte man über eine weite Sicht. Außerdem lagerten in ihnen Waffen und Munition. Weitere Räumlich-
keiten entstanden in den an– und eingebauten Weichhäusern. In
den Städten Königsberg/Chojna, Lippehne/Lipiany, Soldin/Mysli-
borz und Bad Schönfließ/Trzcinsko Zdroj sind jeweils zwei Stadttore erhalten geblieben. Außerdem erhebliche Teile der Stadtmauern mit einigen Anbauten sowie mehrere Türme. Gerade im heutigen Trzcinsko Zdroj präsentieren sich diese Bauten sehr reizvoll.
Das stille Städtchen strahlt noch immer eine Atmosphäre wie in alten Zeiten aus. Wenn man, vorbei an Obstplantagen und Feldern,
aus Richtung Oder und aus Königsberg/Chojna auf den Ort zu-
kommt, fallen die traditionellen Ackerbürgerscheunen auf. Während die Fernstraße dann außerhalb der Stadtmauer das Zentrum
umgeht, kommt man geradeaus auf das Königsberger Tor. Bis zum
Marktplatz ist es nicht weit. Hier erhebt sich das prächtige Rathaus. Es wurde bereits im Jahre 1409 erwähnt, aber um 1550 zu seiner heutigen Form umgebaut. Die beiden spätgotischen Giebel sind
mit kunstvollen Verzierungen geschmückt. Sehenswert ist auch das
Gewölbe im Innern.

Die gotische Feldsteinkirche aus dem 13. Jahrhundert gehört zu
den ältesten Gebäuden der Stadt. Auch sie wurde später umgestal-
tet und erhebt sich etwas abseits vom Marktplatz.

In Richtung Stadtsee führt die Straße, eigentlich mehr eine Gasse,
zum Promenadenweg hinter dem früher hier befindlichen Wasser-
tor. Der Spazierweg zieht sich durch Grünanlagen zwischen Gewässer und Stadtmauer hin, vorbei am ehemaligen Moorbad bis zum
Park am Nordende der Altstadt, wo sich in der Nähe eines Stor-
chenturmes Gaststätte und Freilichtbühne befinden.

Die Lage zwischen Wasser und Sumpf ergab, daß Schönfließ nicht
als typischer Rundling angelegt werden konnte. Dadurch bietet sich
die Stadtmauer an zwei längeren Strecken fast geradlinig dar. Am
Südende kommt man am Steintor heraus, das auch als Soldiner Tor
bezeichnet wird. Hier bestehen sogar noch zwei Nebendurchgänge,

davon einer für Fußgänger. Schließlich entdeckt man eine historische Flügeltür. Aus massivem Holz und mit Eisenbeschlägen ausgestattet, hat sie in der Hauptdurchfahrt witterungsgeschützt die Jahrhunderte überdauert. Leider ist keines der beiden Tore zu besteigen.

Nachfolgend einige Angaben zur frühen Geschichte der Stadt, entnommen den "Untersuchungen zur Entstehung und Frühgeschichte der neumärkischen Städte" von Hellmut Wittlinger aus dem Jahre 1932:

"Schönfließ erscheint als Vorposten des Landes Königsberg, der den einzigen Weg nach Osten zu decken oder zu sperren hatte. Vielleicht war es zunächst nur ein befestigter Platz, wir wissen es nicht; vor 1266 ist dann im Anschluß an ihn die deutsche Stadt entstanden, die erstmalig 1281 urkundlich genannt wird. Schon damals mag der Rat seines Amtes gewaltet haben, wenn die Ratsmannen auch erst 1320 bezeugt sind. Der Schulze, der Vertreter des Landesherrn, sprach Recht; zu seinen Einkünften gehörte neben Hebungen aus den Mühlen der dritte Teil aller Zinsen und Gerichtsgebühren. Bauten am Markt und in den Straßen waren geplant, während weitere Mühlen und Gärten ebenfalls angelegt werden sollten. 1296 hatten Einwohner der Stadt Handelsbeziehungen zu der pommerschen Stadt Bahn angeknüpft.

Überhaupt sah die Zeit der Askanier die Stadt auf der Höhe ihrer Entwicklung, was aus den Landerwerbungen klar ersichtlich ist. 1307 zahlte man den Markgrafen Otto und Waldemar für das wüste Dorf Sonnenberg 90 Talente, und 1317 konnte Schönfließ für einen Wald 450 Talente brandenburgischer Pfennige anlegen. Zur Wahrung dieses Besitzstandes war dann wohl auch das Bündnis gedacht, das die Stadt 1320 mit Königsberg, Bärwalde und Mohrin schloß.

Die unruhigen Zeiten nach dem Aussterben der Askanier bedeuteten für Schönfließ den Stillstand der Entwicklung und den Abstieg, denn alle Urkunden jener Zeit stehen im Zeichen sich immer wiederholender Hilfsleistungen seitens des jeweiligen Landesherrn. 1334 erteilte Markgraf Ludwig der Ältere der Stadt auf 6 Jahre Zollfreiheit und das Recht der Getreideausfuhr; 1356 wurde die Zollfreiheit für ewige Zeiten verliehen.

Geldlich hat Schönfließ wohl nie über große Mittel verfügt, denn zur Auslösung der Lausitz hatte man augenscheinlich nur 50 M. beigesteuert, da 1338 fünf Mark von der jährlichen Summe erlassen wurden".

Bad Schönfließ/Trzcinsko Zdroj blieb im Schatten von Königsberg/Chojna und Soldin/Mysliborz immer ein kleines Ackerbürgerstädtchen mit höchstens etwas über 2.800 Einwohnern. Um das Jahr 1900 wurde es allerdings aus seinem Dornröschenschlaf geweckt. Darüber erfahren wir in dem Band "Kreis Königsberg/Neumark":

"Im Faulen Bruch, einer Landschaft mit schilfbewachsenen Teichen, Moortümpeln, Birken– und Eichenbeständen, 2 km südlich der Stadt gelegen, entdeckte man ein großes Vorkommen von Moorerde mit einem hohen Gehalt von Mineralstoffen. Besonders Eisen und Schwefel.

Durch die Initiative des Arztes Dr. Bading wurde 1898 auf einer Halbinsel im Stadtsee ein Badehaus errichtet. Da der Badebetrieb eine günstige Entwicklung nahm, konnten die Anlagen erweitert werden. 1905 zählte man schon fast 4.000 Badegäste. Ab 1907 durfte sich die Stadt als einziger Ort in der Neumark Bad nennen. Bad Schönfließ entwickelte sich zu einer hübschen kleinen Kurstadt, die auch wirtschaftlich in vielfältiger Weise von den Badegästen profitierte. Ein schöner Kurpark mit Musikpavillon und gepflegte Anlagen am See entstanden. Kurkonzerte, Tanzveranstaltungen, Badeanstalten, Bootsverleih zogen auch Tagesgäste an.

Die reizvolle landschaftliche Umgebung bot viele Ausflugsziele, so besonders den 2 km entfernt gelegenen Stresower See und Wildenbruch mit seinen Buchenwäldern, Seen, den Hühnenbergen und dem Rummelspring".

Von Bad Schönfließ/Trzcinsko Zdroj hatte ich bereits viel gehört, bevor ich den Ort erstmalig 1991 besuchte. Eltern und Großeltern hatten sich über die Kurstadt und die dortigen Behandlungen lobend geäußert. Eine spätere Bekannte lebte dort zur deutschen Zeit. Sie schwärmte ebenfalls von dem Städtchen, seinen mittelalterlichen Bauten und vor allem von der schönen Lage am See. Das dadurch erahnte Fluidum traf ich tatsächlich so an. Lediglich eine schöne Badestelle vermißte ich. Dieser Bekannten blieb wie den meisten Bewohnern östlich von Oder und Neiße ein schweres Schicksal am Kriegsende 1945 nicht erspart. Konfrontationen mit Erschießungen, Vergewaltigungen, Brandstiftungen und anderen furchtbaren Taten und schließlich die Vertreibung haben sie – wie viele andere – innerlich erschüttert und lebenslang geprägt.

Der Zufall wollte es, daß ein Verwandter meiner Bekannten schon immer die Neumark per Rad erkunden wollte. Der Kontakt kam zustande, und Pfingsten 1992 suchten wir zu zweit unter anderem Bad Schönfließ/Trzcinsko Zdroj mit seiner Umgebung auf. Er lebte als Schüler während des Zweiten Weltkrieges hier bei der Verwandtschaft und hatte noch manche Erinnerungen an diese Zeit. Zur Mittagszeit rasteten wir auf dem mit Sitzplätzen und Blumen ausgestatteten Marktplatz der Stadt. Das Rathaus wurde besichtigt. Pfingstmontag ist in Polen kein Feiertag, so daß Geschäfte und Behörden geöffnet hatten und reger Betrieb herrschte. Sogar Touristen tauchten auf. Ein Vater mit Sohn und Tochter unternahm ebenfalls eine mehrtägige Tour mit dem Fahrrad. Sie kamen aus Berlin und hatten den Grenzübergang bei Schwedt genutzt. Begeistert berichteten sie über die ruhigen Straßen und die idyllischen Seen in der Umgebung.

Eine andere Familie war auch per Rad unterwegs. Diese Familie stammte aus Bad Schönfließ und dem Nachwuchs wurde die Heimat der Eltern gezeigt. Zu polnischen Bewohnern hatte die Familie bereits freundschaftliche Kontakte hergestellt. Für meinen Radtour–Partner bot das eine gute Gelegenheit, sich über die Vorkriegs– und Kriegszeit auszutauschen.

Vor dem Rathaus machte ich auch die Bekanntschaft einer Polin. Sie sprach deutsch und wir kamen schnell in eine Unterhaltung über ihr Leben. Als junges Mädchen wohnte sie in Rostock. Nachdem die Rote Armee 1945 Mecklenburg besetzte, wurde sie von dieser zur Arbeit herangezogen. Eine große Viehherde mußte in Richtung Osten getrieben werden. Sie wußte schon nicht mehr, wie weit nach Rußland hinein der Treck ging. Nachdem man die Begleiter der Herde freigelassen hatte, mußten sie sich auf eigene Faust heimwärts durchschlagen. An der Oder wurde es kompliziert, da es zu diesem Zeitpunkt kein Hinüberkommen ohne Papiere gab. Notgedrungen mußte man sich auf der inzwischen polnischen Seite des Stromes vorläufig einrichten. Schließlich fand sich diese Frau mit ihrem Schicksal ab, heiratete einen Polen und wurde seßhaft. Ein Lebensweg, der zwar nicht oft vorkommt, der aber durch die Kriegs- und Nachkriegswirren auch nicht unmöglich ist.

Weitab vom starken Verkehr und von Industrieanlagen ist Bad Schönfließ/Trzcinsko Zdroj mit seiner Umgebung eine echte Idylle mit mittelalterlicher Atmosphäre. Nicht einmal der Kurbetrieb wurde wieder aufgenommen. Das ursprüngliche Badehaus dient als Seniorenheim. An den Promenadenwegen und entlang der Stadtmauer herrscht Stille vor.

Fuß- und Radwanderer nutzen gern den markierten Weg in Richtung Norden durch eine wald- und wasserreiche, aber auch hügelige Landschaft mit dem Ziel Wildenbruch/Swobnica im Pommerschen.

Der frühere Bewohner Benno Riech hat in dem Gedicht "Unsere Heimatkirche in Bad Schönfließ" eine Stimmung zum Ausdruck gebracht, die man noch immer vorfindet. Auch kann man nachempfinden, wie schmerzhaft es gewesen sein muß, aus solch einer Heimat für immer vertrieben zu werden:

"Da liegst du, Städtlein an dem See,

Steil stößet in die blaue Höh'

Des lieben Kirchturms Spitze,

Und über Dächer, Gärten grün

Ziehn feierlich die Töne hin

Vom hohen Glockensitze...

So oft Dein Bild mir wiederkehrt,

Du traute Stadt so lieb und wert,

Mit Mauern und mit Türmen,

Dann tief mir durch die Seele geht

Der fromme Wunsch wie ein Gebet:

O möge Gott Dich schirmen!"

Bärwalde / Mieszkowice
Der Sterbeort von Markgraf Waldemar

Südlich von Königsberg in der Neumark liegt, schon außerhalb des Sandergebietes der Hinterpommerschen–Neumärkischen Endmoräne, die Stadt Bärwalde am westlichen ande einer Geschiebemergelfläche, die hier durch den Niederungsstreifen des Kuritztales gegen das sandige Waldgebiet westlich der Stadt abgegrenzt wird. Das Stadtgebiet selbst nimmt die Spitze einer Halbinsel ein, die durch Niedermoorstreifen und durch den langgestreckten "Großen See" aus der Fläche des Geschiebemergels herausgeschnitten wird. Demnach besteht auch der Baugrund aus dieser Bodenart...

Der Stadtplan weist ein klares Parallelsystem auf, das durch drei Längs– und fünf kurze Querstraßen das Stadtgebiet in seinem Kern in ziemlich regelmäßige Baublöcke zerlegt.

Der Platz für den Markt und für die Kirche, durch Aussparen je eines Baublockes gewonnen, bildet den Mittelpunkt der Anlage, um die sich die anderen Baublücke herumlegen.

Hellmut Wittlinger

Untersuchungen zur Entstehung und Frühgeschichte der neumärkischen Städte (Auszug) 1932

In die europäische Geschichte trat das beschauliche Ackerbürgerstädtchen Bärwalde/Mieszkowice durch den Tod des letzten askanischen Markgrafen von Brandenburg im Jahre 1319 ein. Der damalige Herrscher Woldemar, auch Waldemar genannt, war bei Schwedt die Oder überschreitend in die Stadt gekommen. Wahrscheinlich hatte er die Absicht, von hier in seine kurz zuvor erworbenen Gebiete um Schwiebus/Swiebodzin und Züllichau/Sulechow weiterzureisen. Der Vermutung nach soll der Markgraf in der früheren Anschrift Königsstraße 6 sein Quartier gehabt haben.

Johannes Schultze schreibt in seinem Geschichtswerk "Die Mark Brandenburg. Erster Band" von 1961:

"Hier in Bärwalde scheint ihn ein plötzliches Fieber befallen zu haben. Die Urkunden, die er hier als letzte Handlungen seines Lebens noch ausstellen ließ und die Zeugnis ablegen von seinem Aufenthalt in der neumärkischen Stadt, waren bereits von Sorge um das Seelenheil diktiert und von Todesahnungen durchweht.

Die letzte Handlung des kranken Markgrafen war die am 14. August beurkundete Schenkung an Kloster Chorin, wo, wie es in der Urkunde heißt, auch seine Gebeine neben denen der Vorfahren ruhen sollten. Der dabei gemachte Hinblick auf das jüngste Gericht ist ebenfalls für des Schenkers Zustand bezeichnend.

Man darf mit ziemlicher Sicherheit annehmen, daß Woldemar sein Leben im Alter von Höchstens 40 Jahren am 14. August 1319 beschlossen hat. Eine unmittelbare Nachricht darüber liegt nicht vor. Die Markgrafenchronik verzeichnet nur das Jahr und die Beisetzung in Chorin.

Nähere Angaben finden sich allein in der späteren Chronik des Dominikaners Heinrich von Hervord (gest. 1370), der von der Erkrankung an einem heftigen Fieber, einer neuntägigen Aufbahrung des einbalsamierten Leichnams und der Beisetzung unter großem Gepränge berichtet.

Auffallend ist eine so lange Aufbahrung in den Tagen des Hochsommers, auch wenn eine Balsamierung stattgefunden hatte. Nach den Zeugenlisten der letzten Urkunden befanden sich zur Zeit seines Ablebens immerhin zwölf weltliche und geistliche Persönlichkeiten in seiner Umgebung..."

Um 1320 war Bärwalde/Mieszkowice eine für diese Zeit bereits recht begüterte Stadt. Urnenfriedhöfe und Einzelfunde legen Zeugnis davon ab, daß es in dieser Region schon in der Steinzeit Wohnstätten gab. Um 1900 wurde ein größerer Bronzeschatz aus der Zeit um 1 500 vor der Zeitenwende entdeckt und geborgen.

Nachdem zwischenzeitlich der germanische Stamm der Burgunden in der Umgebung gesiedelt hatte, folgte während der slawischen Zeit ein Burgwall am Großen See.

23

Der Legende nach soll der erste polnische Herzog, Mieszko I., am späteren Bärwalde/Mieszkowice vorbeigezogen sein und an dieser Stelle eine Siedlung gegründet haben. Im 10. Jahrhundert hatten die Polanen ihren Machtbereich bis an die Oder ausgeweitet und zeitweilig die weiter nördlich siedelnden Pomeranen unterworfen.

Bei den weiteren historischen Darlegungen halte ich mich an die Angaben von Wittlinger und an das Buch "Kreis Königsberg/Neumark. Erinnerungen an einen ostbrandenburgischen Landkreis".

Die erste Erwähnung des Namens erfolgte 1295, als Markgraf Albrecht III, in "Berenwalde" dem Nonnenkloster zu Bernstein im Kreis Soldin eine Schenkung beurkundete. Über Berenwalde ist zwar nichts Näheres gesagt, doch wird man wohl bereits die deutsche Stadt ansetzen dürfen, die 1298 urkundlich belegt ist. Sie verdankt ihr Entstehen vielleicht Albrecht III., dem 1284 unter anderem auch dieser Teil des späteren Kreises Königsberg zugefallen war. Er ist es wahrscheinlich auch gewesen, der sie mit dem Rechte der Stadt Strausberg bewidmet hat, die ebenfalls zu seinem Gebiet gehörte.

Die Aufgabe der Stadt war es, die Straße von Küstrin/Kostrzyn nach Norden, die unmittelbar nordwestlich von Bärwalde/Mieszkowice das Tal der Kuritz in der Richtung auf Mohrin/Moryn überschritt, und die man geschickt in die Stadtplanung einbezogen hatte, zu beobachten und notfalls zu sperren.

Kirchlich war die Stadt dem Bistum Cammin/Kamien Pom. eingegliedert. Das Patronat der Stadtpfarrkirche besaß seit 1298 das Domstift zu Soldin/Mysliborz. Ein Hospital zum Heiligen Geist und eine Kalandsgilde waren weitere kirchliche Einrichtungen, von denen wir Kunde haben. Zwischen 1347 und 1360 ist in Bärwalde/Mieszkowice ein Propst nachweisbar.

In diese Jahrzehnte fällt die Blütezeit der Stadt. Es entstand die mächtige Stadtpfarrkirche St. Marien. Zunächst ein gotischer Feldsteinbau und 1350 urkundlich erwähnt, wurde sie danach mehrmals in Backsteinbauweise erweitert. Im Jahre 1353 wurde sogar die neumärkische Münze nach Bärwalde/Mieszkowice verlegt. Um das Jahr 1360 schlossen sich die Handwerker zu einer Art Ständevertretung zusammen.

Vom Ende des 14. bis zur Mitte des 15. Jahrhunderts gab es Abspaltungsbewegungen von der katholischen Kirche durch die sogenannten Waldenser. Diese Ketzer strebten ein Gemeinschaftsleben nach urchristlichem Vorbild an. Das hinderte aber die Hussitenscharen nicht daran, 1433 in die Stadt einzufallen und die Bewohner zu drangsalieren.

Es folgten innerhalb von wenigen Jahren drei verheerende Feuersbrünste, sodaß Bärwalde/Mieszkowice danach als verarmte Stadt galt. Ihre Einwohnerzahl ging bis 1581 auf 194 zurück. Schließlich erholte sich die Kommune wieder und konnte 1610 das wiedererrichtete Rathaus einweihen.

Dann brach der Dreißigjährige Krieg in die Neumark herein und verbreitete auch in Bärwalde/Mieszkowice Plünderung und Elend. Bald lebten nur noch ganze 29 Einwohner hier. Der Stadtpfarrer zwischen 1650 und 1673, Elias Lockelius, hat rückblickend die lokalen Ereignisse in seinem Werk "Marchia Illustrata" dargestellt.

Die wichtigste Begebenheit kam mit dem schwedischen König Gustav Adolf in die Stadt. Er hatte die kaiserliche Armee verjagt und wurde von den Anhängern Luthers herzlich empfangen. Im Hause des Bürgermeisters wurde am 23. Januar 1631 zwischen Schweden und Frankreich ein Bündnisvertrag auf fünf Jahre unterzeichnet. Der damalige brandenburgische Kurfürst Georg Wilhelm wollte unbedingt neutral bleiben, um sein Land und seine Untertanen besser schonen zu können. Aber das Territorium blieb Kriegsschauplatz. Erst um 1700 erholte sich die Stadt wieder allmählich und um 1750 zählte man fast 1.500 Einwohner.

Im 19. Jahrhundert griff die Bebauung mit Wohnhäusern über den mittelalterlichen Stadtmauerring hinaus, der Verkehr wurde stärker, so daß die beiden ehrwürdigen Stadttore und die Weichhäuser entfernt werden mußten. Aber noch heute finden wir den Pulverturm vor und können entlang der Stadtmauer aus Feld– und Backsteinen spazieren gehen.

Nachfolgend ein Text aus dem Band der "Königsberger Kreis":

"Wie wohlhabend die Stadt um 1900 war, trat äußerlich schon dadurch in Erscheinung, daß ab 1905 alle Straßen mit Ausnahme des sogenannten Wurstwinkels mit schwedischem Granit gepflastert wurden, und der größte Teil der Stadt eine Kanalisation erhielt. Den Mittelpunkt der kleinen Ackerbürgerstadt bildete der mit Linden umstandene Marktplatz mit dem Kriegerdenkmal zu Ehren der in den Feldzügen 1864, 1866 und 1870/71 gefallenen Bärwalder. Rings um ihn herum gruppierten sich Rathaus, Post, Apotheke, Polizei, das Hotel "Deutsches Haus" und allerlei größere Geschäfte. Die Stadtschule mit Volks– und Mittelschule befand sich in der Richtstraße.

Im Jahre 1914 wurde die landwirtschaftliche Frauenschule Luisenhof vom Verwaltungsrat der Frauenhilfe eingerichtet und später dem Reifensteiner Verband angeschlossen. Ihren Namen erhielt sie von der Königin Luise. Hier erhielten Schülerinnen mit Lyzeumsabschluß in einjährigen Lehrgängen theoretische und praktische Ausbildung in allen Fächern, die das Leben von Landfrauen damals bestimmten. Dazu kamen zweijährige Lehrgänge für spätere Lehrerinnen an hauswirtschaftlichen Fachschulen. Die Ausstrahlung der Schule ging weit über den Kreis Königsberg hinaus.

Während des Zweiten Weltkrieges kamen hierher hochschwangere Frauen, um fernab von Luftangriffen auf Großstädte in Ruhe entbinden zu können. Heute befindet sich hier wieder eine Landwirtschaftsschule mit Internat und einem angenehmen Umfeld.

Neben der historischen Lage an der alten Heerstraße und späteren Poststraße von Küstrin/Kostrzyn nach Stettin/Szczecin war für die Stadt auch der Anschluß an das Eisenbahnnetz der Linie Küstrin–Stettin im Jahre 1877 von großer Bedeutung.

Im Jahre 1895 hatte Bärwalde/Mieszkowice 3.846 Einwohner. Viele junge Leute zog es im Rahmen der Industrialisierung in die großen Städte. Deshalb sank allein bis 1900 die Einwohnerzahl auf 3612.

Trotz der Ansiedlung einzelner Betriebe wie Karges Mühle und einer Berliner Maßstabfabrik, dem weitverzweigten Handel, Handwerk und Gewerbe sowie Sitz des Amtsgerichtes blieb Bärwalde/Mieszkowice eine kleine Ackerbürgerstadt, aber mit einem regen Gesellschafts– und Vereinsleben.

Bei der letzten deutschen Volkszählung von 1939 hatte Bärwalde/Mieszkowice 3.442 Einwohner bei einer Gesamtfläche von über

5.200 Hektar. Zur Kommune gehörten damals nämlich noch Karls-
höhe, die Förstereien Fichtheide und Elsbruch, die Obermühle und
die Rote Mühle sowie Steinbachsgrund und Woltershof".

Als ich erstmalig im Jahre 1991 mit dem Fahrrad nach Bärwalde/
Mieszkowice kam, gefiel mir auf Anhieb die Atmosphäre auf dem
von den alten Straßenzügen umgebenen Marktplatz. Den Sockel
des früheren Kriegerdenkmales ziert nun das Standbild des Polenherzogs Mieszko. Auch Stadtmauer, Pulverturm und Marienkirche
sind beeindruckend.

In den Jahren danach führte ich Gruppen per Rad und per Bus
durch die Stadt. Man war erfreut, sogar sonntags geöffnete Geschäfte vorzufinden und die Kirche besichtigen zu können. Das Hotel
befindet sich etwas außerhalb der Stadt in der Nähe von Sportplät-
zen und der Landwirtschaftsschule. In diese Richtung führen markierte Wanderwege in ein großes Waldgebiet mit Reservaten, bis zur
Oder und nach Mohrin/Moryn.

Die früheren deutschen Einwohner von Bärwalde/Mieszkowice
und auch einige ihrer Nachkommen tun viel dafür, die Geschichte
ihrer Heimatstadt zu bewahren und Kontakte mit den heutigen
polnischen Einwohnern zu pflegen. Es gibt ein Bärwalder Heimatbuch, und in jeder Ausgabe der monatlich erscheinenden "Heimat-
zeitung Kreis Königsberg/Neumark" eine eigene Rubrik für die
Stadt.

Das Wichtigste aber ist, daß man sich trifft und gemeinsam mit
den polnischen Freunden feiert, Gottesdienste und Konzerte erlebt
sowie sich ohne Schuldzuweisungen und Vorurteile über die Vergangenheit austauscht.

Berneuchen / Barnowko
Früher Fischzucht – heute Gasgewinnung

Berneuchen war von den wenigen im Gebiet der großen Waldungen gelegenen alten Dörfern das bedeutendste. Ursprünglich ein Städtchen, hervorgegangen aus einer alten slawischen Befestigung an der Westgrenze des Zantocher Schloßbezirks, hat es jedoch nie Mauern und Tore besessen.

Der offene Marktflecken hat sich an die schützende Burg angelehnt. Die Bürger, die im Jahre 1319 von Markgraf Waldemar angewiesen wurden, ihr Recht künftig in Soldin zu holen, erfreuten sich ganz besonderen Ansehens am Hofe des Wittelsbacher Markgrafen.

Der Name, anfänglich Neu–Bernau, weist auf die Herkunft der Siedler hin; sie kamen aus der Gegend der Stadt Bernau auf dem Barnim, ähnlich wie auch die ersten Bürger von Neu–Landsberg und von Neu–Berlin (Berlinchen) aus der Mittelmark stammten.

1573 trug Berneuchen schon völlig den Charakter eines Dorfes.

"Berneuchen ist von alters ein offener Flecken gewesen, jetzt aber wird kein Markt– oder Fleckenrecht darin gebraucht", heißt es im Landreiterbericht vom Jahre 1608.

Von den vier Rittersitzen im Orte waren damals nur zwei bewohnt.

Otto Kaplick

Die Dörfer des Landsberger Kreises

Aus: "Landsberg an der Warthe. 1257–1945–1976

Stadt und Land im Umbruch der Zeiten" 1976

Wie es weiter in der Ortschronik heißt, wurde Berneuchen/Barnowko "trotz seiner weltfernen Lage" im Dreißigjährigen Krieg hart mitgenommen. So weltfern lag der Ort eigentlich gar nicht, denn hier verläuft schon seit alters her die Straße von Küstrin/ Kostrzyn in Richtung Soldin/Mysliborz hindurch. Jedenfalls lag noch zehn Jahre nach dem großen Krieg mehr als die Hälfte der Feldmark brach. Kein einziger Vollbauer war wohnen geblieben. Lediglich vierzehn Kleinbauern, sogenannte Kossäten, lebten hier um 1680 und außerdem je ein Küster, ein Schmied, ein Kuhhirt, ein Schweinehirt sowie zwei Schäfer.

Neu hinzu war die Familie des Großgrundbesitzers aus dem alten neumärkischen Geschlecht von dem Borne gekommen. Im Jahre 1653 war nämlich der Kanzler des ostbrandenburgischen Landesteiles Georg von dem Borne mit Berneuchen belehnt worden.

Um 1700 waren dann die Schäden des Krieges im Wesentlichen behoben. Mehrere Bauernhöfe konnten erneut besetzt werden. Einen Teil des schlechten Bodens ließ man veröden und zu Wald werden. Die Ernten waren einfach zu gering und litten außerdem unter starkem Wildfraß. Die Bauern in Berneuchen blieben arm und konnten sich nicht einmal Pferde halten. Dafür war der Anteil der Waldflächen, zumeist sandiger Kiefernforst, recht groß geworden.

Zum Ort gehörten die 1765 angelegte Kolonie Lindwerder sowie die seit 1818 entstandenen Vorwerke Hohefeld und Winkel. In Berneuchen/Barnowko selbst bestand das Rittergut.

Der Gutsbesitzer Max von dem Borne (1826–1894) ließ Teiche für die Fischzucht anlegen. Wahrscheinlich kam ihm die Idee dazu, um die allzu bescheidenen Einkünfte aus der Land– und Forstwirtschaft aufzubessern. Die sich durch die Ortsgemarkung windende Mietzel/Mysla spendete fließendes Wasser.

Im Jahre 1878 gründete Max von dem Borne den "Brandenburgischen Fischereiverein". Mit der Einführung der künstlichen Fischzucht, mit Brutapparaten und mit den im Verlag J. Neumann im nahegelegenen Neudamm/Debno erschienenen Lehrbüchern wurde sein Name und das Dorf in ganz Deutschland und sogar darüber hinaus bekannt.

Robert Pohl aus Weißwasser in der schlesischen Lausitz hat in dem Buch "Die Provinz Brandenburg in Wort und Bild. 2. Band" von 1912 die Berneuchener Fischzucht ausführlich beschrieben. Daraus ist der folgende Text entnommen:

"Die Fischzuchtanlage umfaßt etwa 45 teils kleinere, teils größere Teiche mit einer Gesamtfläche von 52 Hektar, nebst mehreren großen Seen, und ist mit Hilfe der Mietzel nach einem bestimmten Plane ihres genialen Schöpfers ausgeführt. Sie erstreckt sich auf den ganzen parkähnlichen Teil, der sich unterhalb des Rittergutes wohl eine halbe Stunde weit ausbreitet, durchbrochen von schattigen Gängen und Wegen.

Um für die einzelnen Abteilungen stetig fließendes Wasser zu erlangen, wurde ein seit Jahrhunderten mit einer Mühlengerechtigkeit verbundener alter Stau in der Mietzel benutzt, der das Wasser in einen künstlichen, hochgelegenen Kanal drängt, welcher ursprünglich zur Bewässerung von Rieselwiesen diente. Von diesem Kanal gehen nach den tieferliegenden Fischgewässern Seitenkanäle, deren Einmündungen mit feinen Sieben verschlossen sind, um verunreinigende Gegenstände, besonders aber auch Raubfische wie Hechte, fernzuhalten. Ein einziger dieser Räuber kann die gesamte Brut des Forellenbaches, die nach vielen Tausenden zählt, im Laufe eines Sommers vernichten, wie es schon vorgekommen ist. Um im Spätherbste die Fische aus den flachen Sommerteichen schnell herausnehmen zu können, haben diese tiefangelegte gemauerte Schleusen. Wenn sie gezogen werden, so entströmt das Wasser in kurzer Zeit, und ein vorgehaltenes Netz bringt den Fischmeister in den Besitz sämtlicher Fische...

Besondere Beachtung verdient der künstlich angelegte Forellenbach. In vielen Windungen zieht sich das flache Bächlein durch den vorderen Teil des Parks; bald eilt das Wasser auf sehr geneigter Bahn schnell dahin und bildet an Felspartien kleine Strudel und Stromschnellen, wie es seine Bewohner lieben, bald strömt es auf ebenem Grunde nur langsam und füllt tiefere Stellen aus. Sein Grund ist überall mit Steinen ausgelegt, um im heißen Sommer das Wasser möglichst frisch zu halten, wofür auch die schattigen Laubbäume mit sorgen helfen...

Der Mittelpunkt der Fischzuchtanlage ist die Brutanstalt, ein Gebäude, das einem Gewächshause ähnlich sieht. Der Hauptraum reicht etwa zwei Meter in die Erde, um die Brut vor übermäßiger Wärme und zu großer Kälte zu schützen. Das schräge Dach ist mit Glasscheiben versehen, dem Lichte von oben Zutritt gewährend.

Die linke Hälfte des Bruthauses dient hauptsächlich der jungen Forellenbrut, während in der rechten Abteilung die Aufzucht ausländischer Zierfische betrieben wird. Auf einer steilen Treppe gelangt man hinab in den linken Raum, wo eben der Administrator, unter dessen Leitung die Anstalt steht, und der Fischmeister die junge Forellenbrut – wohl die letzte des Jahres – aufmerksam beobachten und die Einrichtungen kontrollieren...

Die Aufzucht des Karpfens wird in der Fischzuchtanstalt in bedeutendem Umfang betrieben. Jährlich werden mehr als 150.000 Stück Setzkarpfen verschickt. Die Gewinnung derselben erfolgt in kleinen, flachen Teichen, sogenannten Streichteichen, durch ausgesuchte Zuchtkarpfen im Frühlinge, wenn die Sonnenstrahlen das Wasser genügend durchwärmt haben...

Bei Eintritt des Frostes bringt man die jungen Karpfen in die tieferen Winterteiche, um sie vor dem Erfrieren zu sichern. Diese einsömmrigen Karpfen werden im Frühjahr versandt oder kommen zur weiteren Entwicklung in die größeren Streckteiche, wo sie bei genügender Fütterung schon ein Gewicht von 0,5 Kilo erreichen können. Als zwei- oder dreisömmrige Karpfen läßt man sie in die tieferen Abwachsteiche, wo sie auch im Winter bleiben können und nun für den Teich schwer genug sind. In den Karpfenteichen bemerkt man noch einen anderen Vertreter aus der Familie der Karpfen, nämlich die Goldorfe. Sie ist eine Abart des Rohrkarpfens oder Alands, und erinnert durch ihre prächtige orangegelbe Färbung an den echten Goldfisch. Wie dieser wird sie deshalb auch für Aquarien und Springbrunnenbecken in den Handel gebracht...

Außer dem Karpfen werden von einheimischen Fischen noch die Schleie und der Zander, erstere in großem Maßstabe, in der Anstalt gezüchtet und versandt.

Ein besonderes Verdienst hat sich Max von dem Borne um die deutsche Fischzüchterei dadurch erworben, daß er mehrere wertvolle Fischarten aus Nordamerika in die deutsche Teichwirtschaft einführte; es sind dies außer der Regenbogenforelle der Schwarzbarsch, der Steinbarsch, der Sonnenfisch und der Zwergwels...″

Soweit in Auszügen Robert Pohls Bericht über seinen Rundgang durch die einstigen Fischzuchtanlagen von Berneuchen/Barnowko. Heute finden wir vor allem neben der Straße zwischen dem Bahnhof und dem Ort noch Teiche und Seen vor. Alles andere ist verfallen, weggeräumt und zugewuchert. Gefischt und geangelt wird an der Mietzel/Mysla und ihren Nebengewässern zwar immer noch gern, aber die große Zeit der Fischzucht ist vorbei.

Dafür ist die Epoche der Erdöl– und Erdgaserschließung angebrochen. Die Vorkommen in dieser Region waren bereits zur deutschen Zeit bekannt. Ernsthafte Erkundungen nahm man dann im Jahre 1957 auf, aber seinerzeit gab es noch technische Probleme unter anderem mit dem Druckgefälle bei 3.000 Meter Tiefe.

Erst nach 1990 begann man mit Bohrungen und erstellte Pläne zur Förderung in diesem größten Erdölvorkommen Polens.

Berneuchen/Barnowko wurde zum Zentrum für den Abtransport der Rohstoffe auf dem Schienenweg. Neben dem Bahnhof entstanden die dafür notwendigen Anlagen.

Um den Ort herum gruppieren sich die Bohrstätten und die Förderanlagen, und das in einer Entfernung bis zu etwa zwölf Kilometern im Umkreis.

Burkhard Regenberg hat für den "Königsberger Kreiskalender 2000" alle polnischen Veröffentlichungen über die Gas– und Ölgewinnung recherchiert und zu einem Artikel zusammengefaßt.

Darin heißt es unter anderem, daß das Erdöl bei Berneuchen/Barnowko direkt unter der Gasschicht liegt und sogenanntes leichtes Erdöl ist. Und weiter: "Das Vorkommen ... wird polnisch mit BMB bezeichnet nach den Anfangsbuchstaben der polnischen Ortsnamen Barnowko–Mostno–Buszow. Insgesamt wurden hier 16 Bohrungen vorgenommen. Bei fünf Öffnungen wurde Zufluß von Erdgas festgestellt, bei den anderen elf Zufluß von Erdöl. Zusammen mit den anderen Vorkommen wird zunächst mit einer jährlichen Fördermenge von 400.000 Tonnen Erdöl und 270 Millionen Kubikmeter Erdgas gerechnet.

Die jetzt bekannten Vorräte reichen bei gleichbleibendem Verbrauch schätzungsweise bei Erdöl 30–40, bei Erdgas 40 Jahre. Bereits 1997 schloß die Generaldirektion des staatlichen Bergbaubetriebes Polsko Gornietwo Gazawy in Grünberg zusammen mit einem Bankenkonsortium einen Kreditvertrag in Höhe von 87,5 Millionen US–Dollar ab. Damit sollten die Lieferungen und Montage der Förder– und Reinigungsanlagen des kanadischen Unternehmens Propak Systems Ltd. bezahlt werden. Im gleichen Zuge hieß es, daß allein die Stadt Landsberg für eine von der deutschen Firma ABB installierte Gasturbine jährlich 263 Millionen Kubikmeter Gas abnehmen werde. Das Gas wird mittels einer 48 Kilometer langen Gasleitung an das Heizkraftwerk Landsberg/Warthe geliefert."

Es entwickelte sich also ein wirtschaftlich bedeutsamer Standort, den man in der Umgebung von Berneuchen/Barnowko aber nur punktuell wahrnimmt und der die Ursprünglichkeit der Wald– und Seenlandschaft kaum beeinträchtigt. An den idyllischen Gewässern östlich des Ortes haben sich zahlreiche Sommergäste, auch aus Deutschland, etabliert.

Wir können nicht Abschied nehmen von dem gut 20 Kilometer nordöstlich von Küstrin/Kostrzyn gelegenen Dorf, ohne an die "Berneuchener Bewegung" zu erinnern, eine Gruppe der christlichen Jugendbewegung, die von hier ausging.

Im Jahre 1903 war der Besitz in die Hände der beiden ältesten Töchter der Gutsfamilie von dem Borne übergegangen. Die Verwaltung übernahm einer der Schwiegersöhne, Rudolf von Viebahn. Sein Bruder war der Evangelist "Vater Viebahn". Rudolf war arbeitsam und pflichttreu, engagierte sich im Deutschen Roten Kreuz sowie für die Erziehung und Weiterbildung der männlichen Jugend.

In "Evangelische Jahresbriefe 1951/52" ist nachzulesen: "So war es ihm und seiner Frau, die all seinen Vorhaben mit warmem Interesse folgte, ein besonders sympathischer Gedanke, einem Kreis von jungen Pfarrern ihr Haus zu öffnen, die über kirchliche Fragen und die Probleme der Jugend in der Kirche beraten sollten, und er hatte seine helle Freude daran, als diese Pastorenkonferenzen dann alljährlich in Berneuchen zusammenkamen. Als aufrechter Christ erhoffte er eine neue Hinwendung der Jugend zum Christentum von den Bestrebungen, die er als Gastgeber freundlich und freudig förderte. Die übrige Familie und einige Hausgäste bildeten bei den Vorträgen und Diskussionen eine sehr aufnahmefreudige Hörerschaft. Es wurden Erkenntnisse und geistige Werte gefestigt und neu gewonnen, die fürs Leben standgehalten haben und sich in manchem Sturm als Kraftquelle bewährten...

Zu einem bleibenden Gewinn für die Familie und das ganze Haus wurden die täglichen morgendlichen Hausandachten, die durch die erste Konferenz begonnen, zu einem festen Gebrauch gestaltet, alle Hausgenossen zu gemeinsamem Gebet, Schriftlesung und Morgenlied vereinigten.

Es ist wohl von 1922 an bis zur Flucht 1945 nur ganz selten und vorübergehend zu einer Unterbrechung dieser unentbehrlich und segensreich gewordenen Sitte gekommen."
Persönlichkeiten wie Bodelschwingh, Thadden–Trieglaff und Bonhoeffer waren bzw. wurden zu Vorbildern der "Berneuchener". Abschließend einige Sätze aus dem "Evangelischen Lexikon für Theologie und Gemeinde" von 1992, Stichwort "Berneuchen/Berneuchener Bewegung". Sie dokumentieren, daß der Ort nicht nur mit Fischzucht und Rohstoffvorkommen wirtschaftliche Akzente setzte, sondern daß auch humanistische und christliche Werte von hier auf ganz Deutschland ausstrahlten:

"Die Berneuchener Bewegung, entstanden aus dem christlichen Zweig der deutschen Jugendbewegung, hat ihren Namen nach dem auf Rittergut B. der Familie von Viebahn 1923–27 abgehaltenen Berneuchener Konferenzen, die ihren Niederschlag im 'Berneuchener Buch' von 1926 fanden, dessen Untertitel lautet: Vom Anspruch des Evangeliums auf die Kirche der Reformation. Zur Grundhaltung des Buches bekannte sich u.a. Paul Tillich, der die Arbeit ebenso produktiv wie kritisch begleitete. Er gehörte auch zu den Gründern der 'Evangelischen Michaelsbruderschaft', die 1931 in Marburg gestiftet wurde... Um sie gruppierte sich der 'Berneuchener Dienst'... 1958 wurde im ehem. Dominikanerkloster Kirchberg bei Sulz am Neckar das 'Berneuchener Haus' als Zentrum der Bewegung und als Haus der Stille und Begegnung eingerichtet, das heute jährlich 3.000 Gäste beherbergt.

Die Bewegung wirkt bewußt in der Kirche und für diese in Verkündigung, Seelsorge, Diakonie und geistlicher Übung... Wichtig sind die Versuche der Gestaltung eines verbindlichen und gemeinschaftlichen christlichen Lebens, z.T. in kleinen Kommunitäten."

Bernstein / Pelczyce

Wo der Mörder Masch sein Unwesen trieb

Burg und Stadt Bernstein verdanken ihren Ursprung ab 1250 dem Ritter Lippold Behr und seinen Söhnen Theodorich und Lippold II. aus der Grützkowschen Linie dieses von Niedersachsen nach Pommern Geschlechts und bilden, ebenso wie die benachbarten Ortschaften Bärenbruch, Bärenort, Bärenwinkel, Berenfelde, Berenwalde und andere ein wichtiges Denkmal der im 12./13. Jahrhundert ausgeführten deutschen Kolonisation, an welche auch das Emblem des Bären im Siegel der Stadt Bernstein erinnert.

In dieser Zeit gehörte das Land Bernstein noch zu Pommern, gelangte aber nach dem Kriege Boguslaw IV. mit den Markgrafen 1280 an Brandenburg...

In den darauffolgenden Kriegen wurde es jedoch aufs Neue streitig, leistete (1469, 7.–19.März) an Brandenburg die Huldigung, wurde dann (1476–1478) von Boguslaw X. wieder besetzt und von Albrecht Achilles zurückerobert, bis es endlich (1479, 26.Juni) immer an Brandenburg zurückfiel und mit der Neumark vereinigt blieb.

Nach diesem Kriegsunglücke und Landverluste mochte die Erinnerung an Bernstein und dessen Wappen am pommerschen Hofe eine peinliche sein, infolgedessen man das oft genannte Emblem von Bernstein, den wachsenden silbernen Greifen über geschachtem Felde, auf Wolgast, und den schwarzen Wolgaster Greifen auf Barth übertrug.

Johann Gottfried Ludwig Kosegarten

Das Land Bernstein (Auszug)

Aus: "Pommersche und Rügische Geschichtsdenkmäler" 1834

Das Städtchen Bernstein/Pelczyce mit seiner Umgebung ist eine der wenigen der bereits im 12. Jahrhundert zur Markgrafschaft Brandenburg gehörenden Regionen, die danach mehrmals die Lan-

35

desherrschaft wechselte und erst im Jahre 1478 auf kriegerische Weise an die Mark kam.

Der pommersche Geschichtsforscher und Theologe Kosegarten (1792–1860) geht in seiner Abhandlung ausführlicher auf die Zwistigkeiten um das Grenzgebiet ein.

Andere Historiker sind der Auffassung, daß die Ritterfamilie Beroder Behr aus dem Harz stammte und auf völlig unabhängigem Gelände ihre Burg anlegte.

Ritter Lippold Behr war es denn auch, der um 1250 fünfzig Hufen Land aus seinem eigenen Besitz einem geistlichen Orden übereignete. Die Söhne von Lippold gründeten die mit 120 Hufen Land ausgestattete Siedlung Bernstein, und zwar zwischen Seen und Sümpfen auf einem Höhenrücken neben der Burg.

Nachdem Stadt und Umgebung im Jahre 1280 von den Brandenburgern erobert wurden, verschwand die Familie von Behr aus dieser Landschaft. Im Jahre 1290 gründete hier der Markgraf Albrecht III. ein Zisterzienserinnenkloster. Den Nonnen vermachte er den Ort einschließlich Burgwall und Stadtsee, außerdem das Dorf Niepölzig/Niepolcko.

Aus finanziellen Gründen wurden im Jahre 1315 Stadt und Land Bernstein durch den Markgrafen Woldemar für 7.000 Mark an den Herzog Otto I. von Stettin verkauft. Dann erfolgte noch mehrmals der Wechsel zwischen Brandenburg und Pommern. Privat ging der Besitz 1485 durch Kauf an die Familie von Waldow über.

Wenige Jahre vorher war der Feldzug des Kurfürsten Albrecht Achilles gegen den Herzog Boguslaw von Pommern siegreich beendet worden. Wie auf diese Weise Bernstein/Pelczyce endgültig brandenburgisch wurde, darüber lesen wir in einem Beitrag von Paul Biens im "Heimatkalender für den Kreis Soldin 1930":

"Wenn auch das eigentliche Feldheer des Kurfürsten kaum 10.000 Mann erreicht haben dürfte, so konnte ihm der Pommernherzog Boguslaw nur etwa 2.000 entgegenstellen. Der saß noch in Pyritz, als Achilles am 24. Juli die feste Stadt und das Schloß Bahn plötzlich einnahm und 200 Mann Gefangene machte. Boguslaw X. glaubte – in völliger Unkenntnis der Stärke der Brandenburger –, ihnen die Rückzugslinie abschneiden zu können. Er war eben wieder dabei, einige Dörfer in dem nordöstlichen Teile des Lippehner Landes auszupochen, als ihn die Vorhut der Brandenburger, die gegen Schloß und Feste Bernstein marschierte, plötzlich überraschte. Ihre geringe Zahl verleitete ihn, den Kampf aufzunehmen.

Die Brandenburger erhielten alsbald größere Verstärkung, so daß Boguslaw sein Heil in schleuniger Flucht nach dem wohlbefestigten Pyritz suchen mußte. Man suchte den Pommernherzog, der nach der Schilderung des Chronisten Wilwolts ‚ein groß lang man was' aus seiner Umgebung herauszuhauen, aber es gelang nicht. In diesem Kampfe verloren die Pommern 150 Edle und Knechte.

Bevor Achilles Pyritz ganz einschließen konnte, gelang es Boguslaw bei Nacht heimlich aus der Stadt 'durch einen Teich und Rohrbruch dabei nahe dem Jungfrauenkloster und folgends durch das plonische Bruch' zu entkommen. Als das der Markgraf erfuhr, grämte er sich hart und zog ab von Pyritz. Er hatte keine Zeit, sich mit der Belagerung der festen Stadt Pyritz aufzuhalten, ihn lockte eine bessere Beute; er verfolgte den Herzog durch das sumpfige Plönebruch, wo der ein befestigtes Lager bezogen hatte.

Die Wagenburg wurde erstürmt, und der Pommernherzog floh nach Stargard. Mit der Belagerung dieser festen Stadt hielt sich Achilles nicht auf. Nach der Kriegsführung jener Zeit durchzog er die Gegend um den Madüsee und plünderte die Dörfer und das reiche Kloster Kolbatz aus.

Danach kehrte er um und belagerte Bernstein, welches – wegen seiner Lage schon immer wie geschaffen zu plötzlichen und häufigen Einfällen in brandenburgisches Gebiet – unbedingt in märkisches Hoheitsgebiet wieder eingereiht werden mußte.

Am 2. August 1478 wurden Schloß und Feste Bernstein von den Brandenburgern eingenommen. Albrecht Achilles war selbst zugegen und hielt bald darauf seinen Einzug in die Stadt.

Die Pommern hatten in diesem Kampfe 30 Edelleute, 100 Knechte und Bürger verloren. Der Knappe, welcher zuerst die Mauer erstürmt hatte, wurde, wie es damals üblich war, zum Ritter durch den Kurfürsten geschlagen. Am 23. August bat Boguslaw, nachdem die Brandenburger noch mehr feste pommersche Städte erobert hatten, um Frieden.

Als Albrecht Achilles sich in Bernstein kurze Zeit aufhielt, kamen Priester und Nonnen und verlangten von ihm die Erlaubnis zur Verfolgung der Ketzer. In der Neumark und in Pommern hatte sich damals die waldensisch–hussitische Sekte ausgebreitet. War doch schon zwanzig Jahre früher ein Neumärker Matthäus Hagen auf dem Neu–Markte zu Berlin als Ketzer verbrannt worden.

Albrecht Achilles gebot ihnen, sie mit Güte zur Umkehr zu ermahnen, aber die verfolgungssüchtigen Priester begannen sogleich mit der Inquisition".

Nach der Reformation wurden die Klostergüter eingezogen und 1571 der Familie von Waldow zur Bewirtschaftung übergeben.

Im Jahre 1579 bestanden in Bernstein/Pelczyce vier Rittergüter. Damals wurden die Waldows durch Aufruhr ihrer Arbeiter dazu gezwungen, in einem Abkommen die Dienstleistungen neu zu regeln. Bis zum Jahre 1728 blieb die Adelsfamilie Grundherr. Dann kaufte König Friedrich I. die Stadt einschließlich Klostergut und Rittergütern. Bernstein/Pelczyce wurde königliche Amtsstadt und später Sitz eines Amtes. Die Stadt gehörte ab 1744 zum Kreis Arnswalde/Choszczno und ab 1816 zum Kreis Soldin/Mysliborz.

Nachzutragen wäre, daß die Russen in der Zeit des Siebenjährigen Krieges mehrmals in Bernstein/Pelczyce Verwüstungen anrichteten. Besonders furchtbar sollen die Kosaken unter General Tottleben gehaust haben. Das nutzte ihm jedoch wenig, denn er wurde auf Befehl der russischen Zarin Elisabeth verhaftet, weil er sich für eine zu milde Behandlung des Feindes verdächtig gemacht hatte. Nach dem Fall von Kolberg/Kolobrzeg im Jahre 1761 wurden zusätzlich viele Gebäude durch Brandstiftung mutwillig zerstört.

Etwas abgelegen von wichtigen Verkehrsadern blieb Bernstein/Pelczyce zur deutschen Zeit immer nur eine kleine Ackerbürgerstadt, deren Einwohner zumeist von der Landwirtschaft, dem Gewerbe und Handel sowie vom Fischfang lebten.

Mitte des 19. Jahrhunderts trieb der Räuber und Mörder Karl Friedrich Masch in der Neumark und in angrenzenden Gebieten von Pommern sein Unwesen. Im zweiten Band vom "Neuen Pitaval" aus dem Jahre 1867 werden diese Kriminalfälle ausführlich beschrieben.

Masch lebte jahrelang in einer Erdhöhle unweit von Bernstein/ Pelczyce und unternahm von hier aus seine Streifzüge. Im nachfolgenden Text beziehe ich mich auf den Band "Heimatkreis Soldin/ Neumark".

Nach seiner eigenen Darstellung wurde Karl Friedrich Masch am 28. April 1824 als jüngster Sohn des Arbeiters Martin Masch im Forsthaus Brunken bei Berlinchen/Barlinek im damaligen Kreis Soldin geboren. Seine Eltern zogen bald nach Hohenziethen/Sitno unweit der pommerschen Grenze. Nach Schulbesuch und Konfirmation trat er 1838 auf dem dortigen Rittergut in den Dienst und blieb vier Jahre. Danach fand er Unterkunft in Beyersdorf/Tetyn im damaligen Kreis Pyritz, wo bereits sein Bruder Johann Gottlieb diente.

Dieser Bruder tötete in einem Anfall von Eifersucht die Tochter seines Arbeitgebers und wurde zum Tode verurteilt, jedoch zu lebenslänglichem Zuchthaus begnadigt.

Seiner zweijährigen Militärdienstpflicht kam der Karl Friedrich Masch in Soldin nach. Im Revolutionsjahr 1848 wurde er als Reservist einberufen und nach Berlin in Marsch gesetzt. Als Soldat kam er noch nach Schlesien, Sachsen, Baden und Thüringen. Über Berlin gelangte er in die Neumark zurück, wo er bei seinem Bruder Martin in Dertzow/Derczewo Unterkunft fand.

Der Versuch, in englische Kriegsdienste zu treten, scheiterte. Zu einer geregelten Arbeit hatte Masch keine Lust mehr sondern wanderte bettelnd und stehlend durch die Umgebung. Die Dörfer wurden nachts heimgesucht. Im Pyritzer Stadt– forst, unmittelbar an der neumärkischen Grenze, baute er sich eine Erdhöhle. Sie wurde beim Holzabfahren entdeckt, und der Kriminelle kehrte nicht mehr hierher zurück.

Die zweite Räuberhöhle entstand im Wald nordwestlich von Bernstein/Pelczyce, und zwar zwischen dem Rittergut Warsin/Warszyn sowie den Orten Jagow/Jagow und Klein Latzkow/Laskowko.

Später wurde festgestellt, daß Masch mehr als 300 gewaltsame Diebstähle verübt, sechs mal bewohnte Häuser in Brand gesteckt und zwölf Menschen erschossen, erschlagen oder erwürgt hatte.

In der Nacht vom 10. zum 11. Mai 1861 kam es zur furchtbarsten aller Taten von Masch, zum sechsfachen Raubmord in der Chursdorfer Mühle, zwischen Lippehne/Lipiany und Berlinchen/Barlinek gelegen. Durch Beilhiebe erschlagen wurden der Müller Baumgart und seine Frau, ihre Kinder Emil, Ottilie und Rudolf sowie ein Dienstmädchen.

Das letzte Verbrechen geschah bei Eberswalde. Ein Fuhrmann wurde erschossen und um 42 Taler beraubt. Mit diesem Gelde hatte sich Masch in Müncheberg und am nächsten Tag in Frankfurt (Oder) betrunken. Dort bekam er mit einem Polizisten Streit und wurde von diesem am 23. August 1861 überwältigt und ins Gefängnis gebracht. Man überprüfte Steckbriefe und stellte fest, nun endlich den lange Gesuchten vor sich zu haben.

Am 2. Oktober 1862 wurde unter großer Publikumsteilnahme in Küstrin/Kostrzyn der Prozeß gegen Masch eröffnet. Bis zum 14. Oktober wurden mehr als 100 Zeugen und Sachverständige vernommen. Masch gestand einige von ihm begangenen Morde und wurde zum Tode verurteilt. Sein Bruder Martin wurde wegen Beteiligung am Mord in der Chursdorfer Mühle, sein Kumpan Liebig wegen Mittäterschaft bei einem anderen Mord und die Mutter von Masch wegen schwerer Hehlerei für schuldig befunden. Hingerichtet wurde schließlich nur Karl Friedrich Masch. Am Morgen des 18. Juli 1864 fiel sein Kopf unter dem Beil.

Ein Alptraum war von den Bewohnern der Neumark genommen, aber die Schauergeschichten um den kaltblütigen Mörder wurden von Generation zu Generation weitererzählt und manchmal dabei auch gehörig ausgeschmückt.

Bernstein/Pelczyce gehört heute nicht mehr zum Kreis Soldin/ Mysliborz. Die Kommune mit den in der Gmina, einer Art Amt, zusammengefaßten etwa fünfzehn Dörfern, ist sich wohl bewußt, womit sie Gäste anlocken und die Wirtschaft stärken kann. So liest man in einem ansprechend gestalteten Faltblatt von 1999:

"Das Angebot ist vor allem an Investoren gerichtet, die Interesse an Dienstleistungen, Touristik, Nahrungsmittelindustrie und Landwirtschaft haben.

Saubere Umwelt, die große Zahl von Seen und eine ausgebaute Infrastruktur ermöglichen den Bau von Erholungsobjekten auf fast ganzem Gemeindegebiet. Wir bieten Ihnen attraktive Grundstücke für Wohnhäuser und Ferieneinrichtungen an, die in der Nähe von Seen liegen... Wir sind bereit, über die verschiedenen Möglichkeiten der Bewirtschaftung zu verhandeln: Verkauf, Pacht, Gesellschaft mit der Gemeinde..."

Zahlreiche Pensionen und Bauernhöfe haben sich auf Gäste eingestellt und bieten urgemütliche Unterkünfte an. Weitab vom lauten Verkehr, von großen Städten und schmutzigen Industrien können sich hier naturverbundene Urlauber wohlfühlen – beim Schwimmen, Rudern, Paddeln, Angeln, Reiten und Jagen, natürlich auch beim Wandern und Radfahren.

Pelczyce, das frühere Bernstein, ist von der Tradition her schon die "Stadt der sieben Seen", aber, wie wir erfahren konnten, ebenso ein sehr interessanter Ort.

Betsche / Pszczew
Landschaftspark der Seen und Wälder

Die kommunistische Administration entschied im Laufe ihrer Herrschaft, daß in Polen alle deutschen Friedhöfe und nicht mehr besuchten evangelischen Kirchen abgerissen und geräumt werden. Dieser Anordnung fielen in Betsche die evangelische Kirche 1965 und der evangelische Friedhof 1972 zum Opfer.

1996 kam mir und meiner Schulkameradin bei einem Besuch in Betsche der Gedanke, die Standorte des Friedhofs und der Kirche für die Nachwelt zu kennzeichnen. Von der Idee bis zur Denkmalweihe haben wir oft über das nun verwirklichte Projekt diskutiert und in Absprachen mit dem Herrn Bürgermeister von Betsche einen Konsens gefunden, der keinen Anstoß bei der polnischen Seite fand und von den deutschen Bürgern anerkannt wurde.

41

Die Inschrift auf dem Gedenkstein ist in polnischer und in deutscher Sprache verfaßt: Evangelischer Friedhof 1824–1945. Den Toten zum Gedenken.

Die Inschrift der Tafel an einem inzwischen neu errichteten Gebäude auf dem Gelände der ehemaligen evangelischen Kirche lautet: Standort der evangelischen Kirche von 1865–1965.

Erich Morlok

Denkmalsweihe in Pszczew/Betsche Kreis Meseritz (Auszug)

Aus: "Heimatgruß" Nummer 147, Dezember 1998

Den gewaltsam herbeigeführten Verlust des heimatlichen Umfeldes und aller materiellen Güter, außerdem der Willkür der Sieger ausgesetzt, diese furchtbaren Situationen können Außenstehende oft nicht nachempfinden. Nur wer das selbst erlitten hat, der wird es lebenslang nie vergessen. Er wird immer die Erinnerung mit sich herumtragen und sich nach der Heimat sehnen. Der Verlust von Angehörigen und Freunden, die noch zu Hause bestattet wurden und nun in dieser Erde ruhen, das ist mit das bitterste Schicksal, das zu beklagen ist.

Deutsche Politiker und Medien brachten bislang wenig Verständnis für die schrecklichen Vertreibungen und für das Schicksal der Vertriebenen auf. Historiker gelangen mit diesem Thema kaum an die Öffentlichkeit, da es durch andere Geschichtsereignisse verdrängt und sogar überschattet wird. Verbrechen gegen Menschen kann man aber weder als Taten der Vergeltung oder Rache gutheißen noch durch Geschichtsfälschung.

Von polnischer Seite hört man noch eher sachliche Kommentare über die Zeit der Vertreibungen und ihrer Folgen bis in die heutige Zeit. Das hängt wohl damit zusammen, daß hier sensibler und selbstbewußter mit der Geschichte der aus Ostpolen zwangsausgesiedelten Mitbürger umgegangen wird. Deren dortige Kultur wurde zwar auch stark zerstört, die in den früher deutschen Gebieten aber in noch schlimmerem Maße. Damit und auch mit den menschlichen Schicksalen setzt man sich auseinander.

So sprach einmal der Publizist Adam Krzeminski über die seeli-

sche Last, die die Vertreibung und Neuansiedlung polnischer Bevöl-
kerungsteile mit sich brachte:

"Ein Drittel der Bürger mußte sich nach 1945 in Häusern zurechtfinden, die sie nicht gebaut hatten. Es dauerte, bis die nächsten Generationen erkannten, daß sie sich zur ganzen Geschichte dieses
Gebietes bekennen mußten, um nicht mehr nur Gast zu sein, um
Heimat zu finden".

Es ist nicht einfach in den ehemals deutschen Gebieten diese Identität zu erreichen, denn wie in Betsche/Pszczew wurden in vielen
Orten Friedhöfe, Inschriften, Denkmäler und weitere kulturhistori-
sche Erinnerungen von früher per Gesetz beseitigt oder vom Inhalt
her "polonisiert".

Wenn einiges erhalten blieb, so lag es oft nur an der Stabilität der
Werkstoffe oder an der nicht konsequenten Ausführung behördli-
cher Anordnungen aber auch hin und wieder daran, daß Einwohner bewußt Stätten deutscher Vergangenheit schützten. Erst nachdem sich die Demokratie in Polen durchsetzte, änderte sich diese Situation nach und nach. Das Beispiel Betsche/Pszczew zeigt es.

Erich Morlok ist hier der Initiator dafür, daß nicht nur Stätten des
Gedenkens an Menschen und Bauwerken entstehen, sondern daß
sich auch die früheren deutschen und die heutigen polnischen Bewohner immer mehr in Freundlichkeit und in Freundschaft begegnen. Und darauf kommt es an, denn man soll schreckliche Ereignisse der Vergangenheit zwar nicht vergessen, aber daraus Lehren
für eine glücklichere Zukunft ziehen.

Und wie verlief nun der historische Hergang von Betsche/Pszczew?

In prähistorischer Zeit bestanden verschiedene Siedlungen im Umkreis der Stadt. Durch Archäologen wurde nachgewiesen, daß hier
bis zum 12. Jahrhundert Raseneisenerz gewonnen wurde.

Der Ortsname ist slawischen Ursprungs und stammt entweder von
der Bezeichnung für die "Biene" ab oder von einem Wort, das
"glänzend" beziehungsweise "schimmernd" bedeutet, und sich auf
Seeflächen beziehen könnte.

An das Stadtgebiet grenzt eine Schanze mit Wallgraben, die mut-
maßlich von den Pommern angelegt worden ist, deren Herrschaftsbereich zeitweilig hier endete. Später hier diese Stelle Schnecken-

berg. In der Zeit danach entstand an den hier vorbeiführenden Handelsstraßen eine Burganlage, die zweimal zerstört wurde. Die erste Notiz über den Ort als "Capellanus de Pczew" stammt aus dem Jahre 1256. Eine weitere urkundliche Erwähnung als von Deutschen besiedeltes Dorf gibt es von 1259. Damals gehörten die Ländereien zum polnischen Staat und waren Eigentum des Bischofs von Posen/Poznan. Die Herrschaft Betsche/Pszczew war ein sogenanntes bischöfliches Tafelgut.

Im Jahre 1288 soll der Auftrag zur Stadtgründung gegeben worden sein. Aber das dazugehörige Dokument, das dies bezeugen könnte, wurde ein Raub der Flammen. 1289 wurde der Ort Sitz eines Kirchenbezirkes mit 60 Pfarrstellen, dessen Gebiet sich bis zur Oder erstreckte.

Anfang des 15. Jahrhunderts bestätigte der Bischof erneut die Stadtrechte. 1654 entstand der "Bischofshof" vor allem als eine Stätte der Erholung. Im Dreißigjährigen Krieg wurde die Stadt oft heimgesucht. Auch breiteten sich vielmals Epidemien aus.

Im Jahre 1793 kam Betsche/Pszczew durch die Teilungen von Polen an den preußischen Staat. Diese Region gehörte zur Provinz Posen/Poznan. Nach dem Ersten Weltkrieg gelangte sie aber nicht an den polnischen Staat zurück, sondern blieb als Teil der Grenzmark Posen–Westpreußen bei Deutschland. Im Zuge einer Verwaltungsreform erfolgte im Jahre 1938 der Anschluß an die Provinz Brandenburg.

Das Polentum hat sich aber hier weiterhin erhalten, weil polnische Bürger, zwar in der Minderheit, aber doch wohnen bleiben wollten und durften. So wurde 1923 in der Stadt der Gewerkschaftsbund "Polen in Deutschland" gegründet.

Wahrscheinlich begünstigt durch nahe Grenzen und durch das unübersichtliche Gelände haben vor allem im 19. Jahrhundert Verbrecherbanden in der Umgebung ihr Unwesen getrieben, und wohl auch von der Stadt aus ihre Vorhaben geplant.

Das Städtchen hatte Anfang des 20. Jahrhunderts knapp 1.900 Einwohner. Bis heute ist diese Zahl wohl nur wenig angestiegen. Das ist darauf zurückzuführen, daß sich keine Industrie ansiedelte. Damit blieb der beschauliche Charakter erhalten.

In einem Landschaftsschutzpark zwischen Seen gelegen ist das romantische Betsche/Pszczew der ideale Aufenthaltsort für einen geruhsamen Sommerurlaub. Die fischreichen Gewässer sind von urwüchsigen Wäldern und teils hügeligem Gelände umgeben. Neben großen Stränden mit allen Dienstleistungen findet der Gast auch abgelegene kleine Badestellen vor.

Im ältesten Haus des Ortes befindet sich das Regionalmuseum einschließlich einer Schwarzen Küche und einer historischen Schuhmacherwerkstatt. Außerdem ist ein Bienenmuseum mit hübschen Außenanlagen für Überraschungen gut. Neben diesen Stätten sind die Besichtigung der Kirche und ein Spaziergang zwischen Altstadt und Stadtsee empfehlenswert.

Der eigentliche Schatz von Betsche/Pszczew ist die wasserreiche Umgebung um den Landschaftsschutzpark herum. Die Parkverwaltung befindet sich in der Stadt und informiert in einer kleinen, aber attraktiv gestalteten Broschüre über die wesentlichen Merkmale des Naturschutzparks:

"Das Schutzgebiet umfaßt eine Fläche von 45.300 Hektar. Der eigentliche Park mit einer Fläche von 12.200 Hektar, zeichnet sich durch höchste biologische und landschaftliche Bedeutung aus. Er besteht aus zwei ursprünglichen Natur- und Landschaftsgebieten. Das Hauptziel der Gründung des Parks im Jahre 1986 liegt im Schutz der Natur und dem Erhalt ihrer ökologischen, kulturellen und ästhetischen Werte für wissenschaftliche Zwecke, für die Freizeitgestaltung und Erholung. Die Aufgabe der Schutzzone ist die Verringerung aller negativen Umwelteinflüsse, die den Fortbestand des Parks gefährden könnten. Ausschlaggebend für die Gründung des Naturschutzparks von Betsche/Pszczew waren unter anderem der hohe Grad der Walddichte (64,6 % der Gesamtfläche), die hohe Wasserdichte (11,8 % der Gesamtfläche), Mangel an Industriebelastungen und eine geringe Bevölkerungsdichte.

Die Parklandschaft ist in ihrer Terraingestaltung sehr abwechslungsreich: Moränen-, Sanderlandschaft und Täler zeigen einen großen Reichtum ihrer morphologischen Formen wie Wälle, binnenländische Dünen, zahlreiche Seen, Flusstäler mit Mäandern, Durchbrüche und Altwässer. Die Landschaft ist das Ergebnis des baltischen Gletschers.

Den größten Reichtum zeigt der nördliche Teil des Parks. Im mittleren Teil, geprägt von der wellenartigen Sanderlandschaft, begegnen wir einzelnen größeren Erhöhungen. Dagegen ist der östliche und westliche Teil ziemlich monoton, geprägt von dem sich wellenartig erstreckenden Flachland...

Auf dem Gelände des Naturschutzparks und seiner Schutzzone befinden sich 60 Naturschutzobjekte. Es sind hauptsächlich hundertjährige Bäume, Baumgruppen oder Alleen. Die Eichen sind dabei die häufigste Gattung. Die prächtigste Eiche mit einem Durchmesser von 736 Zentimeter und einer Höhe von 25 Metern befindet sich in dem Dorf Lewice. Andere als Naturdenkmal registrierte Bäume sind Linden, Lärchen, Platanen, Eiben und Buchen. Zu beachten ist eine 50 Meter lange Allee in der Nähe der Waldkolonie Kalisko."

Für Touristen, die Naturverbundenheit vorziehen, ist die Landschaft um Betsche/Pszczew ein Geheimtipp, der sich mehr und mehr sogar in Deutschland herumspricht. Vor allem Radfahrer allein oder in Gruppen trifft man des öfteren an.

Empfohlen für Wanderer wurde die Region bereits zur deutschen Zeit, als sie noch von der Grenze zu Polen durchschnitten wurde. So ist in der Publikation "Wanderungen um Meseritz", erschienen 1936 in Frankfurt (Oder), nachzulesen:

"Die schönste Wanderung von Betsche aus ist der Weg längs der Seenkette bis nach Tirschtiegel (15 km). Man kann nur an der Westseite wandern, am Ostufer der Seen verläuft die Reichsgrenze.

Die Landschaft nach Süden steigt allmählich an. Wir kommen zum langgestreckten Kloppsee. Der Weg führt über die Schweineberge (82 m) mit herrlichem Rückblick auf die Stadt und ihre Landschaft. Man versäume nicht, da, wo der Weg dem See nahe ist, an diesen heranzutreten und genieße besonders den Blick von der nördlich des Forsthauses gelegenen Höhe 80. Nach Norden über den See grüßt Betsche. Dicht vor uns, auf polnischer Seite, haben wir den weit in den See hineinspringenden 85 Meter hohen Hirschkopf..."

Heute führen markierte Wanderwege auch an der Ostseite der Seenkette entlang und bieten wundervolle Naturerlebnisse.

Driesen / Drezdenko
Die östlichste Stadt Brandenburgs
von 1260 bis 1945

Driesen (6.000 Einwohner), die östlichste unter den Städten der Provinz, liegt an der Netze, und zwar ist es in Brandenburg die einzige städtische Siedlung an diesem Flusse, dessen weites Tal, von ausgedehnten Brüchen erfüllt, ehemals vielfach unzugänglich war.

Die Netze bildet, etwa oberhalb der Stadt beginnend, einen nach Norden offenen Bogen und biegt einige Kilometer unterhalb Driesens plötzlich im rechten Winkel nach Süden ab, um erst weiter unterhalb die westliche Richtung wieder aufzunehmen...

Als man 1762 unter der Leitung des Geheimen Oberfinanz– und Domänenrates Balthasar Brenkenhoff mit der Urbarmachung des Netzebruches begann, wurden die von der Natur vorgezeichneten Linien zur Senkung des Wasserspiegels genutzt. Die "Neue Netze" wurde einen Kilometer nördlich des Ortes hart am Fuße des hier steil abfallenden pommerschen Landrückens entlanggeführt; sie wurde nun der Hauptstrom, nachdem die "Alte Netze" oberhalb Driesens bei Beelitz gänzlich abgedämmt worden war.

Die gleichzeitig erfolgende Anlage des Bromberger Kanals verschaffte der Netze eine erhöhte Bedeutung als west–östliche Verkehrslinie.

Das tiefere Land im Süden der Stadt, der Anger, wurde durch den Hammerfloßkanal entwässert...

W. Micheel

Driesen (Auszug)

Aus: "Die Provinz Brandenburg in Wort und Bild" 1900

Ihre Lage an der Netze/Notec und auch als jahrhundertealter Grenzort hat das Bild von Driesen/Drezdenko so geschaffen, wie wir es größtenteils noch heute vorfinden. Diese Situation innerhalb

der weiten Bruchlandschaft des Thorn (Torun)–Eberswalde Ur-
stromtales und zwischen den bewaldeten nördlichen und südlichen
Höhenrücken kann man am besten beim Blick aus der obersten
Etage des Regionalmuseums erleben und genießen. Die meisten
Abteilungen der Sammlungen in dem liebevoll restaurierten Spei-
chergebäude, einer vormaligen Rüstkammer, stellen die vielfältige
Tier– und Pflanzenwelt des "Drage–Netze–Urwaldes" vor.
Eine reiche und stille Natur ist in der Umgebung noch immer vor-
handen. Vor der Trockenlegung der mehrarmigen Netze/Notec
gab es manchmal Überschwemmungen.

Das Leid durch historische Ereignisse hat aber die Bevölkerung
weit schlimmer heimgesucht. Der Regionalhistoriker Micheel aus
Driesen/Drezdenko führte bereits um 1900 recht unterhaltsam aus,
wie die Entstehung und Entwicklung des Städtchens vor sich ging:

"Geschichtlich gehört Driesen zu den interessantesten Städten der
Neumark. Urkundlich erscheint der Name zum erstenmal 1092;
in diesem Jahre wurden hier die Polen von den vereinigten Preußen, Kassuben und Pommern geschlagen. In zwei weiteren
Schlachten jedoch, die 1113 und 1117 ebenfalls bei Driesen stattfan-
den, besiegten die Polen den Pommernherzog Suantipolk I. und
seine Bundesgenossen.

Bis um die Mitte des 13. Jahrhunderts blieben die Burgen Zantoch
an der Netzemündung und Driesen der Gegenstand fortwährender
Kämpfe zwischen Pommern und Polen. Um diese Zeit begannen
die brandenburgischen Markgrafen ihre Herrschaft nach Osten hin
über die Oder auszubreiten. Johanns I. Sohn Konrad heiratete Kon-
stanze, die Tochter des Polenherzogs Premisl, und erhielt die
Landsberger Gegend als Mitgift. Nach Premisls Tode kam es aber
um diesen Besitz zu vielfachen Streitigkeiten, doch behielten die
Polen bis zu Anfang des 14. Jahrhunderts das Übergewicht.

Im Jahre 1317 wurden die Ritter Heinrich und Burkhard von der
Osten vom Markgrafen Waldemar mit der Burg Driesen belehnt.
Ihr Geschlecht diente den Markgrafen fast ein Jahrhundert hin-
durch zum Schilde im Kampfe mit den Polen. Zu Beginn des 15.
Jahrhunderts jedoch kam Ulrich von der Osten derartig in Vermö-
gensverfall, daß er Burg und Stadt an den deutschen Ritterorden

verkaufte. Da indessen Wladislaw von Polen Driesen als sein Eigentum beanspruchte, so führte dieser Streit schließlich zum Kriege zwischen ihm und dem Orden. Nachdem der im Jahre 1409 bei Driesen begonnenen Kampf keine Entscheidung brachte, wurde 1410 die Macht des Ordens durch die furchtbare Schlacht bei Tannenberg gebrochen. Trotzdem wurde im Thorner Frieden 1411 bestimmt, daß der Streit um Driesen durch Schiedsrichter, eventuell durch Entscheidung des Papstes, geschlichtet werden sollte. Es dauerte indessen noch bis 1429, ehe eine Einigung zustande kam: die Mitte der Netze sollte die Grenze bilden, Driesen also dem Orden gehören.

1445 wurde die Neumark von dem Hochmeister von Erichshausen für 100.000 Gulden an Friedrich II. von Brandenburg zurückverkauft; der endgültige Verzicht auf Driesen erfolgte jedoch erst zehn Jahre später. Von nun an blieb die Stadt im unbestrittenen Besitze Brandenburgs.

In den Jahren 1601 und 1602 erfolgte die Anlage der Festung. Die Schweden konnten sie im Dreißigjährigen Krieg anfangs nicht einnehmen; im Zorn darüber brannten sie die Stadt 1637 gänzlich nieder. Zwei Jahre darauf fiel die Festung durch Verrat. Sie blieb zehn Jahre von den Schweden besetzt, die hier ein Hauptproviantmagazin errichteten und das Land weit und breit durch ihre Kontributionen verheerten.

1662 brannte die kaum wieder aufgebaute Stadt nochmals ab.

Während des Siebenjährigen Krieges hatte sie von 1758–62 die Drangsale der russischen Invasion zu erdulden. Bald darauf gelangte sie jedoch zu ziemlicher Blüte. Diese wurde bewirkt durch die Kolonisation des Netzebruches, durch die Belebung der Schiffahrt infolge der Herstellung des Bromberger Kanals, durch die Einordnung Driesens in die Reihe der privilegierten Städte, denen allein gestattet war, auf Grund des Zolltarifs von 1774 mit Polen Handel zu treiben. Die Tuchmacherei stand in vollem Flor, ihre Erzeugnisse gingen tief nach Rußland und der Moldau hinein; der Viehhandel der Stadt reichte ebenso weit. Es entstand die Treppmachersche Handlung, für die damalige Zeit ein gewaltiges Haus, dessen Schiffe den Ozean befuhren, und dessen Verbindungen von Schweden bis nach der Türkei sich erstreckten.

Leider hatte diese Periode des Gedeihens nicht lange Bestand. Die unglücklichen Jahre 1806 und 1807 wälzten der Stadt bei ihrer Lage an der Hauptverkehrsstraße nach dem Osten ungeheure Einquartierungs– und Kontributionslasten auf. Der Krieg, der Aufstand in Polen, die Kontinentalsperre legten das Geschäft völlig lahm. Im Jahre 1811 war die Kommune gezwungen, mehrere Güter und 19 in den benachbarten Forsten gelegene Seen zu verkaufen. Diese Liegenschaften gelangten schließlich in den Besitz des Oberamtmannes Sydow, der sie mit zahlreichen anderen Erwerbungen zu einem großen, auf lange Zeit unverkäuflichen Ganzen verband, was sich für die Entwicklung der Stadt in der Folge sehr nachteilig erwies.

1812 brachten die endlosen Durchzüge der Großen Armee nach Rußland neue Leiden, und als endlich der Friede wiederkehrte, war aller Wohlstand hinaus vernichtet. 1817 brach selbst die einst so reiche Treppmachersche Handlung zusammen.

Erst den letzten Jahrzehnten war es vorbehalten, dem Orte wieder zum Gedeihen zu verhelfen; er gehört heute wieder mit zu den wohlhabendsten der Neumark."

Soweit der Text aus der Zeit um 1900.

Um 1850 wurde Driesen/Drezdenko über Brandenburg hinaus bekannt, nachdem der 1793 hier geborene Postsekretär im Ruhestand K.L. Hencke von seiner Haussternwarte aus die fünften der kleinen zwischen Mars und Jupiter kreisenden Planeten Asträa und später noch die Hebe entdeckt hatte. Der Pensionär wurde Ehrendoktor und mit der Großen goldenen preußischen Medaille für Kunst und Wissenschaft ausgezeichnet. Weiterhin erhielt er den Roten Adlerorden und die Berufung zum Mitglied der Astrologischen Gesellschaft in England.

Im Jahre 1847 wurde in ein uraltes Driesener Pfarrergeschlecht Otto Franz Gensichen hineingeboren. Ihm verdanken wir das bekannte Gedicht "Hie gut Brandenburg allewege" mit den Zeilen:

"Scheltet mir nicht mein märkisches Land,
Will es nicht hören und leiden!
Zeigt's nicht schroff gipfelnde, felsige Wand,
Hat's doch an Wäldern gar reichen Bestand,
Strömen und Seen und Weiden.

Ist auch sein Stammvolk vielleicht nicht ganz echt,
Mischling von Deutschen und Wenden,
Ist's doch ein markiges, stolzes Geschlecht,
Trutzend auf Freiheit, unbeugsam im Recht,
Fleißig mit rastlosen Händen".

Das hätte fürwahr eine brandenburgische Hymne werden können!
Nach der Übernahme der Stadt durch die polnische Verwaltung im Jahre 1945 hatte sich von ihrer Struktur her kaum etwas verändert. Nur die Bevölkerung wurde zwangsweise ausgewechselt.

Es ist kaum bekannt, daß bereits wenige Jahre danach, auf jeden Fall zwischen 1956 und 1959, der polnische Rundfunk in deutscher Sprache regelmäßig über diese Regionen berichtete und das Buch "Mit Mikrofon und Kamera durch die polnischen Westgebiete" veröffentlicht wurde. Neben Landsberg/Gorzow ist aus Ostbrandenburg auch der Ort Driesen/Drezdenko vertreten. Wörtlich heißt es: "DREZDENKO (früher Driesen)"

Lassen wir aus dem Buch zunächst Frau Helena Pietroch, eine Alteingesessene, zu Wort kommen:

"Ich bin nach dem Ersten Weltkrieg in dieser Stadt geboren und wohne hier ununterbrochen. Drezdenko hatte ungefähr 6.000 Einwohner. Während des Krieges mit den Flüchtlingen etwas mehr. Jetzt zählt es etwa 5.800 Einwohner. Die Stadt hat eigentlich unter dem Krieg sehr wenig gelitten. Sie war danach von der Stadtverwaltung etwas vernachlässigt, vielleicht darum, weil keine Geldmittel zur Verfügung standen. Jetzt werden wieder viele Häuser instandgesetzt. Für Neubauten reicht das Geld noch nicht. Überall bei uns sind herrliche Parkanlagen, wunderbare Sträucher und Blumen. Es sieht wieder freundlich aus. In der alten Zündholzfabrik hinter der Notec (Netze) auf dem Wege nach Stare Bielice (früher Alt Belitz) ist eine Möbelfabrik aufgemacht worden. Es arbeiten da über 1.000 Leute und die sind sehr zufrieden.

In der Kosciuszko–Straße (früher Richtstraße) wurden verschiedene Häuser zerstört. An der Ecke vom alten Markt zur Richtstraße ist jetzt ein wundervoller Park. Auf der rechten Seite das Hotel Wenter und die Restauration sind auch zerstört, da ist ebenfalls ein Park. Und dann, wo früher Karl Stolz wohnte, da ist ein wunderbarer Garten mit herrlichen Sträuchern und wundervoller Fontaine, herrlichen weißen Bänken, sehr gut gepflegt und abgezäunt. Das alte Schloß stand bis jetzt leer. Dort wird eine neue Volksschule eröffnet."

Ergänzend berichtet in diesem Kapitel ein Vertreter der Stadt über die wirtschaftliche Weiterentwicklung der Kommune: In den darauffolgenden Jahrzehnten erarbeitete man sich viel und konnte im gesamtpolnischen Wettbewerb zwischen den Kreisstädten in den Jahren 1967 und 1976 die Auszeichnung "Meister der Wirtschaftlichkeit" erringen. Wie man das erreichte, war in der Presse nachzulesen:

"Für die Erringung des Titels setzten sich alle Einwohner des Städtchens ein. Ihnen ist es zu verdanken, daß neue Schulen, Kindergärten, Einrichtungen des Gesundheitswesens, Geschäfte und Dienstleistungseinrichtungen, Bibliotheken, die Promenade an der alten Notec, Sportplätze, Grünanlagen und so weiter entstanden. Jeder Einwohner von Drezdenko arbeitete freiwillig einige Dutzend Stunden im Jahr dafür...

Wenn man als Tourist nach Drezdenko kommt, sind die bisherigen Ergebnisse auf Schritt und Tritt sichtbar und man kann sich daran erfreuen."

Davon sollte man sich einfach einmal selbst überzeugen. Ich habe bereits mehrmals in Driesen/Drezdenko und Umgebung übernachtet. Wir waren hier mit der deutsch–polnischen Fahrradgruppe unterwegs, aber auch allein hatte ich per Rad für meine Reisebücher zu recherchieren. Die angenehme Atmosphäre der Stadt und die Freundlichkeit ihrer Bewohner erlebte ich besonders, als ich im

Oktober 1998 in der Stadtbibliothek einen Lichtbildervortrag mit anschließendem Gespräch hielt. Eingeladen hatte mich ein Germanist, dessen Vater nach 1945 Lehrer in Driesen/Drezdenko war und eine Geschichte des früheren Kreises Friedeberg/Strzelce Krajenskie verfaßte.

Drossen / Osno Lubuskie
Ein polnischer Priester bekennt sich zu Brandenburg

Als er im vergangenen Herbst aus dem Zug stieg und das Städtchen im Lubusker Land in Augenschein nahm, das ihm von nun an sein Heimatdorf Kupniszki ersetzen sollte, erfaßte ihn sofort ein tiefer Abscheu gegen den neuen Wohnort.

Widerwärtig kamen ihm die spitzgieblignen Häuschen vor, die schmalen Vierecke der winzigen Gärten, die mit einem Drahtzaun oder durch eine ungepflegte Hecke eifersüchtig voneinander abgegrenzt waren, das enge, mit roten Feldsteinen gepflasterte Gäßchen, besonders aber die Gruppen düsterer, schwarzblättriger Bäume, wie er sie noch nie gesehen hatte. Es dauerte eine ganze Weile, bis er sie erkannte. Sein Herz krampfte sich zusammen:

"Pest und Schwefel, sogar die Buche wird in diesem vermaledeiten Flecken schwarz!" Er kehrte in den Wagen zurück und hockte sich auf seine Siebensachen. "Wir steigen nicht aus!", rief er seiner Frau und den Kindern zu.

Das geschäftige Treiben der Nachbarn kümmerte ihn nicht, und wenn man ihn fragte, schwieg er. Er wußte, hier wollte er nicht bleiben; mochten sie ihn weitertransportieren, egal wohin, wenn er nur diesen abscheulichen fremden Ort nicht zu sehen brauchte.

Katarzyna Suchodolska

"Der Rüsselkäfer" (Auszug)

Aus: "Im Westen fließt die Oder" Anthologie 1973

Ob mit dem Städtchen im Lubusker Land, das dem Polen im Vergleich zu seiner ostpolnischen Heimat überhaupt nicht zusagte, Drossen/Osno gemeint ist, ist nicht sicher. Die Episode aus der Erzählung einer 1920 geborenen und seit 1950 in Stettin/Szczecin ansässigen Lehrerin soll auch nur stellvertretend die Situation darstellen, wie sie sich bei der Ankunft der polnischen Vertriebenen und Neusiedler in dieser Region im Jahre 1945 vielerorts bot. Es könnte sich aber auch genau hier abgespielt haben.

Die Autorin führt in ihrer Geschichte weiterhin aus, wie sich der Mann an die neue Umgebung gewöhnte und schließlich den aufgezwungenen neuen Wohnort akzeptierte. Der Leser erahnt jedoch, daß erst die nachfolgenden Generationen diesen Ort mit seiner Umgebung als Heimat empfinden werden. Schließlich wurde man aus einer weit entfernten Landschaft, aus einem ganz anderen Kulturkreis hierher umgesetzt.

Vielleicht fiel denjenigen Polen, die aus Oberschlesien, aus Posen/Poznan oder aus deutschen Regionen herkamen, die Umstellung nicht ganz so schwer. Einer von ihnen ist Jan Koziol, der Pfarrer der Jacobi–Kirche in Drossen/Osno. Er stammt aus dem Oberschlesischen. Dort lebten und arbeiteten Jahrhunderte lang Deutsche und Polen gemeinsam, und das vorwiegend sehr friedlich. Man akzeptierte den anderen und heiratete untereinander. Spannungen wurden vor allem dann geschürt, wenn die Regierenden Gebietsansprüche durchsetzen wollten.

Die Familie Koziol gehörte zu denen mit deutschen wie polnischen Vorfahren, die nach dem Zweiten Weltkrieg in Polen blieben. Aber bei der katholischen Kirche war es nicht erwünscht, deutsche Sprache und Kultur zu pflegen oder gar zu verbreiten. So wurde der junge Priester Jan strafversetzt und landete in Alt Limmritz/Lemierzyce am Rande des Warthebruchs. Um 1990 wurde ihm schließlich die Pfarrei in Drossen/Osno anvertraut. Sein großes Verdienst ist die Sanierung und Regotisierung dieses prächtigen Gotteshauses.

Meine erste Begegnung mit Drossen/Osno war nur flüchtig. Nach rund dreißig Kilometern per Rad legte ich hier eine kurze Pause ein und ließ mir nur Zeit für kurze Besichtigungen von Rathaus,

Kirche und Stadtmauer. Beim zweiten Mal wurde vor allem die Stadtkirche St. Jakobi genauer in Augenschein genommen. Schließlich stand 1991 die Erkundung von Wanderwegen durch Stadt und Umgebung auf meinem Besuchsprogramm. Den ganzen Vormittag fiel ein störender Nieselregen. Nach kurzen Exkursionen zum Bahnhof, zum Röthsee, zur Gertraudenkapelle sowie rund um die Stadtmauer wollte ich beim Pfarrer zusätzliche Informationen einholen. Vom Hörensagen und von einer flüchtigen Begegnung her war er mir bekannt. Nun saß ich bei ihm, und er sprach mit mir, als wären wir bereits lange miteinander vertraut. Von heimatgeschichtlichen und touristischen Dingen kamen wir bald auf ganz persönliche Themen zu sprechen.

Seither fühle ich mich in Drossen/Osno heimisch. Auch machte ich bei weiteren Besuchen im Umkreis von Kirche und Rathaus neue Bekanntschaften. Sogar Gruppen konnte ich später durch die Stadt führen. Dann war es jedes Mal beeindruckend, wenn der Pfarrer den Gästen die Kirche mit dem herrlichen Altar vorstellte und über die Geschichte von Drossen/Osno erzählte. Das empfand niemand nostalgisch, eher zukunftsweisend. Schließlich kommen sich Deutsche und Polen nur durch das Wissen um das Vergangene und durch persönliche Begegnungen näher.

Pfarrer Koziol empfängt gern und mit großer Herzlichkeit Einzelbesucher und Gruppen aus Deutschland bei sich. Er ist natürlich ein strenggläubiger polnischer Katholik, hat aber keine Probleme mit uns weniger strenggläubigen Protestanten. Die Menschlichkeit, der Humanismus, das sind für ihn die bindenden Elemente.

Er ist stolz darauf, daß "sein" Drossen/Osno einst Hauptort und Münzprägestätte des Sternberger Landes war, "seine" Kirche bereits zwischen 1248 und 1298 errichtet wurde und der kunstvolle Hochaltar von 1627 deutsche Wertarbeit darstellt. Jan Koziol weiß weit mehr als viele Menschen auf der deutschen Oderseite von der brandenburgischen Geschichte Drossens/Osnos – und er bekennt sich dazu.

Während einer Kulturtagung der Landsmannschaft Berlin–Mark Brandenburg in Frankfurt (Oder) im Jahre 1996 brachte er zum Ausdruck: "Brandenburg endet nicht hier an der Oder". Bei einem meiner letzten unangemeldeten Besuche im Jahre 1999 per Rad, nachdem ich in seinem Pfarrhaus übernachtet hatte, gab er mir mit auf den Weg: "Du kannst jederzeit kommen, Du bist hier zu Hause". Mögen diesem Pfarrer noch viele Jahre des Wirkens in seinem Drossen/Osno vergönnt sein. Das Grenzland braucht mehr solcher Persönlichkeiten.

Attraktive Anziehungspunkte des Städtchens sind neben Kirche und Rathaus in dem durch den Zweiten Weltkrieg schwer heimgesuchten Zentrum die vollständig erhaltene Stadtmauer und die Badestelle am Röthsee.

Das Dietrich–Eckhart–Denkmal von 1934 erhebt sich als Aussichtsturm auf der sogenannten Merian–Höhe mit einem herrlichen Blick auf die Stadt. Auf einer polnischen Karte von 1995 mit Abbildung wird es als Bismarck–Turm bezeichnet. So hieß das Bauwerk aber niemals zur deutschen Zeit.

Die Umgebung von Drossen/Osno ist landschaftlich sehr abwechslungsreich. Darüber schrieb Max Eichholz im Jahre 1900:

"Drossen liegt in einer Niederung, die teils von umliegenden Seen, teils vom Tale der Lenze gebildet ist. Unweit der Stadt erhebt sich nach allen Seiten das Sternberger Höhenland, das ungefähr eine halbe Stunde von der Stadt nach Osten zu in den Bullerbergen und Schwanenbergen seine höchste Höhe erreicht. Die Berge sind mit Nadel– und Laubholz bestanden und in den Talmulden sehr quellenreich. Der Wald leidet deshalb nicht an Einförmigkeit, welche die märkischen Wälder sonst zu bieten pflegen...

Viele Felder werden mit Maiblumen bebaut. Der Boden um Drossen muß hierzu ganz besonders geeignet sein, da selbst Frankfurter Gärtner im hiesigen Orte Ländereien gepachtet haben, um Maiblumen darauf zu züchten. Die Drossener Maiblumenzüchter verkaufen ihre Erzeugnisse bis nach England und Rußland..."

Obwohl die Polen die Maiblume in das Stadtwappen mit aufgenommen haben, lohnte sich die Weiterführung dieses Gewerbes nach dem Zweiten Weltkrieg nicht mehr und wurde nach einigen Versuchen letztendlich aufgegeben.

Wie sich Drossen/Osno einst von einer winzigen Siedlung zu einer blühenden mittelalterlichen Stadt entwickelte, ersehen wir aus dem Buch "Das Sternberger Land im Wandel der Zeiten" von 1988:

"Die älteste Siedlung lag auf einem erhöhten Werder, umgeben von Sumpf und Wasser. Im Verlauf der Bronzezeit legten hier die Illyrer und Veneter mehrere Wohnstätten an. Ihnen folgten germanische Stämme und schließlich die Slawen, die wahrscheinlich auch mehrere Siedlungen anlegten. Diese wuchsen dann zu einem größeren Rundlingsdorf um den Karpfenteich herum zusammen.

Schon in frühslawischer Zeit führte durch diesen Ort eine wichtige Handelsstraße, die das Frankenreich mit den slawischen Zentren Posen und Gnesen verband.

Ende des 12. Jahrhunderts entwickelte sich Osno unter dem Schutz des Bischofs von Lebus zum Marktort. Mit den Dörfern des weiteren Umkreises gehörte es zur Grundherrschaft des Bischofs unter der Herrschaft des Herzogs von Schlesien. Mit dem Vertrag von Liegnitz, der am 20.04.1249 zwischen Herzog Boleslaw dem Kahlen und dem Erzbischof von Magdeburg abgeschlossen wurde, gelangte Osna mit dem Sternberger Land unter die Landesherrschaft des Erzbischofs von Magdeburg, der sich bald darauf das Land mit dem Markgrafen von Brandenburg teilte.

Die Grundherrschaft über Osna verblieb jedoch dem Bischof von Lebus. Im Jahre 1252 bestätigte der Erzbischof dem Lebuser Bischof urkundlich die Überlassung des vollen Kirchenzehnten und anderer Abgaben aus dem Ort. In dieser Urkunde wurde Osna als civitas forensis, also Marktort, bezeichnet...

Wahrscheinlich waren hier schon deutsche Handwerker ansässig. Die Grundherrschaft wurde nicht angetastet, bis die Markgrafen von Brandenburg im Jahre 1287 den erzbischöflichen Landesteil übernahmen. Spätestens jetzt muß sich Markgraf Otto IV. in den Besitz Osnas gesetzt haben, vermutlich als Lehensträger des Bischofs. Einige Jahre später wurden dem Marktflecken Stadtrechte verliehen.

Nun verlief die Entwicklung recht stürmisch. Der Zuzug von Bürgern verstärkte sich, so daß die erste Stadtanlage erweitert werden mußte. Neben dem Alten Markt entstand der Neue Markt. Die Bürger schützten sich mit Lehmmauern und einigen Gräben, verzichteten aber auf den Bau einer Burg. Nicht auszuschließen ist, daß der Bischof als Lehnsherr den Bau einer markgräflichen Burg zu verhindern wußte. Auf dem sogenannten Burgberg wurde 1298 die Jacobikirche geweiht. Es war eine dreischiffige Hallenkirche, wie es sich nur eine wohlhabende Stadt leisten konnte. Die Askanier behandelten Drossen als ihren grundherrlichen Besitz, wie aus dem Schutzbrief Markgraf Waldemars vom Jahre 1317 geschlossen werden kann. Die Urkunde führte alle bischöflichen Güter auf, ließ aber Drossen unerwähnt...

Die Stadt blühte auf. Zwischen 1328 und 1347 entstand neben der bischöflichen Altstadt die markgräfliche Neustadt. Schon um 1330 war die Stadt voll entwickelt. Ratsmannen und Bürger waren vom Willen örtlicher und benachbarter Grundherren unabhängig."

Zwei Jahrhunderte später kam es auch in der Neumark – in einer Zeit in der gerade das Sternberger Land "inkorporiert" worden war – zur Reformation. Im Mai des Jahres 1538 gingen die Bürger von Drossen/Osno zur lutherischen Lehre über. Ein Naturereignis soll diesen Vorgang herbeigeführt haben. Ein Blitz hatte im Kirchturm eingeschlagen und die Glocken zerstört. Daraufhin lief Pfarrer Mangold auf den Marktplatz, kniete nieder und betete für die Stadt. Das Feuer bedrohte nämlich die nahegelegenen Häuser in den damals engen Gassen. Während des Gebetes verstärkte sich der Regen und löschte die Flammen. Nach Meinung der Bürger hatte der der evangelischen Lehre zugeneigte Pfarrer die Stadt vor einer Feuersbrunst bewahrt. Am Tage darauf traten sie zum Luthertum über und alle der Jungfrau Maria und den Heiligen gewidmeten Kultgegenstände wurden zerstört.

Ein ähnliches Schicksal ereilte das wundersame Marienbildnis im gut fünfzehn Kilometer entfernten Frauendorf/Pamiecin nahe der Oder. Der dort vor der Reformation befindliche Wallfahrtsort wurde aber von polnischen Katholiken wieder aus der Vergessenheit geholt. Einmal im Jahr pilgern wiederum auch von Drossen/Osno die Gläubigen dorthin. Ein Beispiel dafür, daß man den Menschen Traditionen und Kultur nicht so einfach vorenthalten oder gar auslöschen kann.

Frankfurt–Dammvorstadt/Slubice

Eine deutsche Vorstadt

wird zur polnischen Universitätsstadt

Als die beiden jungen Freunde sich an der Aussicht über den Strom hin ergötzt hatten, gingen sie über die Brücke, um sich jenseits zu trennen, in dem Franz, der Ältere von beiden, sagte:

Auch im Brandenburger Lande, mein teurer Gotthold, gibt es schöne Naturgemälde, wenn man sie nur aufzusuchen versteht und keine phantastischen Erwartungen hinzubringt, die eigentlich jeden Genuß, sei es hier oder in Italien, verderben.

Gotthold erwiderte: Du hast so recht in diesen Worten, daß man sie auf alles anwenden kann, auf Kunstwerke, Bücher und Menschen. Wie wenige wissen denn nur, was sie von einem guten Buche, von einer Geschichte, von einer Komposition fordern sollen. Sie verlangen entweder gar nichts, oder sie wollen sich nur ihre Neigungen, Vorurteile und Schwächen herauslesen, oder das bei Kaspar finden, was ihnen gestern im Werke des Melchior gefiel. Wenn nicht ein ganz Unbestimmtes, Unbedingtes, Luftiges ihnen vorschwebt, das sie das Ideal oder das Interessante taufen.

Franz blickte noch einmal nachdenkend in das Wasser und sagte dann:

Von dieser Gegend rinnt der Strom her, ihre Blicke haben vielleicht auf diesen Wogen geruht: ist denn wohl auch ihre Sehnsucht in diesem Glanze?

Ludwig Tieck

Die Gesellschaft auf dem Lande (Auszug)

Ausgabe: Insel–Verlag zu Leipzig Etwa 1920

Der Dichter Ludwig Tieck läßt in der Anfangsszene seiner vielleicht um 1825 entstandenen Novelle zwei romantisch veranlagte und philosophierende junge Männer die Oderbrücke vom Frankfurter Zentrum aus zur Dammvorstadt, dem heutigen Slubice, überschreiten. Hier war er selbst mehrmals unterwegs, denn im Besitzer des gut 25 Kilometer südöstlich gelegenen Herrenhauses von Ziebingen/Cybinka hatte er einen Mäzen gefunden, der ihm und den Seinen von 1802 bis 1819 Unterkunft gewährte.

Hochbegabten Schriftstellern sagt man oft eine Sehergabe nach, Manchmal scheinen sie Ereignisse der Zukunft vorauszuahnen. War das bei Tieck der Fall? Schließlich lesen wir in seiner Geschichte "Eine Sommerreise" über die Region östlich der Oder: "...Hier herum ist eine seltsame Lebensart und fast wilde Einsamkeit, beinah so wie in Polen..."

Konnte der Schriftsteller schon damals gespürt haben, daß die Oder zur einst zur Grenze wird? Vielleicht etwas Unterbewußtes oder weil er hier eher polnische Saison–Landarbeiter antraf als in anderen deutschen Regionen.

Wenn es denn tatsächlich eine Vision war: sie hat sich nach dem furchtbarem Kriegsgeschehen erfüllt. Frankfurt und die Brücke über die Oder lagen 1945 in Trümmern. Die Stadt wurde in eine größere deutsche und in eine kleinere polnische aufgeteilt. Den Bewohnern der Dammvorstadt blieb nur die Flucht vor der Front oder etwas später die Vertreibung von ihren Grundstücken und aus ihren Wohnungen.

Jahrzehnte später bietet sich nun wieder ein weit positiveres Bild von der Brücke.

Ludwig Tieck jedenfalls käme nicht aus dem Staunen heraus, was vor allem in der Dammvorstadt von Frankfurt, die einen neuen Namen erhielt, sich veränderte. Gleich links am Flußufer fällt ein überdimensionaler hölzerner Stuhl auf. Gestaltet wurde er 1995 von einem Aktionskünstler in einem kleinen bepflanzten Umfeld als "Baumzeichen – eine Grenzannäherung". Dazu gehört ein Pendant am anderen Ufer. Beide sollen Treffpunkte für Leute sein, die über das Nachbarvolk nachdenken und sich dann vielleicht mit den Menschen am anderen Ufer freundlich zusammenfinden.

Unübersehbar beim Überqueren der neuen Brücke sind die imposanten, modernen Gebäude des "Collegium Polonicum". Man kommt direkt auf sie zu. Als im Jahre 1996 das Richtfest gefeiert wurde, sprach man von einem "Eingangstor zu Polen". Diese gemeinsame Einrichtung der Universitäten von Frankfurt und Posen/Poznan beherbergt Hörsäle, Seminar– und Büroräume, eine Bibliothek, eine Buchhandlung, ein Restaurant und eine katholische Kapelle. Es finden Ausstellungen und Konzerte statt. Neugierige Gäste sind immer herzlich willkommen.

Als im Jahre 2001 der Literaturnobelpreisträger Günter Grass in Frankfurt an der Oder zu Gast war, schlug er vor, Gegenstände der sogenannten Beutekunst des Zweiten Weltkrieges aus Polen und Deutschland in einem Museum direkt am Grenzfluß zusammenzuführen; vielleicht sogar in einem Bauwerk, das den Fluß überspannt.

Eine andere Vision etwa zur gleichen Zeit schwebte einem polnischen jungen Mann in seiner Magisterarbeit vor: der verbreiterte Stromübergang sollte ähnlich einer Fußgängerzone in Großstädten ausgebaut werden. Mit Geschäften, Cafes, Gaststätten, Kunstgalerien und weiteren kleinen öffentlichen Einrichtungen. Ganz zwanglos begegnete dann hier jeder Bürger dem Menschen von nebenan. Geräuschvoller Autoverkehr müßte über andere Brücken geleitet werden.

All das sind ja nicht nur Träume. Nach dem Beitritt Polens zur Europäischen Union ohne Kontrollen an der Grenze wird bald geschäftiges Treiben alle Menschen der Region vereinen. Das sollte gefördert und mit geistigen Inhalten bereichert werden. Eine Vielfalt von Ideen ist also gefragt..

Nur sollte man sich davor hüten, die Identität der Deutschen und der Polen zu verwischen oder einzuengen. Sie müssen sich weiterhin wohlfühlen können in ihrer Mentalität, ihrem Nationalbewusstsein und ihrem Heimatgefühl. Deshalb erscheint mir der Vorschlag eines Vereins, beide Grenzstädte einmal unter dem Namen "Slubfurt" zu einer Kommune zusammenzuschließen, nicht zukunftsweisend. Das wäre ein künstliches Gebilde, in dem sich die meisten Bewohner nicht wiedererkennen. Wenn schließlich die europäische Doppelstadt entsteht, warum dann nicht als "Frankfurt–Slubice"? Hinzu kommt, daß diese Anregung von Zugezogenen in die Region hineingetragen wurde. So erschien mir die zu Ohren gekommene Meinung Alteingesessener gar nicht so abwegig, ob man wohl mit der fragwürdigen Wortschöpfung ein zweites Frankfurt neben dem am Main im wiedervereinigten Deutschland abschaffen wolle?

Das Wichtigste für die Zukunft ist nach meiner Auffassung, daß die Menschen friedlich miteinander auskommen und gemeinsam alles nutzen, was ihnen auch die einstige Dammvorstadt mit ihrer reizvollen Umgebung bietet.

Blicken wir einmal zurück auf die wichtigsten Geschichtsdaten:

Bereits in ur- und frühgeschichtlicher Zeit war die Dammvorstadt/Slubice eine eigenständige Siedlungsstätte. Slawen legten einen Ort an, nachdem die früheren germanischen Bewohner die Gegend in der Zeit der Völkerwanderung verlassen hatten. Als Frankfurt im Jahre 1253 die Stadtrechte erhielt, wurde bereits urkundlich eine "Stelle, die "zbirwitz" oder "sluwitz" genannt wird", erwähnt, zu welcher "60 Hufen Acker, Wiesen und Wälder" östlich der Oder gehörten. Dieser auch "Zliwitz" genannte Ort lag vermutlich etwas landeinwärts nahe des heutigen großen Basars.

Etwa um das Jahr 1300 entstand als wichtige Ost—West—Handelsverbindung die erste hölzerne Brücke über den Strom. In dieselbe Zeit wird auch die Aufschüttung des Oderdammes datiert, der die landwirtschaftlich genutzten Flächen am östlichen Ufer vor Überflutungen schützen sollte. Hier wurde bereits um 1400 der Friedhof der jüdischen Gemeinde Frankfurts angelegt. Später kamen das Rote Vorwerk am südlichen und das Weiße Vorwerk am nördlichen Ortsrand hinzu.

Im Jahre 1626 wurde zum Schutz der Brücke eine bastionsartige Befestigung angelegt, aber im darauffolgenden Jahrhundert wieder entfernt. Als Bezeichnung des Stadtteiles galt bis dahin einfach: "Über der Oder". Später kam der Name Dammvorstadt auf und wurde bis 1945 beibehalten. Eine Seidenfabrik, ein Holzlager mit Holzmarkt, ein Pferdemarkt und die Etablierung einer Garnison trugen zur Entwicklung der Dammvorstadt bei. Viele Frankfurter siedelten hier ihre Schrebergärten an.

Im Jahre 1893 entstand eine steinerne Brücke über der Oder, und ab 1898 fuhr die Straßenbahn bis zum Schützenhaus. Der östliche Teil der Regierungsbezirksstadt Frankfurt wurde ein beliebtes Ziel

für Wanderungen, Erholung und Sport. Die zahlreichen Ausflugs-
gaststätten sowie die Pflege und Gestaltung von Wegen und Grünanlagen hatten daran ihren Anteil, hinzu kam das im Jahre 1927
eingeweihte "Ostmarkstadion", der Kleist–Turm zur Erinnerung
an die Schlacht bei Kunersdorf im Jahre 1759 und der Fliegerhorst.
Im Jahre 1939 lebten hier etwa 17.000 Einwohner.

In der polnischen Zeit wurde die Einwohnerzahl wieder erreicht.
Der neue Name stammt gemäß der polnischen Interpretation von
dem Wort für Grenzpfahl: Slupi Graniczne, könnte aber ebenso
von der einst slawischen Siedlung an dieser Stelle herrühren.

Nach 1945 entstanden Werke der Bekleidungs–, Nahrungsmittel–
und der Möbelindustrie. Ein Aufschwung erfolgte ab 1972 mit der
Einführung des visafreien Grenzverkehrs zur DDR. Seither blüh-
ten Handel und Dienstleistungen auf, außerdem der Tourismus,
wenngleich vorwiegend als Durchgangsstation.

Grenzüberschreitende Aktivitäten wurden mit der Verleihung des
Europa–Diploms 1993 und der Europa–Ehrenfahne 1994 an die
Stadt belohnt. Dabei spielten Impulse für die Gründung und das
Wirken der Euroregion "Pro Europa Viadrina" eine ganz besondere Rolle. Die Dammvorstadt Frankfurt/Slubice verfügt nicht nur in
unmittelbarer Nähe der Brücke über Sehenswertes und eine lebendige Atmosphäre.

Nach links am Deich entlang wird die Bruchlandschaft zum Erlebnis. Der Weg auf dem Damm nach rechts ist eine gepflegte Promenade. An der Häuserfront zur Stadt hin fällt das Kulturhaus mit
Kunstgalerie und Café auf. Rechts geht es zum Passagierhafen und
zur Flußmeisterei hinunter. Dahinter breiten sich Wiesen aus, die
in einen Eichenwald übergehen. Diese Auenlandschaft bleibt stän-
diger Begleiter, wenn man auf dem von schattenspendenden Bäumen gesäumten Weg weiterläuft.

Schließlich taucht der langgestreckte Bau einer Kirche auf. Das war
einst das Schützenhaus, das nach 1945 unter Beibehaltung des Turmes umgebaut wurde. Man kann sich davon überzeugen, daß der
Tanzsaal eine würdige Andachtsstätte zu Ehren der Jungfrau Maria
geworden ist. Auch eine Verkaufsstelle für christliche Kunst und Li-
teratur ist in der Kirche untergebracht.

Bald folgt der großflächige Basar mit seiner Geschäftigkeit. Vielleicht verliert er bald seine Berechtigung in dem gegenwärtigen Umfang. Dahinter überquert die Straße eine Niederung mit kleinen Biotopen an beiden Seiten. Wo sich die Straßen nach Crossen/Krosno und Reppen/Rzepin gabeln, dort befand sich früher der jüdische Friedhof. Etwas weiter geradeaus lädt ein Restaurant zur Rast ein.

Wenn man sich zurückwendet, gelangt man vor dem Basar einbiegend zum Freizeit– und Sportgelände. Richtung Stadion nimmt die Straße eine Rechtskurve. Der seit 1914 geplante und 1927 fertiggestellte Bau weist architektonische Ähnlichkeiten mit dem Olympiastadion in Berlin aus, ist allerdings sehr viel kleiner.

Hinter dem Stadion und dem Sporthotel befindet sich der Friedhof und weiterführend hügeliges Gelände mit Buchenwald. In dieser Richtung folgt die Gemarkung von Kunersdorf/Kunowice, bekannt geworden durch eine blutige Schlacht im Siebenjährigen Krieg.

Unterhalb der Hügel wandernd, wird vorbei an einem Denkmal für Ewald von Kleist ein Naherholungsziel mit Badesee, Restaurant und Pferdekoppel erreicht. Bleibt man direkt an der Oder, wird man beeindruckt von der Wiesenlandschaft, vom Laubwald sowie von den imposanten Brücken für den Eisenbahn– und den Autoverkehr.

Ohne Zweifel hat Frankfurt–Dammvorstadt/Slubice eine wichtige Funktion als junger Standort bei der wissenschaftlichen und der praktischen Annäherung zwischen Völkern und Kulturen, aber ebenso als Stätte der Bildung, des Handels und des Tourismus. Es kommt jedoch immer darauf an, was die Menschen daraus machen. Es scheint, daß verstärkt Lehren aus der Vergangenheit gezogen werden. Vereine, Verbände und Stätten der Begegnung und Kultur bekommen Zulauf.

Als einen großen Vorteil für den Standort betrachte ich die vielen Studenten, auch aus anderen Ländern, die vorbehaltlos aufeinander zugehen. Sie bestimmen mehr und mehr das Stadtbild von Frankfurt und seiner früheren Dammvorstadt. Ludwig Tieck hätte seine Freude daran.

Gleißen / Glisno

Das ostbrandenburgische Sanssouci

Der ehemalige Besitzer des Gutes in Gleißen ab 1818 war Henoch, jüdischer Religion. Er baute den Evangelischen eine schöne Kirche und stattete sie reich aus.

Seine Humanität sorgte auch für die Schule. Die Erweiterung des Badehauses erlaubte dem edlen Menschenfreunde, armen Kranken Hilfe zu gewähren. So ist sein vierundzwanzigjähriger Aufenthalt im Orte vielen zum Segen geworden, und er verdiente jenen damals im Munde der Leute lebenden Spruch: "O, lebte Lessing noch und sähe sein edles Treiben, er würde sicher jetzt den weisen Henoch schreiben!"

W. Riehl und J. Scheu

Der Weise Henoch

Aus: "Berlin und die Mark Brandenburg

mit dem Markgrafenthum Niederlausitz" 1861

Als Napoleon im Frühjahr 1812 mit seinem Heer nach Rußland zog, durchquerten die Soldaten des Korsen das Sternberger Land. Am 4. April hatten sie Drossen/Osno erreicht. Über den Weiterzug heißt es in dem Buch "Das Sternberger Land im Wandel der Zeiten":

"Die Wegeverhältnisse in leicht hügeligem Gelände bereiteten keine nennenswerten Hindernisse. Beschwerlich für Gespanne und Geschütze erwies sich nur der Anstieg von Zielenzig nach Gleißen in Höhe des Vorwerkes Lerchenspring, denn an dieser Stelle hinderte feuchter Lehm die Auffahrt. Die Franzosen mußten, um zügig voranzukommen, dieses Straßenstück pflastern lassen. An den Marsch nach Rußland erinnert noch heute das unverändert belassene "Napoleonpflaster" am Weganstieg nach Gleißen".

Auf neueren polnischen Touristenkarten finden wir an der jetzigen Fahrradtrasse noch immer die Bezeichnung Napoleonische Straße vor. Die asphaltierte Chaussee verläuft schon lange südlich davon über den traditionsreichen Garnisonsstandort Wandern/Wedrzyn.

Das Dorf Gleißen/Glisno liegt nur etwa zehn Kilometer nordöstlich von der Kreisstadt Zielenzig/Sulecin und vier Kilometer südlich des touristisch attraktiven Städtchens Königswalde/Lubniewice entfernt. Dennoch ist es wegen seiner interessanten Geschichte und durch gut erhaltene Baudenkmäler ein eigenes Kapitel wert.

Es ist bekannt, daß das Potsdamer Schloß Sanssouci mehrfach an anderen Orten in ähnlicher Form nachgestaltet wurde, etwa in Bad Saarow–Pieskow, in Groß Kreutz, in Rangsdorf und in Bärenklau. Sachkenner sind der Auffassung, daß das Herrenhaus von Gleißen/Glisno die mit Abstand beste Kopie der Residenz Friedrichs des Großen sei.

In dem Band "Die Kunstdenkmäler des Kreises Oststernberg" von 1960 finden wir folgende Angaben über das Gebäude vor:

"Laut Eintrag im Kirchenbuch wurde der Grundstein am 23. Mai 1793 von Friedrich Wilhelm von Poser gelegt. Langgestreckter, eingeschossiger Putzbau, ursprünglich von 19 Achsen, mit Mansarddach. Der länglichrunde Mittelsaal springt auf beiden Seiten etwas vor. Zwischen den Pilastern korbbogige Fenstertüren, darüber Rundfenster. Zu beiden Seiten je drei Achsen durch Putzquaderung und ähnliche Fenstertüren betont.

Die fünfachsigen Flügel glatt verputzt mit Rechteckfenstern. Vor der Mitte ursprünglich eine geschwungene flache Rampe, jetzt eine Terrasse. Vor den Mitteltüren der Flügel kleine Freitreppen.

Kellerfenster rechteckig. Außen sind je zwei Achsen mit Dreieckgiebeln nachträglich angebaut. Außerdem ein Anbau an der Westseite. Die Parkseite ebenso, doch mit Verandavorbau und zwei Dachgiebeln von 1910.

Im Innern zu Seiten des mit flacher Decke und Kehle versehenen Mittelsaales zwei die ganze Tiefe des Hauses einnehmende Räume, die Flügel jeweils mit mittlerem Durchgang und je zwei seitlichen Räumen.

Die alte Ausstattung ist nicht erhalten."

Das Gebäude mit seinem malerischen Umfeld ist auch heute noch in gutem Zustand. Es wird als "Landwirtschaftliches Fortbildungszentrum" genutzt, das dem Wojewodschaftsamt untersteht. Nach Anmeldung kann man sich hier als Gruppe oder privat einmieten; Konferenzräume stehen ebenfalls zur Verfügung.

Vor dem Herrenhaus ist ein hübscher französischer Park angelegt; nach hinten erstreckt sich eine weite, von Laubbäumen umrahmte Wiese. Im Hintergrund auf einer Anhöhe befindet sich abschließend eine in dieser Form errichtete Ruine. Sie entstand dem romantischen Lebensstil folgend und antike Atmosphäre nachahmend. Seinerzeit wurden sogar Wandmalereien angebracht, die man aber nicht mehr vorfindet.

Wahrscheinlich entstand die Ruine zeitgleich mit dem Schloß, der Legende nach wird ihre Errichtung jedoch dem späteren Gutsherrn Henoch zugeschrieben.

Auf dem Dorfanger von Gleißen/Glisno erhebt sich die Kirche. Zu ihrer Ausstattung gehörte früher ein Bildnis des Stifters in Öl auf Leinwand. Die Inschrift auf dem vergoldeten Stuckrahmen nahm Bezug auf die Finanzierung des Gotteshauses für die evangelische Gemeinde.

In der Baubeschreibung lesen wir unter anderem nach:

"Rechteckiger geputzter Backsteinbau mit niedrigem Satteldach und Westturm, laut gußeiserner Inschrift über der Westtür 1837 erbaut nach einem von Schinkel entworfenen Plan.

Die frühere Kirche war nach der Matrikel von 1677 ein Bau aus Ziegelfachwerk mit vier Emporen. 1679 fand man unter der Kirche eine alte Gruft mit acht Särgen. Die Leichen wurden 1758 von den Russen beraubt.

Schiff mit Feldsteinunterbau und Putzgliederung aller Flächen. Die Eckpfeiler tragen das Gebälk, die Zwischenpfeiler die runden Fensterbögen, die ebenso wie die Pfeiler abgetreppt und außerdem profiliert sind. Zwischen Sockel und Gebälk eine leichte Putzquaderung...

Im Giebeldreieck ein rundbogiges Fensterpaar. Die Gliederung der Längsseiten setzt sich im Turmerdgeschoß fort. Auf dem Türsturz in gußeisernen Lettern Spruch und Bauinschrift: "Dieses Gotteshaus wurde zur Verherrlichung des Herrn für seine christliche Gemeinde im Jahre 1837 erbaut von dem derzeitigen israelitischen Besitzer des Rittergutes Gleißen, Israel Moses Henoch".

Das zweite Turmgeschoß ungegliedert und einspringend, die beiden oberen mit je drei rundbogigen Nischen auf Wandpfeilern, die obersten durchbrochen. Niedriges Zeltdach.

Das Innere mit hell geputzten Wänden und weiß gestrichenen Einbauten. Rechteckiger Saal mit abgetreppten Wandpfeilern und Emporen, an den Längsseiten, die auf zwei Reihen ungeriefter dorischer Säulen aus verputztem Backstein ruhen. Darüber eine zweite Reihe Säulen mit Palmettenkapitellen, auf denen mächtige Unterzüge liegen. Die Decke glatt verputzt. Zwischen den oberen Säulen Emporenbrüstungen mit Feldereinteilung und Rosetten. In den Ostjochen der Seitenschiffe eine Sakristei und ein Verschlag abgetrennt. Dazwischen ein hölzerner Aufbau, dessen vorderer Teil die Kanzeltreppe verbirgt. Davor auf einer Säule der fünfseitig vorspringende Kanzelkorb.

Der Altartisch aus Holz mit Flachbildwerken weiblicher Genien an der Vorderseite. Die Taufe ist ein sechsseitiges Holzgehäuse mit Muschelnischen an den Seiten und Knorpelwerkwangen mit Engelsköpfen an den Kanten."

Alle vorgenannten Angaben betreffen den früheren Zustand.

Das Dorf Gleißen/Glisno mit seinen schon zur deutschen Zeit über 1.050 Einwohnern macht auch heute einen wohlhabenden Eindruck. Fast alle Bauerngehöfte liegen an nur einer Straße, die sich unterhalb eines Berghanges entlangzieht. Bereits während der Bronzezeit wurde hier gesiedelt. Funde aus Keramik der Lausitzer Kultur zeugen davon.

Am zwei Kilometer entfernten Ankensee/Lubniewsko mit seinen schönen Badestellen hatten die Slawen im 9. oder 10. Jahrhundert auf einer Halbinsel einen Burgwall angelegt.

Nicht weit davon entfernt erhebt sich der Schloßberg. Er soll während der deutschen Kolonisierung – Anfang des 14. Jahrhunderts – mit seinen Wehranlagen als Schutz gedient haben. Zu dieser Zeit entstand das Dorf, das zunächst "Gleysen", dann "Glysen" und "Glitzen" hieß. Es wurden 28 Bauernstellen zu je zwei Hufen

Land eingerichtet. Der Lehnschulze, der zugleich Richter war, sowie der Pfarrer erhielten je vier Hufen

Im Jahre 1421 wurde Gleißen/Glisno erstmalig in einer Urkunde erwähnt, die die Abhängigkeit der Einwohner zu einer Familie Zymütz festlegte. Später wurde die Familie von Waldow Grundherr auf Gleißen/Glisno.

Durch Erwerbung von Bauern– und Richterland entstand ein größerer Gutsbesitz, den man nach und nach ständig erweiterte. Die Güterpolitik der von Waldows in Gleißen/Glisno wurde, wie es in "Das Sternberger Land im Wandel der Zeiten" heißt, 1682 unterbrochen. Und weiter lesen wir:

"Die Familie von der Marwitz begann, Waldowsche Rechte zu erwerben. In den Jahren 1742 bis 1753 gehörte den Marwitzen das Dorf, das heißt die Grundherrschaft

Der Gutsbesitz bestand aus drei Teilen, aus dem Oberhof, der als Wohnsitz diente, dem Mittelhof und dem sogenannten Wüstenhof. Die Teilgüter wurden lange nicht vereinigt und waren im Besitz mehrerer Adelsfamilien.

Im 18. Jahrhundert waren es von Troschke und der neumärkische Kammerpräsident von Poser, der 1793 den Grundstein für das Herrenhaus legte. Im 19. Jahrhundert saßen hier die Bernhard, Dörmer, Henoch, von Müller und von Wartenberg.

Zum Gesamtgut gehörten noch die Vorwerke Gehauenstein, Herminenwalde und Posersfelde, weiterhin eine Wassermühle und eine Ziegelei.

Das in Gleißen vorhandene Ackerland war zum Teil sandig, so daß man nur mäßige Getreideernten erzielen konnte. Etwas Hopfenanbau scheint sich rentiert zu haben. Weidewirtschaft und Viehzucht erbrachten keine überragenden Ergebnisse. So ist es verständlich, daß immer wieder Bauernhufen wüst lagen.

In der neueren Zeit wurde nach Wegen gesucht, die wirtschaftliche Lage des Ortes zu verbessern. Eine wirkungsvolle Maßnahme war die Errichtung eines Alaunwerkes, das von 1820 bis 1854 in Gleißen arbeitete. In den Jahren von 1820 bis 1850 wurden große Energien für den Aufbau eines Heilbades aufgewendet, das anfangs überschwänglich gelobt wurde, aber bald sang– und klanglos die Pforten schließen mußte.

Bis 1929 existierte hier eine Seidenfabrik. Sie war die Vorläuferin der Sonnenburger Seidenfabrikation. Das Unternehmen konnte in Gleißen auf Arbeitskräfte zurückgreifen, die aus dem Tuchmacherhandwerk kamen und keine allzu großen Ansprüche geltend machten."

Seit 1991 bin ich gern in dem Dorf mit dem ostbrandenburgischen Sanssouci zu Gast. Es liegt gleich neben der Straße von Zielenzig/Sulecin nach Königswalde/Lubniewice. Mit dem Fahrrad ist die Anreise auf der schmalen Chaussee direkt von Königswalde/Lubniewice aus viel beeindruckender. Man kann die Parks durchstreifen, das Schloß aufsuchen und die Schinkelkirche besichtigen. Einmal hatte sich sogar die Gelegenheit ergeben, während einer mehrtägigen Konferenz im Schloß zu übernachten. Das war eine wundervolle Atmosphäre, an die ich gern zurückdenke.

Kalau / Kalawa

Am Oder–Warthe–Festungsbogen

Die unterirdischen Korridore aus Eisenbeton bilden ein außergewöhnlich attraktives Winterquartier für Fledermäuse, die hier in für mitteleuropäische Verhältnisse ungewöhnlich hoher Anzahl vorkommen. Hierbei ist auch zu beachten, daß die Bedeutung künstlicher unterirdischer Gewölbe im polnischen Tiefland besonders groß ist, da natürliche Quartiere wie Höhlen, Grotten und Stollen fehlen.

Es wurde festgestellt, daß in den Gängen jährlich mehr als 20.000 Fledermäuse in 12 Arten überwintern. Die häufigsten Arten sind Wasserfledermäuse 17.181 im Februar 1991, Mausohren 9.627, Mopsfledermäuse 1.180, Braune Langohren 794 und Fransenfledermäuse 653. In geringer Anzahl treten beide Arten der Bartfledermaus, Breitflügelfledermäuse, Bechsteinfledermäuse und Teichfledermäuse auf. Nur sporadisch sind die Grauen Langohren und die Zwergfledermäuse anzutreffen.

Die Fledermäuse erscheinen hier schon im August, am zahlreichsten treten sie jedoch von September bis Januar auf. Die Zahl der hier überwinternden Fledermäuse erreicht um die Jahreswende ihr Maximum.

Im Sommer trifft man die Fledermäuse hier nur sporadisch an, hauptsächlich sind es Männchen der Wasserfledermaus, Breitflügelfledermaus, Mopsfledermaus, Braunes Langohr, Zwergfledermaus und Abendsegler.

In einer Kammer wurde eine Wochenstube von Mausohren gefunden, die 100 bis 200 Weibchen zählte.

Zbigniew Urbanczyk: "Rezerwat Nietoperek"

Deutschsprachige Zusammenfassung (Auszug)

Swiebodzin 1991

Als wir während der ersten Deutsch–Polnischen Radtour der guten Nachbarschaft im Sommer 1993 die Wallfahrtskirche in Rokitten/Rokitno besichtigten, wurde uns erläutert, daß dieses Gotteshaus mit seiner wundervollen Ausstattung die Jahrhunderte überdauert habe, wogegen in den etwa 25 Kilometer entfernten Bunkeranlagen nach wenigen Jahrzehnten nur noch Fledermäuse hausen.

Ich erinnere mich noch genau, wie der sonst immer sichere Dolmetscher, ein aus Oberschlesien stammender älterer Herr, in seinem Gedächtnis hilflos nach der Übersetzung für das Wort "nietoperz" suchte. Ich konnte sekundieren und rief: "Natürlich Fledermaus!" Was half mir, diese Vokabel zu merken, obwohl mir trotz vieler Übungen die Sprache der Nachbarn so schwer einging?

Es war eine sogenannte Eselsbrücke, liegt doch ganz in der Nähe vom touristischen Einstieg zu dem unterirdischen Areal das Dorf Nietoperek. In deutscher Zeit hieß es Nipter. Die Bezeichnung war also bereits aus der mittelalterlichen slawischen Zeit übernommen worden. Damals ahnte freilich niemand, daß die Population der Fledermäuse sich in dieser Region durch von Menschen geschaffene Anlagen in großem Umfang erweitern würde. Aber die Namensgebung vor vielen Jahrhunderten könnte ein Beleg dafür sein, daß gewisse Bestände schon immer hier ihren Lebensraum zumindest für die kalte Jahreszeit hatten.

Der "Lebuser Klub der Naturforscher" in Schwiebus/Swiebodzin hat sich mit der Erfassung der Fledermausquartiere und ihrer Unterschutzstellung außerordentlich verdient gemacht. Schließlich wurde am 11. August 1980 ein Viertel der unterirdischen Bunkeranlagen durch eine Verordnung des polnischen Ministeriums für Forstwesen und Holzindustrie zum Naturschutzgebiet "Nietoperek" erklärt. Man mußte Pläne abwehren, demzufolge die Stollen als Deponien genutzt oder für den Massentourismus hergerichtet werden sollten.

Ein Teil der Schächte und Gänge wurde als Sicherung für die Fledermäuse mit Gittern abgesperrt, und nur bestimmte Abschnitte sind seither für Besucher zugänglich.

Die Naturschützer haben anhand von Markierungen festgestellt, daß Wasserfledermäuse aus bis zu 260 Kilometer Entfernung aus

Mecklenburger Sommerquartieren hierherkommen, um zu überwintern. Mausohren sind aus westbrandenburgischen Gebieten etwa 200 Kilometer unterwegs.

Der Einstieg für Besichtigungen der Bunkeranlage befindet sich an der Siedlung Pniewo zwischen Kalau/Kalawa und Hochwalde/Wysoka. Jahrelang waren direkt vor Ort qualifizierte Fremdenführer, auch für deutsche Besucher, zur Verfügung. Seit 2001 muß man sich nun in Meseritz/Miedzyrzec oder in Burschen/Boryszyn anmelden. Leider sind auch nicht mehr die Ausstellungen über Fledermäuse und Vampire im alten Schulhaus von Kalau/Kalawa und am Einstiegsort zu sehen. Aber vielleicht ändert sich diese Situation bald.

Beim Rundgang lernt man oberirdisch Panzersperren, Kanonen, Betonkuppeln und stählerne Bunkerköpfe sowie unterirdisch Anlagen der "Werkgruppe Scharnhorst" kennen. Dieser Teil der Festungsfront blieb unbeschädigt. Er enthält neben Treppen, Gängen und Schleusen Räume für die Mannschaft, für Munition, für die Bewaffnung sowie für die Technik. Wichtigste Verbindung zur Außenwelt war ein unterirdischer Schienenstrang.

Nach 1945 war der größte Teil der Inneneinrichtung abgebaut und wegtransportiert worden. Dafür entstand neben dem Reservat für die Fledermäuse eine originelle Tropfdecke, an der sich Stalaktiten und Höhlenperlen bildeten.

Um Kalau/Kalawa herum findet man eine abwechslungsreiche Landschaft vor. Das Dorf selbst ist landwirtschaftlich geprägt und hatte bereits zur deutschen Zeit mehr als 700 Einwohner. Von der hügeligen Feldmark westlich der Fernverkehrsstraße aus bietet sich ein wunderbarer Panorama–Blick auf weite Wälder, die von Fließen durchzogen und von Seen unterbrochen sind.

Nur etwa einen Kilometer fast südlich vom Bunkereinstieg entfernt erhebt sich der mit 118 Metern über dem Meeresspiegel der Drei–Herrscher–Berg, den die Polen Kikol nennen. Bis zum Jahre 1740 befand sich hier lange Zeit ein Ländereck zwischen dem Kaiserreich Österreich, dem Königreich Polen und dem Kurfürstentum Brandenburg bzw. ab 1701 Königreich Preußen.

Sowohl von deutscher als auch von polnischer Seite sind die Anlagen der Festungsfront "Oder–Warthe–Bogen" mehrfach dokumentiert und beschrieben worden.

Eine sehr komplexe Darstellung erschien im Jahre 2000 von Günter Leibner. Sie besticht nicht nur durch das klare und übersichtliche Text–, Foto–, Karten– und gezeichnete Material. Sie ist darüber hinaus authentisch, denn der im Jahre 1920 geborene Autor hat als junger Mensch und als Sohn eines Bauunternehmers aus Burschen/Boryszyn das Entstehen der Bunker miterlebt, ja sogar als Schüler in den Ferien bei verschiedenen Ausführungsarbeiten seines Vaters selbst geholfen. So konnte er seine persönlichen Erfahrungen einbringen, Anwohner befragen und in seinem Buch mit verarbeiten.

Günter Leibner beginnt mit der erdgeschichtlichen Entwicklung der Region zwischen Oder, Warthe und Obra. Die nacheiszeitliche Geländebildung schuf schließlich die Voraussetzungen für das Befestigungssystem.

Ein Abschnitt gilt der Besiedlung durch den germanischen Stamm der Burgunden, danach durch Slawen und anschließend durch zumeist aus Deutschland kommende Mönche, Bauern, Handwerker und Bürger. Erst durch sie wurden Städte, zusätzliche Dörfer und Kloster gegründet; auch im östlichen, also zu Polen gehörenden Gebiet.

In weiteren Kapiteln wird auf die Auswirkungen des Versailler Vertrages von 1919 nach dem Ersten Weltkrieg und auf die nachfolgenden komplizierten deutsch–polnischen Beziehungen eingegangen.

Teil B befaßt sich mit dem Bau der Festung. Daraus geht hervor, daß diese Verteidigungsanlagen bereits durch die Reichswehr in den zwanziger Jahren geplant waren. Aber wegen der den Deutschen auferlegten Nachkriegsbeschränkungen konnten zunächst nur als zivile Wasserregulierungsarbeiten getarnte Anstauungen und Hindernisse an Seen und Flüssen errichtet werden. Im Buch heißt es dazu wörtlich:

"Schon 1933 entstand die Konzeption für ein in der Tiefe gestaffeltes Festungsfeld. Diese Vorstellungen wurden Hitler anläßlich einer Ortsbesichtigung vom Oberbefehlshaber des Heeres, Generaloberst Freiherr von Fritsch, am 15.10.1935 vorgetragen. Hitler gab

an Ort und Stelle seine Zustimmung zum Bau des Festungskampf-
feldes. Als Grund wurde angegeben:

Polen würde in einem Kampf Deutschland/Frankreich um so eher
neutral bleiben, je weniger es auf einen leichten und schnellen Erfolg gegen unterlegene deutsche Kräfte rechnen kann, wenn wir keine Befestigungen haben, die wir auch mit geringen Kräften lange
Zeit halten können".

Weiter lesen wir: "Aus der taktischen Überlegung für eine wirksa-
me Verteidigung ergab sich bei der Planung der Kampfanlagen in
der Festungsfront ein Schwerpunkt ostwärts der Ortschaft Hochwalde in Richtung Kalau.

Einerseits bot hier das Höhengelände günstige Voraussetzungen für
Schußfeld und Artillerie/Beobachtung, andererseits fehlten in diesem Abschnitt jegliche natürliche Hindernisse gegen ein Vorgehen
von Panzerwagen. Aus diesen Bedingungen entwickelte sich der
Abschnitt Hochwalde zum Kernstück der Festungsfront. In diesem
nur knapp 15 Kilometer breiten Frontabschnitt sollte ein Drittel
der für die gesamte 90 Kilometer breite Festungsfront vorgesehenen
Kampfanlagen errichtet werden...

Das plötzliche Ende der Baumaßnahmen kam am 4.7.1938, nachdem Hitler im Mai 1938 den Fortgang der Bauarbeiten kontrolliert
hatte und bereits am Ort ein vernichtendes Urteil über die Form
und den Wert dieser dort errichteten Anlagen gefällt hatte. Seine
Worte waren: 'Wertlose Mausefalle ohne Feuerkraft mit ein oder
zwei kümmerlichen MG–Türmen' und 'Festungen, die nur der
Konservierung von Nichtkämpfern dienen'.

Am 1.7.1938 folgte seine 'Denkschrift zur Frage der Festungsanlagen OWB' und damit verbunden der sofortige Baustopp des Aus-
baues dann wie erwähnt am 4.7.1938. In der Bevölkerung wurde ge-
munkelt, Hitler hätte furchtbar getobt. Alle am Bau Beteiligten waren sehr verängstigt. Tatsächlich wurde auch der General der Pioniere von Foerster sofort versetzt.

In dieser Denkschrift erklärte Hitler seine neuen Überlegungen
über die Ausbildung von Befestigungen. Mitgetragen hat seinen
Entschluß zum sofortigen Baustopp sicherlich auch die Entscheidung der Errichtung einer Befestigung im Westen (der Westwall),

die er zu diesem Zeitpunkt als wesentlich wichtiger erachtete und das Wissen, daß es mit den vorhandenen Kapazitäten nur möglich war, den Bau eines einzigen solch großen Befestigungssystems durchzuführen".

Beschrieben werden alle Wasserhindernisse, die Panzerwerke, die Hohlgänge, die Feldbahnverbindungen sowie oberirdische Sperren aus Minen, Beton und Metall. Interessant sind die Fakten über Lagerungen von Kunstwerken, Büchern und Archivalien sowie über Filmaufnahmen für "Der Westwall".

Ein Kartenabschnitt macht mit allen Details im Gelände vertraut. Das abschließende Kapitel befaßt sich mit dem "Untergegangenen Sternberger Land".

Und so erlebte Günter Leibner das Jahr 1945, wobei weitere Augenzeugenberichte für den Wahrheitsgehalt bürgen:

"Am 29.1.1945 drangen abends russische Späh– und Sicherungskräfte in die östlichen Häuser von Burschen ein. Am anderen Morgen besetzte russische Infanterie den gesamten Ort. Es fanden keine Gefechte statt.

Am nächsten Tag kam plötzlich ein russischer Soldat auf einem Schimmel mit brennenden Fackeln von Hochwalde geritten. Die Fackeln wurden in die Häuser geworfen, die dann abbrannten. Meine Schwiegermutter, Frau Elfriede Hartmann, hat von ihrem Wohnzimmer aus dieses schlimme Ereignis beobachtet. Auf diese Weise wurden alle Gebäude ostwärts des Mühlenfließes abgebrannt.

Für die gesamte Bevölkerung, keiner war geflohen, begann ein furchtbares Martyrium. Drei Männer wurden erschossen, drei Einwohner suchten den Freitod. Innerhalb weniger Wochen waren alle männlichen Bewohner zwischen 15 und 70 Jahren, soweit sie nicht zum Militärdienst eingezogen waren, nach Rußland verschleppt. Es kam keiner mehr zurück. Einige hatten den Transport nicht überstanden, andere fanden in den Kohlengruben den Tod. Aber auch Frauen und Mädchen wurden nach Rußland verschleppt und mußten z.B. in Archangelsk am Weißen Meer Holzarbeiten verrichten...

Am 22.6.1945 bei einem evang. Gottesdienst in der Kirche zu Burschen trat plötzlich ein polnischer Offizier neben den Pfarrer und teilte folgendes mit: Deutschland habe den Krieg verloren und die Bevölkerung muß das Land bis zur Oder und Neiße verlassen. Ein Termin wurde dabei nicht genannt.

Am 26. Juni kam die schreckliche Nachricht, innerhalb von zwei Stunden mußte das Dorf geräumt werden. Es durfte nur mitgenommen werden, was jeder tragen konnte. In Eile wurde das Nötigste in Rucksäcken und Koffern eingepackt. Einige versuchten, mit Handwagen ihre Habe zu transportieren. Fahrzeuge wurden nicht gestellt. Als Ausnahme wurden nur sehr alte Leute, Gehbehinderte und kleine Kinder mit einem Pferdewagen gefahren."

Heute machen Dörfer wie Kalau/Kalawa, Hochwalde/Wysoka oder Burschen/Boryszyn trotz mancher verschwundener und verfallender Gebäude einen friedlichen, ja sogar verträumten Eindruck.

Wer Exkursionen zu den Anlagen des "Oder–Warthe–Bogens" unternehmen möchte, ist am besten im Hotel "Zur Mühle" mit deutscher Bewirtschaftung untergebracht. Hier etwas außerhalb von Liebenau/Lubrza und ganz nah an den einstigen Sperranlagen wird man auch ausgezeichnet über die gesamte Region beraten. Sogar Führungen kann man bestellen. Dafür sollte man sich für mehrere Tage einmieten.

Außerdem gibt es in der Umgebung weitere Sehenswürdigkeiten wie das Kloster Paradies/Paradyz, die Stadt Schwiebus/Swiebodzin mit einem sehenswertem Regionalmuseum und die hübsche Sommerfrische Lagow/Lagow mit der Johanniterburg.

Königswalde / Lubniewice
Naturschönheiten zwischen drei Schlössern

Eine Königin des Waldes
Bist du wahrlich, wallt dein Kleid
Aus dem grünen Samt der Wälder, um dich Schönheit,
licht und weit.

Und dein Stolz ein Seengürtel,
herrlich schmückt mit leichter Zier
Krainich–, Lübbens–, Anken–, Jahnsee,
Krummersee sind Kleinod dir.

Immer, wenn ich so dich schaue,
schön, doch allen Prahlens bar,
spür ich es: Dein stolzer Name
Königswalde – ja, ist wahr!

Wilhelm Müller–Rüdersdorf
Königswalde

Die drei Gedichtstrophen von dem 1886 in Berlin geborenen Wilhelm Müller über Königswalde/Lubniewice entnahm ich einer zweiseitigen Abhandlung, die mir ohne Datumsangabe vorliegt. Es fehlte ein Titel für die Dichtung. Vielleicht gab es sogar weitere Zeilen. Eine Veröffentlichung an anderer Stelle ist nicht nachgewiesen. Aber der Dichter wird genannt.

Vermutlich stammte die Mutter von Müller aus dieser Region. In einer seiner vierzig Gedichtsammlungen von 1933 finden wir die

Verse "Dank an die Neumark", in denen von "der Mutter Land" und von "Kindheitsheil" die Rede ist. Wahrscheinlich war der Autor als junger Mensch dort oft zu Besuch und verliebte sich in die Landschaft. Heißt es in diesem Neumark–Gedicht doch weiter:

Neumark, stille Zuflucht

Mir aus Unrastzeit!

Lösest friedemild mich

Von so manchem Leid!

Neumark, dankbar will ich

Dir verbunden sein !

Mark von deinem Mark ja,

Neumark – bleib' ich dein!

Wilhelm Müller erhielt seine erste Anstellung als Lehrer für zwei Jahre in Rüdersdorf bei Berlin und fügte später diesen Ortsnamen seinem eigenen bei. Ab 1923 lebte er als freier Schriftsteller in der Nähe der Hauptstadt. Im Jahre 1945 wurde Wilhelm Müller von den Russen verhaftet und blieb danach verschollen.

An dem Städtchen Königswalde/Lubniewice Gefallen zu finden, dazu gehört nicht viel. Es liegt äußerst reizvoll auf einem schmalen Höhenrücken zwischen zwei Seen. Gewässer mit Badestellen, weite Wälder und auch Hügel bestimmen die nahe Umgebung. Unternehmen wir doch einen kleinen Spaziergang in dieser beliebten Sommerfrische.

Ein Bummel durch den bei schönem Wetter von vielen Touristen bevölkerten Ort könnte am sogenannten Neuen Schloß seinen Anfang nehmen. Es liegt ganz zauberhaft am Ortseingang aus Richtung Landsberg/Gorzow am Ufer des Lübbens–Sees/Lubiaz und am Rande des Kiefernforstes, der in den früheren herrschaftlichen Park mit einigen mächtigen alten Bäumen übergeht. Von der Schlossterrasse aus schweift der Blick über das Gewässer. Bis zur Badestelle und den Stegen sind es nur wenige Schritte.

Das monumentale Schlossgebäude wurde von 1908 bis 1910 im Stil der Neorenaissance errichtet. Vom 35 Meter hohen Turm kann man das Panorama der Landschaft genießen. Gleich am Parkplatz vor dem Schlosseingang findet man den Reiterhof "Mustang" in den alten Pferdeställen des Gutes. Mit seinem rustikalen Ambiente ist er bei den Pferdefreunden sehr beliebt. Auch Kutschfahrten werden angeboten, ebenso natürlich Übernachtungsmöglichkeiten.

Richtung Zentrum führt der Weg durch die Parkeinfahrt am Torhaus und danach vorbei an niedrigen, geduckten Wohnhäusern mit dem Lübbens–See/Lubiaz im Hintergrund. Hier erstreckte sich die einstige polnische Vorstadt. Rechts folgt etwas zurückgesetzt das um 1800 erbaute ältere Herrenhaus, von dem zunächst nur die schmale Eingangsfront zu sehen ist. Biegen wir nach rechts in die Gabelung ein, erkennen wir die gesamte Länge des zweistöckigen Bauwerkes, das nach der Restaurierung vielleicht inzwischen einer Nutzung zugeführt wurde.

Hier, neben dem Fließ zwischen den Seen, bestand wahrscheinlich eine alte Burganlage. Durch den Park, in dem nur noch Relikte einstiger Gutsgebäude zu finden sind, gelangt man hinter der Fließbrücke zur schmalen Uferpromenade.

Geradeaus, inmitten der Straßengabelung, liegt das wohl schönste Haus der Stadt, ein breiter Fachwerkbau vom Ende des 19. Jahrhunderts. Er wurde in den Jahren 1985 und 1986 renoviert und beherbergt ein Geschäft für Bücher, Andenken und Touristisches sowie ein Reisebüro. Rechts neben diesem Schmuckstück befinden sich mehrere gut erhaltene Häuserfassaden.

Auf der linken Seite folgt die einladend gestaltete Marktanlage mit dem 1994 eingeweihten "Springbrunnen der guten Nachbarschaft". Als Vorlage für die anmutige Brunnenfigur diente das deutsche Wappen der Stadt. Nur ist die gekrönte Mädchenfigur jetzt bekleidet, und statt zwei Nadelbäumen sind ihr zwei Früchte beigegeben worden. Zu ihren Füßen sind die Wappen von Königswalde/Lubniewice, Zielenzig/Sulecin, Landsberg/Gorzow und dem deutschen Partnerort Schöneiche bei Berlin abgebildet. Auf dem breiten Brunnenrand kann man, auch in deutsch, den völkerverbindenden Sinn der Anlage nachlesen.

Gastronomische Einrichtungen und Geschäfte sorgen dafür, daß man sich gern an dieser Stelle aufhält und die besondere Atmosphäre noch besser genießen kann. Etwas weiter wird die von Grünanlagen umgebene Kirche erreicht. Das dreischiffige Gotteshaus entstand im 14. Jahrhundert in Backsteinbauweise. Der getrennt vom Schiff stehende Turm wurde im Jahre 1882 hochgezogen. Interessant im Innern sind ein schwebender Taufengel, alte Grabplatten und Glasmalerei mit einem Hundemotiv.

Hinter der Kirche vereinigen sich die beiden Durchfahrtsstraßen wieder. Nun folgen das Postamt und der zentrale Bushaltepunkt. Links davon stößt man auf den durch Initiative der Feuerwehr geschaffenen "Europa–Park". Seit 1996 befindet sich hier auf dem Gelände des einstigen deutschen Friedhofes ein Gedenkstein mit der polnischen und deutschen Inschrift "Christus ist unser Friede".

Geht man weiter nach links und überquert dann die Straße, findet man neben dem zum Rathaus umgestalteten Schulgebäude ein weiteres Symbol der deutsch–polnischen Versöhnung in Form einer 1994 gemeinsam angepflanzten Linde.

Durch den Park gelangt man zur Straße Strzelecka, in der sich im Erholungszentrum für Kinder "Kaczy Dolek" eine Badeanstalt befindet. Etwas weiter führt ein idyllischer Promenadenweg am See Krainich/Krajnik entlang. Nach links geht es zur Innenstadt.

Ein kurzer Rückblick soll einige wenige Geschichtsdaten nennen:

Königswalde/Lubniewice wurde im 13. Jahrhundert an einer strategisch bedeutsamen Passlage zwischen zwei Gewässern angelegt. Damals entstand zunächst eine Burg, um die grenznahe Straße nach Polen hin abzusichern. Im Jahre 1322 wurde der Ort das erste Mal urkundlich erwähnt, als Königswalde/Lubniewice dem Johanniterorden übereignet wurde.

Auf der höchsten Stelle der Landenge errichtete man um 1260 die erste Kirche im gotischen Baustil. Im Jahre 1367 wurde die Siedlung, die zuerst Konigeswald hieß, als "Haus und Stadt" beschrieben. Offizielles Stadtrecht erhielt sie jedoch erst im Jahre 1809. Trotzdem wurde Königswalde/Lubniewice von alters her als adliges Städtchen bezeichnet. Es verfügte über keine Befestigungsanlagen. Dafür waren aber die beiden Adelssitze, der "Rote Hof" und der

"Weiße Hof", von Mauern umgeben. Anfangs gehörte der Ort der Familie von Sonnenwalde, bald aber über Jahrhunderte hinweg bis 1945 der Familie von Waldow.

Königswalde/Lubniewice ist im 18. und 19. Jahrhundert durch das Tuchmacherhandwerk bekannt geworden. Für die zahlreich zuge-zogenen Polen entstand um 1710 sogar eine "Neustadt". Maulbeer-bäume wurden angepflanzt und die Seidenweberei eingeführt. Um 1800 lebten hier 65 Tuchmacher und Tuchscherer, doch sank ihre Zahl auf drei, als die Ware nicht mehr exportiert werden konnte.

Land– und Forstwirtschaft sowie der Fischfang blieben die Haupt-erwerbsquellen. Später kam der Tourismus hinzu. Seinen Eisen-bahnanschluß erhielt das Städtchen nach Landsberg/Gorzow und nach Zielenzig/Sulecin aber erst 1912. Heute erinnern daran nur noch Reste des Bahnhofs, der Dämme und der Brücken.

Im Jahre 1933 lebten in Königswalde/Lubniewice 1.431 Menschen, heute sind es etwa die Hälfte mehr. Die Stadtrechte wurden dem Ort nach einer fünfzigjährigen Unterbrechung 1995 erneut zuer-kannt.

Bisher war nur von zwei Schlössern in Königswalde/Lubniewice die Rede. Das dritte liegt nämlich nicht am Ortsrand, sondern rund sieben Kilometer nordwestlich entfernt mitten im Wald. Man kann auf markierten Wegen hinwandern oder hinradeln. Zumeist ist eine Einkehr in das Café möglich. Dieses Herrenhaus und der Park sind besichtigenswert.

Im Jahre 1773 wurde hier am Großen Scheunensee durch den da-maligen Besitzer Adolf Friedrich von Waldow auf Königswalde, Osterwalde und Stubbenhagen ein "Etablissement und Vorwerk" angelegt. Er benannte es nach seiner Frau Sophie, einer geborenen von Bismarck. Kurze Zeit später bestanden dort eine Schäferei, ein Teerofen und Katen für sechs Büdnerfamilien.

Das Schloß Sophienwalde/Rogi entstand um 1910 als verkleinerte Nachbildung des Neuen Schlosses, dem Hauptsitz der Waldows. Vor 1945 wohnte dort in Sophienwalde/Rogi eine Kusine des Reichspräsidenten von Hindenburg. Danach in polnischer Zeit wurde es zum Schulungszentrum und Gästehaus des Wojewod-schaftsamtes in Landsberg/Gorzow.

Am 21. Dezember 1993 fand in diesem Schloß die feierliche Unterzeichnung der Gründungsakte für die Euroregion Pro Europa Viadrina statt. Der Vertrag sieht unter anderem vor, die "regionale Identität der im Grenzraum lebenden Deutschen und Polen zu festigen".

Leider ist die Euroregion selbst bislang kaum in der Lage, Identitätsstiftung durch Darstellung von regionaler Geschichte und Kultur zu betreiben. Das müssen andere wie Vereine, Bildungseinrichtungen oder Privatleute für sie tun. Wenn das in Einzelfällen, auch beim Erarbeiten touristischen Materials, finanziell gefördert wird, treten mitunter sachliche und sprachliche Fehler auf. Der Grund ist einfach: deutsche Fachleute werden zu selten herangezogen. So hieß es noch im Jahre 2000 im deutschen Text zu einer Karte: "Das Gorzower Land befindet sich historisch gesehen auf dem Territorium Westpommerns, Großpolens sowie des Lebuser Landes".

Kein Wort von deutscher Besiedlung und 700–jähriger brandenburgischer Geschichte. Wo man doch schon längst die Vergangenheit ohne Voreingenommenheit und wahrheitsgetreu aufarbeiten wollte.

In Königswalde/Lubniewice lassen sich Polen und Deutsche bei ihren freundschaftlichen Begegnungen davon nicht beeindrucken. Sie akzeptieren gemeinsam das Vergangene und das Heutige; wollen allerdings auch, daß ehrlich darüber berichtet wird.

Seit 1992 besteht eine Partnerschaft zwischen Königswalde/Lubniewice und Schöneiche bei Berlin. Über den damaligen Berliner Pächter des Hotels im Neuen Schloß kam sie mehr zufällig zustande, entwickelte sich dann aber bald über persönliche Kontakte und Aktivitäten weiter. Sportler, Chorsänger und Tänzer, Schulklassen, Kinder und Senioren besuchen sich neben den offiziellen Delegationen seither regelmäßig, als Gruppe oder individuell.

Liebenau / Lubrza

Unterwegs durch Klein–Masuren

Mitten im Kohlenbezirk des Kreises Schwiebus liegt, von drei Seiten von Höhen eingeschlossen, in einer nach Norden geöffneten Senke die kleine Stadt Liebenau, deren ackerbaubetreibende Bevölkerung noch nicht die Zahl 2000 erreicht.

Hier in dem Tal der unbedeutenden, aber sehr klaren Packlitz, haben einst die Schmelzwasser der Vereisungen ihre erodierenden Wirkungen ausgeübt. Das Höhenland erscheint von tiefen Furchen und Schründen geradezu zersägt. Vordringendes Wasser und Eis haben Tiefen gerissen, in denen sich Seen bildeten; Ausstrudelungen durch herabstürzendes Schmelzwasser, sogenannte Gletschermühlen, bildeten Pfühle und Teiche...

Die Einwirkungen des Wassers haben das hübsche Tal geschaffen, welches man gern aufsucht, um sich an der Schönheit der Natur zu erfreuen. Wohl an die 20 Wasserbecken glitzern auf der geringen Entfernung von 12 bis 14 Kilometern aus dem Grün vor uns; dunkel hebt sich im Hintergrunde der Wald von Starpel ab, und hier und da schimmert in hellen Farben eine Mühle, ein Weiler, eine Kolonie hervor.

Das größte dieser freundlichen "blauen Augen" der Landschaft, der Packlitzsee, ist wohl 400 bis 500 Hektar groß, das kleinste der Wasserbecken hat kaum 100–200 Meter Länge und Breite. Dazwischen sieht man seenverbindende Fließe, von Erlen umstanden, vor allem das der Packlitz, welches sich bildete, als die Wildheit der Wasser nachließ. Mehrere Kilometer weiter bei Jordan und Paradies, deren Türme über den großen See herüber schimmern, bildet dieser Bach die Grenze zwischen Brandenburg und der Provinz Posen.

Gustav Zerndt

Liebenau (Auszug)

Aus: "Die Provinz Brandenburg in Wort und Bild" 1900

Bei Fahrten oder Wanderungen durch ostbrandenburgische Regionen trifft man immer wieder auf naturverbundene Touristen aus Deutschland, die hier zum ersten Mal unterwegs sind. In den Masuren waren sie bereits und stellen nun erstaunt fest, daß sie gar nicht weit von Berlin entfernt eine ähnlich gestaltete Landschaft vorfinden. Gewiß gibt es nördlich und südlich der unteren Warthe/Warta nicht diese große Anzahl von Seen wie im entfernten nordöstlichen Polen, auch ist das touristisch erschlossene Terrain dort weitläufiger und abgeschiedener. Aber ein ähnliches Fluidum kann man zweifellos erkennen. So drängt sich die Benennung "Klein–Masuren" direkt auf und ist bei Mitarbeitern des örtlichen Fremdenverkehrs auch manchmal zu hören.

Für die touristische Vermarktung wäre der Begriff bestimmt nicht schlecht. Die Masuren haben ihren guten Ruf über die Landesgrenzen hinaus, und warum sollten sich die Deutschland–nahen Kommunen das nicht zunutze machen?

Gerade in Liebenau/Lubrza, wo offen und freundlich auf deutsche Besucher zugegangen wird, ist das allein wegen der malerischen wasser–, wald– und hügelreichen Umgebung ein Pfund, mit dem sich wuchern ließe.

Kaum zehn Kilometer abseits stark frequentierter Bahn– und Straßentrassen ist trotz einer in jüngerer Zeit verbesserten Infrastruktur, bescheidener Neuansiedlungen und einiger touristischer Einrichtungen kaum in die Natur eingegriffen worden. Was der damalige Stadtarchivar von Schwiebus/Swiebodzin, Gustav Zerndt, bereits vor 1900 aufzeichnete, das finden wir ähnlich noch immer vor:

"Es ist ein freundliches Bild, die hügelumgebene Stadt, deren 122 Wohnhäuser sauber in die Wiesen aufgestellt erscheinen, wie die eines Baukastens auf grüner Unterlage. Von allen Seiten ziehen die Wege heran, hier mit Kastanien, dort mit Linden, da mit Obstbäumen bepflanzt. Die Berge ringsum sind mit jugendlichen Wäldern bestanden; mit Mühe hat der Fleiß des Menschen auch die sandigsten Kuppen mit Kiefern bepflanzt. Hier und da wohl blinkt eine weiße Sandschlucht aus dem dunklen Grün heraus, die das Wasser, zu Tal kommend, gerissen hat..."

Hart an den Bergen ruht die Stadt, in der Mitte der Szenerie blik-
ken wohl an sechs Wasserbecken; hier vor uns liegt Neudörfel, aus
dessen Blockkirche – mit der in Burschen eine der ältesten in der
Mark – eben das Morgenläuten durch die Luft zittert, jenseits der
Pinnsee im Walde bei Wilkau und fernhin Dorf Möstchen mit dem
Bahndamm der Märkisch–Posener Eisenbahn; das ganze Halbrund
aber im Hintergrunde von den weiten fürstlich Hohenzollernschen
und königlichen Forsten umrahmt: das ist herrlich! Und hart zu
unsern Füßen, wohl 40 Meter tiefer, ist das klare Wasser des Lie-
bensees, nur 72 Meter über dem Meeresspiegel..."

Die Geschichte von Liebenau/Lubrza ist wenig spektakulär. Die
landschaftliche Struktur lässt vermuten, daß hier bereits in vorge-
schichtlicher Zeit gesiedelt wurde, vor allem während der slawischen Jahrhunderte. Um 1240 wurde der Ort erstmalig urkundlich
erwähnt, und zwar im Zusammenhang mit der Schenkung von
zehn Dörfern an das Zisterzienserkloster Lehnin bei Berlin. Zu diesem neuen Besitz des Ordens um das entstehende Kloster Paradies/
Paradyz gehörte auch das spätere Liebenau/Lubrza. In jener Zeit
wurde hier an der Straße von Schwiebus//Swiebodzin in Richtung
Nordwesten, wahrscheinlich von schlesischen Piasten, eine Burg
angelegt. Daneben entstand eine Marktsiedlung. Es wanderten
deutsche Kolonisten ein, die seßhaft wurden.

Im Jahre 1319 hieß es in den Akten zu Liebenau/Lubrza: "hus und
statt". Am Ende des 14. Jahrhunderts wurde dieser Teil des Besitzes
vom Kloster Paradies/Paradyz in ein stadtherrliches Privileg umge-
wandelt. Im 16. Jahrhundert bezeichnete ein Siegel den Ort als
"Civitas", obwohl er keine städtische Struktur aufzuweisen hatte.

Im Jahre 1742 fiel Liebenau/Lubrza von Österreich/Schlesien an
Preußen und kam schließlich 1815 an die Provinz Brandenburg.
Erst im Jahre 1857 erhielt der Ort förmlich sein Stadtrecht zuer-
kannt.

Durch die Lage abseits von wichtigen Straßen und von entstehen-
den Bahnlinien blieb die Ackerbürgerstadt von Industrie– und Gewerbeansiedlungen verschont. Lediglich Mitte des 19. Jahrhunderts
wurde in der Umgebung Braunkohle abgebaut und verarbeitet.

Zur deutschen Zeit hatte der Ort um 1.200 Einwohner, und auch in der polnischen Ära hat sich daran nicht allzu viel verändert. Allerdings hat sich der Sommerurlaubs– und Wochenendtourismus enorm entwickelt. Liebenau/Lubrza gewann sogar einen Preis im "Allgemeinen polnischen Wettbewerb für das beste Sommerdorf". Stadtrechte wie zur deutschen Zeit gibt es also nicht mehr. Dafür ist man aber Sitz einer Gmina, also der Kommunalverwaltung für mehrere umliegende Dörfer.

Im Jahre 1993 erschien das mit Fotos ausgestattete Buch "Kloppe, Klipp und große Klappe – Geschichten einer Jugend in Ostbrandenburg von 1938 bis 1945". Autor Georg Friedrich Reim ist der Sohn des letzten deutschen evangelischen Pfarrers von Liebenau/ Lubrza, und er ist der Vater des Sängers und Liedermachers Matthias Reim. Dieser und seine drei Brüder hatten den Vater dazu überredet, die immer wieder erzählten und gern gehörten "Liebenauer Geschichten" in einer Publikation zusammenzufassen. Das Ergebnis sind 45 vergnüglich zu lesende Geschichten und Episoden um Familie, Freizeit und Landschaft, wobei im Hintergrund oder als Aufhänger oftmals die politische Entwicklung und das Kriegsgeschehen eine Rolle spielen. Einige Ausschnitte sollen vor allem den landschaftlichen Aspekt verdeutlichen:

"Liebenau ist von Seen umgeben: im Norden liegt der mittelgroße Liebensee, im Westen der große Gastsee, im Osten der kleine Rathsee und im Norden der nicht sehr große Richtersee. Das Flüßchen, genannt Fließ, vom zehn Kilometer entfernten Nischlitzsee kommend, verbindet den Liebensee mit dem Gastsee und dem Richtersee, und zwischen den letztgenannten nutzte die Liebenauer Stadtmühle die Wasserkraft des Gefälles. Hinter dem Richtersee quält sich das Fließ durch sumpfige Wiesen und mündet schließlich im Packlitzsee, fließt dahinter weiter als die Packlitz in den Fluß Obra, der bei Landsberg endlich in die Warthe, dem großen Nebenfluß der Oder, mündet...

In den warmen, östlichen Sommern spielte sich das Leben vieler Liebenauer hauptsächlich am Badestrand des Gastsees ab, nur wenige hundert Meter vom Ortszentrum entfernt. Viele Familien tummelten sich dort an den Sonntagen...

Im Winter froren die Seen meist gegen Ende Oktober zu, und etwa bis Weihnachten konnte man Schlittschuhlaufen, denn erst dann schneite es in der Regel, so daß das Eis vom Schnee zugedeckt wurde. So war es kein Wunder, daß die Leute dort schon im Kindesalter die beiden Sportarten Schwimmen und Schlittschuhlaufen lernten, und wer es bis zum vierten Schuljahr nicht konnte, bekam es in der Schule beigebracht...

Vor dem Kriege hatte es richtige Volksfeste gegeben, wie man sie in Holland kennt. Am kleineren Rathsee spielten sie sich ab, und fast alle Liebenauer beteiligten sich. Da gab es Bier–, Schnaps– und Würstchenbuden. Auf einem Holzpodest musizierte eine Kapelle, und auf dem Eis tanzten die Erwachsenen dazu. Die Kinder lernten oder übten Schlittschuhlaufen, und wer es schon konnte, spielte Kriegen. Sogar alte und gebrechliche Leute sah man dort. Eingehüllt in Pelzmantel und Fußsack saßen sie auf Sesselschlitten und ließen sich von Kindern oder Enkeln über die spiegelglatte Eisfläche schieben. Das war wunderschön...

Bei Sommerwetter wurden die Schüler zum 'Stadtforst' bestellt, dem Badestrand am Nischlitzsee. Dann radelten alle dorthin, die Schwiebuser über Wilkau hatten knapp zehn Kilometer, die Mühlbocker nur drei, die Liebenauer aber über zehn.

Der Nischlitzsee ist der größte und schönste See der ganzen Region. Er liegt im Schwiebuser Stadtforst und ist fast rundherum von herrlichem Laubwald umgeben. Sein Ost– und Südufer ist ziemlich steil ansteigend. Unterhalb des Forsthauses, im Sommer eine Gastwirtschaft, unterhielt die Stadt Schwiebus eine großzügige, moderne Badeanlage. In Form eines "H" waren hölzerne Stege gebaut. Das Rechteck vor dem Mittelsteg war der Nichtschwimmerteil, dahinter der für Schwimmer. Und am Ende der Stege befanden sich die Sprunganlagen: rechts das Einmeterbrett und links der Dreimeterturm. Die Holme des "H" lagen genau fünfzig Meter auseinander, und in diesem Zwischenraum fand immer das Wettschwimmen statt. Einmal im Jahr veranstaltete die Oberschule dort ein Schwimmfest..."

Das Buch ist eine einzige Liebeserklärung an Liebenau/Lubrza und ihre Umgebung. Übrigens gehört der Nieschlitzsee/Nieslysz zur Gmina.

Mir liegen vier – innerhalb weniger Jahre bis 2000 – herausgegebene Informationsbroschüren aus Liebenau/Lubrza vor. Ein Zeichen, daß man sich aktiv um Gäste, vor allem aus Deutschland, bemüht. Mehrmals konnte man schon den den Bürgermeister der Gemeinde auf der Internationalen Touristik–Börse in Berlin antreffen.

Unter dem Motto "Ein Stück Natur in Polen" wirbt das etwas abseits vom Ort gelegene Hotel "Zur Mühle" um Besucher. Hier kann man sich unter deutschsprachiger Bewirtschaftung geborgen wie zu Hause fühlen (wie bereits im Kapitel "Kalau/Kalowa" erwähnt). Und für Fahrzeuge stehen sichere Garagen bereit. Auch organisiert der Wirt Exkursionen zu den Festungsanlagen des "Ostwalls" oder zu anderen Sehenswürdigkeiten der Umgebung.

Insgesamt wird auf naturnahe Erholung gesetzt, nicht auf Expansion durch größere Objekte. Das geht ganz klar aus einem der Werbetexte hervor:

"... die letzte Enklave der unvergifteten Natur begrüßt ihre zukünftigen Touristen und Investoren! Wir möchten Sie nicht mit herrlichen Hotels, fantastischer Basis oder mit einer Unmenge von verschiedenen Unterhaltungsarten anreizen, denn das alles wartet auf Sie in Monte Carlo.

Wir bieten Ihnen: unberührte Natur, Ruhe – sie bleiben ungestört von Errungenschaften der gegenwärtigen Zivilisation, das Fehlen von Industrie und beschränkte Möglichkeiten der Gewerbewirtschaft werden Sie erfreuen. Aus Furcht vor unverantwortlichen und fehlerhaften Konzeptionen der Bewirtschaftung der Gemeinde hat man ein Programm der ökologischen Entwicklung für Lubrza entworfen, und zwar durch die 'Dänische Gemeinschaft für die Umweltentwicklung'...

Infolgedessen können Jäger, die in unseren Wäldern jagen, sicher sein, daß da niemand eine befahrene Autobahn absteckt; Angler fangen Fische in der stillen Zone, die auch in der Zukunft kein Dröhnen von Motoren stören wird; und Reiter genießen die Natur, die noch lange so bleibt, wie sie früher war und wie sie jetzt ist."

Welch ein Paradies für Wassersportler, Fuß– und Radwanderer!

Eine jährlich stattfindende Attraktion, immer am dritten Sonnabend im Juli, zieht viele Gäste nach Liebenau/Lubrza an den Gastsee/Goszcza. An diesem Tag findet nämlich das Fest "Nenufarennacht" statt. Der Ablauf wird folgendermaßen geschildert:

Entlang der malerischen Allee auf dem Zeltplatz werden Imbiß-
stände aufgestellt und am Strand eine Bühne, auf der Kulturgrup-
pen auftreten. Abends beginnt eine Modenschau. Einheimische
Mädchen präsentieren Kleider, die mit den Legenden über den Ort
verbunden sind. Um 22 Uhr fängt endlich der Programmteil an,
auf den alle gewartet haben, und zwar die Schau "Nenufarennacht"
inmitten des Sees. Dargestellt wird die Sage, nach der ein Mädchen
in eine Nenufarenblume verzaubert wurde. Und das alles in einer
wunderschönen Illumination. Gleich nach dieser Vorstellung präsentieren die Veranstalter ein atemberaubendes Feuerwerk. Schließlich bleibt man noch bis etwa vier Uhr beim Tanz beisammen. Die
Nenufarblume ist mit der Seerose vergleichbar, die allerdings im
Polnischen "grzybien" heißt.

Mit dem Volksfest um die Verwandlung des Mädchens in eine Was-
serblume hat sich man sich in Liebenau/Lubrza einen gewissen Be-
kanntheitsgrad erworben. Und der sollte auch bis nach Deutschland dringen können. Schließlich ist der idyllische Ort inmitten
von "Klein–Masuren" nur etwa 70 Kilometer von der Grenze in
Frankfurt (Oder) entfernt. Da lohnt sich allemal eine Stippvisite
zum Kennenlernen.

Neudamm / Debno
Im Reich des Verlegers Julius Neumann

Gott walt's, ich wag's.

Unter diesem Wahlspruch begann Julius Neumann in Neudamm
sein Lebenswerk, das er in rastloser Arbeit und treuester Pflichter-
füllung im Laufe zweier Generationen aus bescheidensten Anfän-
gen zu dem mächtigen Unternehmen geführt hat, das Hunderten
von Angestellten und Arbeitern Brot brachte und noch bringt und
immer aufs Engste mit der Geschichte der Stadt Neudamm verbunden sein wird, hat es doch den Namen der Stadt in aller Welt
zu einem guten Klang gebracht.

Julius Neumann wurde am 21. September 1844 in Berlin geboren. Am 16. August 1859, als Fünfzehnjähriger, trat er in die Lehre in einen Druckereibetrieb. Nach einer arbeitsamen Zeit, in der er umfassende Kenntnisse in seinem Fach gesammelt hatte, kaufte er in Neudamm am 14. Oktober 1872 den in der Küstriner Straße befindlichen Verlag des "Wochenblattes für die Stadt Neudamm und Umgebung". Er übernahm dabei an Personal einen Angestellten und einen Lehrling. Die Auflage des Blattes betrug damals etwa 200 Exemplare... Heute beschäftigt der Verlag über 500 Angestellte.

Julius Neumann – Neudamm und sein Lebenswerk.

Nachruf zum Tode von Julius Neumann (Auszug)
Aus: "Neudammer Tageblatt" vom 4. Juni 1928.

Bevor das Wirken von Julius Neumann für Neudamm/Debno ausführlicher vorgestellt wird, wollen wir zunächst einen Blick auf die Geschichte der Stadt werfen.

Als im 13. Jahrhundert die neumärkischen Städte gegründet wurden, war Neudamm/Debno noch ein Dorf und hieß Damm. 1261 wurde es von den brandenburgischen Markgrafen Johann I. und Otto III. dem Templerorden überlassen, von dem es an die Johanniter überging.

Im Jahre 1337 ist ein Ritterhof erwähnt. Der Johanniterorden tauschte Damm zusammen mit anderen Ländereien im Jahre 1540 an den Markgrafen Johann von Küstrin aus.

Danach wurde der Ort gemeinsam mit weiteren Dörfern vom Markgrafen seiner Ehefrau Katharina von Braunschweig zum Geschenk gemacht. Sie ließ Glaubensflüchtlinge aus den Niederlanden ansiedeln, die das Tuchmachergewerbe mitbrachten. Schule und Kirche wurden errichtet und der Ort 1562 zur Stadt erhoben.

Schon damals gab es eine Papiermühle, die ihre Erzeugnisse nach Frankfurt (Oder) und an den Alchimisten Thurneysser nach Berlin lieferte. Von der Neudammer Druckerei Christoph Runge liegen Druckwerke seit 1568 vor, darunter eine Visitationsordnung des Jahres 1573.

Neudamm/Debno war eine blühende Ackerbürger– und Gewerbestadt, als sie durch den Dreißigjährigen Krieg herbe Rückschläge hinnehmen mußte.

In dem Band "Kreis Königsberg/Neumark" lesen wir:

"Ein Fünftel der Häuser wird vernichtet, das Amt völlig zerrüttet, so daß es schließlich verpfändet werden muß. Doch zäher Bürgerfleiß vermag die großen Verluste bis Ende des 17. Jahrhunderts nahezu wettzumachen: Die Zahl der Einwohner zählt wieder 340, 1623 waren es nur 142. Haupternährungsquelle ist das Tuchmacherhandwerk, das schon damals ein Färbehaus besitzt.

Eine gewaltige Feuersbrunst legte die Stadt im Jahre 1716 in Schutt und Asche. Der Wiederaufbau wurde genutzt, um der drangvollen Enge in der Stadt ein Ende zu bereiten, indem die Bauern und Kossäten die Stadt räumen und sich in einer Kolonie vor dem Papiertore in der Soldiner Straße ansiedeln mußten. Die Zähigkeit und Unverzagtheit der Neudammer Bürger findet in Friedrich Wilhelm I. (1713–1740) einen wohlwollenden Förderer.

Neudamm wurde 1730 zur Immediatstadt erhoben. Frei von drükkenden Abgaben und Frondiensten mit Sitz und Stimme im Landtag wie die Ritterschaft wird die Amtsverwaltung nach Wittstock, jetzt königliche Domäne, verlegt. Die Amtsgebäude werden verkauft, bringen Geld in das Stadtsäckel, der umfangreiche Amtsgarten wird parzelliert und mit Bürgerhäusern besetzt.

Von jetzt ab verfügte Neudamm auch über eine eigene Gerichtsbarkeit. Der Magistrat bestand aus einem Bürgermeister und zwei beigeordneten Bürgermeistern, einem Stadtsekretär und Rendanten sowie zwei Senatoren. Die Bürgerschaft wurde durch vier sogenannte Viertelsmänner repräsentiert. Der neuen Bedeutung entsprechend wurde Neudamm 1757 für zwanzig Jahre Garnisonsstadt.

Eine jähe Unterbrechung erfuhr diese Entwicklung durch den Russeneinfall 1758. Die Schlacht bei Zorndorf und die vorangegangene Einäscherung Küstrins zogen auch die Neudammer Bevölkerung in Mitleidenschaft. Noch einmal wurden die Neudammer in den Jahren 1760/62 durch einen russischen Einfall heimgesucht. Die Folgen des Siebenjährigen Krieges wirkten noch lange nach, dennoch stieg die Einwohnerzahl von 1.440 im Jahre 1763 auf 1.850 im Jahre 1794. Damit wird die Bevölkerungshöhe in der Neumark nur noch durch die Städte Küstrin und Landsberg übertroffen.

Die nachfolgende napoleonische Zeit brachte ab 1808 erneut harte Lebensbedingungen. Für Kriegssteuern, Beschlagnahmen und Einquartierungen mußten 80.000 Taler aufgebracht werden, die hauptsächlich von den in Richtung Stettin und Danzig durchziehenden Truppen verursacht wurden." Danach setzte sich die Entwicklung zum Industriestandort fort. Die wichtigsten Gewerbe waren die Wollweberei und die Tuchmacherei. Später kamen Fabriken für Filzhüte hinzu, die sogar einen bedeutenden Absatz im Ausland hatten.

In Neudamm/Debno gab es keine Stadtmauern, nur einen Wall und Gräben. Von den einstigen drei Stadttoren sind keine Reste mehr vorhanden. In der Mitte des 19. Jahrhunderts wurde eine befestigte Straße zwischen Küstrin/Kostrzyn und Soldin/Mysliborz durch Neudamm/Debno angelegt. Seit 1882 bestand die inzwischen stillgelegte Eisenbahnverbindung in den gleichen Richtungen. Damit entwickelte sich auch die Stadt weiter. Abzulesen ist das an der weiteren Steigerung der Einwohnerzahl: 1850 waren es 3.081 und 1905 bereits 8.274.

Nach 1945 wurde Neudamm/Debno vorübergehend zum Sitz einer polnischen Kreisverwaltung gemacht. Die Verwaltungsstrukturen aus der deutschen Zeit wurden verändert. Zwischen 1975 und 1998 gab es keine Kreise. Dafür wurden die Wojewodschaften verkleinert, und es kam zur Bildung von Großgemeinden, die Gmina genannt wurden. Natürlich wurde und ist auch heute noch Neudamm/Debno das Zentrum einer solchen mit unseren Ämtern vergleichbare Kommune, zu der zahlreiche Dörfer gehören.

Am 1. Januar 1999 trat erneut eine Änderung der Struktur in Kraft. In ganz Polen wurden wieder Kreise gebildet, dazu größere Wojewodschaften – ähnlich wie die Länder in Deutschland – geschaffen. Regional gab es Bestrebungen, den historischen Kreis Königsberg–Neumark/Chojna wieder aufleben zu lassen. Neudamm/Debno bewarb sich sogar als Metropole. Aber andere Politiker setzten sich durch. So gelangte die Stadt an den Kreis Soldin/Mysliborz. Auch wurde Königsberg nicht wieder Kreisstadt, sondern das fast 40 Kilometer noch weiter nördlich gelegene Greifenhagen/ Gryfino. Seither gehört Neudamm/Debno zur Wojewodschaft Westpommern. Die Identität als historische brandenburgische Region wird somit immer mehr im Bewußtsein der Bevölkerung verloren gehen.

Nun zu Julius Neumann, entnommen dem Nachruf vom Juni 1928:

"Schon 1873 machte sich eine Vergrößerung seines Betriebes notwendig, da die Abonnenten des Wochenblattes dauernd zunahmen und auch die Druckaufträge sich mehrten. Eine Papier– und Schreibwarenhandlung sowie eine Sortimentsbuchhandlung gliederten sich dem Unternehmen an.

Bald wagte Neumann eine Tat, auf der sichtbar der Segen Gottes ruhte; er rief den 'Allgemeinen Landwirtschaftlichen Anzeiger' ins Leben, den er in 18.000 Exemplaren gratis und postfrei an sämtliche größeren deutschen Gutsbesitzer versandte. Zunächst waren die Kosten für dieses Unternehmen höher als die erwarteten Einnahmen. Das Blatt ist heute als erstes und vorzüglichstes Insertionsorgan in Landwirtschaftskreisen anerkannt.

Im Jahre 1878 kamen in dem nunmehr erstarkten Verlage einige Bücher und Kalender heraus...

1883 nahm Julius Neumann die 'Deutsche Jäger–Zeitung' in den Verlag, stattete sie durch fachwissenschaftliche Beilagen aus und machte sie im Laufe der Jahre zum führenden Organ der deutschen Jägerei, das heute überall, wo die deutsche Zunge klingt, gelesen wird...

1890 berief der Magistrat den Mann, der sich schon damals um das Ansehen der Stadt Neudamm verdient gemacht hatte, in seine Reihen. 1892 übertrug ihm die Stadt das Amt eines Beigeordneten, das er bis 1919 zu ihrem Wohle verwaltete.

Durch Ankauf kam 1893 das 'Landmanns Sonntagsblatt', das heute noch vielen deutschen Zeitungen beiliegt, in seinen Besitz.

1896 erfolgte die Umwandlung des gesamten Unternehmens in einen elektrischen Betrieb, da die Dampfkraft nicht mehr zur Inbetriebnahme all der Maschinen ausreichte.

1897 wurde Neumann Kommerzienrat und 1907 zum Geheimen Kommerzienrat ernannt.

Inzwischen hatte sich aus dem Zeitungsverlag ein Buchverlag entwickelt. Zunächst waren es nur Werke jagdlichen Inhalts, die der Verleger herausbrachte, dann kamen jedoch bald andere hinzu. 1892 wurde die Drucklegung des 17–bändigen Sammelwerkes 'Hausschatz des Wissens' übernommen und durchgeführt.

Inzwischen sind diesem ersten großen, bedeutenden Werk eine Unzahl anderer hervorragender Werke auf den Gebieten der Forst–, Jagd–, Fischerei– und Landwirtschaft sowie der Naturwissenschaft gefolgt.

Die 1900 gegründete Versuchsstation Neumannswalde und das Institut für Jagdkunde in Berlin trugen dazu bei, den Verlag und die Stadt in aller Welt bekannt zu machen."

Zu Neumannswalde noch ein Auszug aus "Im Dienste der grünen Farbe – Geschichte des Hauses J. Neumann–Neudamm" von Ursula Neumann:

"Zwischen Neudamm und Zicher, rechts der Straße nach Küstrin, lag eine große Ödfläche, die 1899 von Julius Neumann gekauft wurde. In einem Talkessel des Ödlandes befindet sich der 30 Morgen große Röthsee. Hier auf einer kleinen Anhöhe wurde das Hauptgebäude der Versuchsstation der Deutschen Jäger–Zeitung mit dem Blick auf den See errichtet und dicht dabei die Schießhalle, der Büchsenstand und der Tontaubenschießstand.

Eine Sanddüne war abzutragen. Viel Erde mußte bewegt werden. Schon im Sommer des Jahres 1900 berichtete Albert Preuß im 'Schießwesen' den deutschen Jägern über Zweck und Ziel des neuen Instituts.

Nicht als gewerbliche Einrichtung war es gedacht, sondern lediglich als Zubehör zur Schriftleitung der Deutschen Jäger–Zeitung. Eine einwandfreie, kostenlose Auskunftsstelle für die deutsche Jägerei soll die Versuchsstation sein, die ihre Aufgabe in der Lösung von Fragen erblickt, welche für die Allgemeinheit Wert haben."

Nach dem Kriege 1945 gab es die Weiterführung des Verlages Neumann–Neudamm in Melsungen sowie im Jahre 1947 die Neugründung eines Neumann Verlages in Radebeul bei Dresden für Ost–deutschland.

Auch nach der deutschen Einheit 1990 blieben die Verlage voneinander getrennt, obwohl beide aus der gleichen Quelle schöpften. Der Radebeuler Verlag wurde vom Verlag Eugen Ulmer in Stuttgart aufgekauft.

Im polnischen Debno wurde in keiner Weise an die Verlagstradition angeknüpft. In der Stadt findet man lediglich Reste der Fabrikgebäude. Am Standort des früheren Neumannswalde wurde ein Naherholungszentrum eingerichtet, zu dem markierte Wanderwege hinführen. Der See verfügt über eine Badestelle, und das einstige Hauptgebäude, heute ein Forsthaus, ist in seinem Fachwerkstil hübsch restauriert.

An viele Stationen während des zweiwöchigen Treck–Marsches nach der Vertreibung im Juli 1945 kann ich mich noch immer gut erinnern. Obwohl wir mit dem Handwagen auch durch Neudamm/Debno zogen, blieb mir als Zehnjähriger jedoch von dieser Stadt nichts im Gedächtnis haften. Mit dem Rad habe ich sie dann ab 1968 oft durchfahren. So wurden mir die Hauptstraßen immer vertrauter. Oft habe ich in der Stadt auch eine Pause eingelegt, Geschäfte aufgesucht, auf einer Parkbank verweilt oder sogar ein Erfrischungsbad genommen.

Bereits in den siebziger Jahren war die Bevölkerung von Neudamm/Debno auf mehr als 12.000 angestiegen. Der Markt entwickelte sich immer stärker, und es machte jedes Mal Vergnügen, dem geschäftigen Treiben zuzuschauen.

Eine ausgiebige Besichtigung unternahm ich aber erst 1991. Es war ein Wochentag, die Kirche hatte geöffnet. Das imposante neoromanische Gotteshaus entstand an der Stelle eines Vorgängerbaues, der 1845 abgerissen worden war. Es ist der Matthäuskirche von Friedrich August Stüler (1800–1860) nachgebaut worden, die nahe der Potsdamer Straße am Kulturforum in Berlin steht. Die Ähnlichkeit ist aber nur äußerlich. Die Kirche in Neudamm/Debno bietet einen geschmackvoll mit Mosaiken ausgestatteten Chorraum. Auffallend schön sind auch eine Plastik von der Jungfrau Maria sowie die Kopie der Schwarzen Madonna von Tschenstochau/Czestochowa.

Während ich die reiche Ausstellung besichtigte, erlebte ich ganz nebenbei eine mit Musik aufgelockerte Religionsstunde. Das kirchliche Leben hier in Polen versetzt uns Gäste immer wieder durch seine Ursprünglichkeit und Innigkeit in Erstaunen.

Architektonisch gibt es sonst in Neudamm/Debno wenig Höhepunkte. Das Rathaus wurde durch Kriegseinwirkungen zerstört. Aber man findet eine interessante Mischung von Bauten der Gründer – und Jugendstilzeit, der Sachlichkeit um 1930 sowie der polnischen Moderne vor. Zur guten Stadtatmosphäre tragen die Grünanlagen vor allem an den Gewässern bei.

In den Jahren ab 1990 bahnte sich eine positive Zusammenarbeit zwischen früheren deutschen Bewohnern und den heutigen Behörden von Neudamm/Debno und Umgebung an. Beredtes Zeugnis davon sind die Informationstafel am Schlachtfeld bei Zorndorf/Sarbinowo oder der Gedenkstein auf dem Friedhof von Wusterwitz/Ostrowiec. Auch die Stadt selbst verfügt über einen Erinnerungsstein an die hier zur deutschen Zeit Verstorbenen.

Was in den Jahren 1945 und 1946 in Neudamm/Debno geschah, das hat die damalige Pfarrerstochter Friederike Feldhahn in ihrem Erinnerungsbuch "Unter der Walze – Eine neumärkische Tragödie" sehr realistisch aufgezeichnet. Erst im Frühjahr 1946 ausgewiesen, schrieb sie bereits im Herbst 1946 ihre Erlebnisse auf und entschloß sich 1965 zur Veröffentlichung.

Trotz Trauer und Schmerz um die verlorene Heimat, auch um die zerstörten menschlichen und kulturellen Werte, überwiegen das Vergeben und die Hoffnung auf Versöhnung zwischen den Menschen und Völkern. Wenn es etwa heißt: "Tausende haben ein ähnliches Schicksal erlebt wie ich und es nur nicht aufgezeichnet; so ist mein Buch stellvertretend für all die vielen Namenlosen aus unserer neumärkischen Heimat, von denen die Erde heute schon einen großen Teil deckt.

Zum andern mögen meine Erinnerungen allen Menschen in Ost und West, diesseits und jenseits der Oder eine Mahnung sein: Nie mehr soll so etwas Grauenhaftes geschehen, wie wir es erlebt haben; jeder an seinem Platze, ganz gleich, wo er steht, ist aufgerufen, nach seinen Kräften zu verhindern, daß sich all dies Entsetzliche nochmals wiederholt...

Eins aber steht für uns alle fest: Unauslöschlich ist sie in unseren Herzen verankert, unsere alte, liebe neumärkische Heimat, mit ihren Seen und Wäldern, ihren Städten und Dörfern und mit ihren Menschen, die uns lebenslang zur Seite waren.

Möge Gott dieses Land segnen, auch wenn wir es heute nur mit unseren Gedanken grüßen können, so wie er alle Menschen hüben und drüben segnen möge, die guten Willens sind."

Neuwedell / Drawno
Nationalpark am Wildwasserfluß

Neuwedell, die nordöstlichste der neumärkischen Städte, liegt auf einer Halbinsel des großen Dragesees, der in mehreren Abteilungen eine von Südwest nach Nordost gerichtete Rinne im östlichen Vorlande der Endmoräne einnimmt.

Der ihn durchströmende Dragefluß verdankt seinem starken Gefälle, mit der er der Netze zueilt, seinen Namen. Bedeutet doch Drage, slawisch–pommersch "Draga" (reißender Fluß).

In der Tat gleicht der zwischen steilen, bewaldeten Hängen in zahlreichen Krümmungen strömende Fluß, in dem die muntere Forelle spielt, einem Gebirgsflusse. Von den Bergen, welche den See allseitig umgeben und 30 bis 40 Meter über dem Wasserspiegel ansteigen, gewährt das von Gärten umrahmte Städtchen für jeden Beschauer einen herrlichen Anblick...

In früheren Zeiten prangte an den südöstlichen Abhängen ein edles Gewächs, der Wein, welcher dem Berge den Namen gab. Die große Winterkälte von 1709 auf 1710 vernichtete den Weinbau. An der Nordostecke des Städtchens erblickt man auf dem Schlossberge die Hauptsehenswürdigkeit des Ortes, die Ruinen des Schlosses der Fa-

milie von Wedel, welche heute hier nur noch das in der Nähe des
Ortes gelegene Gut "Großgut" besitzt.

A. Lothert

Neuwedell (Auszug)

Aus: "Die Provinz Brandenburg in Wort und Bild. 2. Band" 1912

Man muß den Heimatforschern aus früheren Zeiten anerkennen,
daß sie sehr fleißig und genau die Geschichte und Gegenwart ihres
Ortes oder ihrer Region erkundet und für die Nachwelt aufgezeichnet haben. Seinerzeit ging es ihnen vor allem darum, bei den Schülern die Liebe zur Heimat zu wecken und zu fördern und damit zugleich die Verbundenheit mit diesem Stückchen Erde, in dem man
als Kind lebt und daß man später vielleicht einmal verläßt.

Zumeist waren es Lehrer, die sich dieser Aufgabe als Hobby neben
dem Beruf hingebungsvoll annahmen. Einer von ihnen ist A. Lothert aus Neuwedell, von dem ich noch nicht einmal den vollen
Vornamen ermitteln konnte. Seine Abhandlungen über das neumärkische Städtchen, auf die ich mich nun im weiteren Text beziehe, wurden in dem 1912 vom Pestalozzi–Verein der Provinz Brandenburg herausgegebenen 2. Band des Heimatbuches abgedruckt.

Neuwedell verdankt seinen Namen und seine Entstehung der Fami-
lie von Wedell. Dieses Rittergeschlecht hatte ihren ursprünglichen
Sitz in Wedel an der Elbe westlich von Hamburg. Ein Hasso von
Wedel verkaufte seine Güter in dieser Region in der ersten Hälfte
des 13. Jahrhunderts und siedelte mit seinen sechs Söhnen nach
Pommern über.

Um das Jahr 1270 befand sich die Familie auf der Seite des
Markgrafen von Brandenburg beim Vordringen der Askanier auf
die Landschaft östlich der Drage/Drawa. Danach besaßen sie etwa
zwei Drittel des dort neu erworbenen Gebietes. Nahe eines wichtigen Flußpasses zwischen zwei Seen legten sie auf einer Halbinsel
ihre Burg an. Diese Befestigung und damit zugleich die Ursprünge
des späteren Neuwedell/Drawno wurde urkundlich zum ersten
Mal im Jahre 1313 erwähnt, als Markgraf Woldemar zu Gast war
und hier eine Schenkung an die damals neumärkische Stadt Kal-
lies/Kalisz–Pomorski vollzog.

Wirkliche Ereignisse und Sagen liegen oft weit auseinander. So auch bei der Entstehung und beim Wappen von Neuwedell/ Drawno. Dennoch nachfolgend die legendenhafte Darstellung: "Das Rad, welches die Familie von Wedel im Wappen führt, ist laut urkundlicher Beglaubigung ein Richtrad. Für ein Mühlrad dagegen hält es die Sage, die uns auch erzählt, wie die von Wedel zu ihrem Wappen gekommen sind.

Zu Ende des 13. Jahrhunderts drangen die Markgrafen zur Eroberung des Gebietes zwischen Drage und Küddow vor. Als das Heer an der Drage anlangte, war diese durch starke, anhaltende Regengüsse so hoch angeschwollen, daß keine der bekannten Furten zum Übergange benutzt werden konnten.

Da hielten die Markgrafen mit ihren Vertrauten in einer im dichten Busche liegenden Wassermühle, welche der Vernichtung durch die Polen entgangen war, einen Rat ab. Die Gesellen des Müllers – es waren Brüder, die Wedel hießen – vernahmen nun, daß das Heer unverrichteter Sache wieder umkehren müsse, wenn nicht alsbald eine passierbare Furt gefunden würde. Da erboten sich jene dazu, das Heer durch eine auch bei diesem hohen Wasserstande zu benutzende Furt auf das andere Ufer zu bringen. Glücklich kam dasselbe auch hinüber.

Das polnische Heer, welches die Nähe der Markgrafen nicht ahnte, lagerte sorglos in einer Waldesschlucht. Die Wedel, welche dem Heere als Führer dienten, entdeckten sehr bald das feindliche Heer, welches durch die von allen Seiten angreifenden Heerhaufen fast völlig vernichtet wurde.

Auch im Kampfe zeichneten sich die Wedel aus, und die Markgrafen glaubten ihre Dienste nicht besser belohnen zu können, als daß sie diese zu Rittern machten. In ihrem Wappen mußten sie ein Mühlrad führen, da sie bisher Müller waren.

An den weiteren Eroberungszügen der Markgrafen nahmen die von Wedel in hervorragender Weise teil und wurden dafür auch mit einem großen Teil des eroberten Landes beschenkt.

Nach beendigtem Kriege gingen die von Wedel daran, sich einen Wohnsitz zu schaffen. Auf einer Halbinsel des großen Dragesees erbauten sie eine Burg, an deren Fuße sie dann später eine Stadt anlegten. Dieser gaben sie den Namen "Neunwedell", da an ihrer Gründung neun Gebrüder von Wedel beteiligt waren. Im Laufe der Zeit ist das letzte "n" der ersten Silbe in Fortfall geraten, und die Stadt wird jetzt Neuwedell genannt".

Soweit die Sage. Eine Burg und auch damalige Kampfhandlungen hier an den Seen und am Flussübergang wurden bezeugt, als um 1880 beim Ausbaggern der Drage/Drawa Schwerter, Dolche und Bruchstücke weiterer Waffen geborgen wurden. Die wichtigsten Fundstücke gingen seinerzeit an das Märkische Museum in Berlin.

Im Jahre 1347 erhob vermutlich Subislaw von Wedel den am Fuße der Burg entstandenen Ort zur Stadt. Eine selbständige Kommune blieb sie jedoch nicht, denn sie unterstand bald direkt einem kaiserlichen Lehnsmann.

Die Familie von Wedel blieb mächtig: sie setzte den Magistrat ein, verfügte über die Gerichtsbarkeit, berief Pfarrer, Lehrer und weitere Amtsträger. Manche dieser Strukturen bewahrten sich bis in das 19. Jahrhundert.

Aber vor allem aufgrund der Grenzlage gab es einige Brüche in der Geschichte von Neuwedell/Drawno. Im 15. Jahrhundert wollte man die Herrschaft durch den Deutschen Ordensstaat nicht anerkennen, befand sich kurze Zeit im polnischen Besitz und wurde sogar von den Pommernherzögen erobert.

1675 erlitt die Stadt bei einem Einfall des schwedischen Heeres schlimme Verwüstungen. Nach der Einnahme durch die Russen während des Siebenjährigen Krieges wurde im Jahre 1758 auch die Burg zerstört.

Im 16. und 17. Jahrhundert suchten mehrere Feuersbrünste die Stadt heim.

Die Landwirtschaft, der Fischfang, die Holzverarbeitung und die Brauerei waren schon immer wichtige Erwerbszweige der Bevölkerung. Im 19. Jahrhundert entstanden keramische Fabriken.

Ab 1848 wurden feste Straßen bis Neuwedell/Drawno angelegt, und seit 1895 gab es den Eisenbahnanschluß nach Arnswalde/ Choszczno und Kallies/Kalisz Pomorski. Der Ort behielt jedoch seinen ländlichen Charakter bei und hatte zur deutschen Zeit nie mehr als 2.750 Einwohner.

Auch in der polnischen Ära nach 1945 mögen es nicht viel mehr geworden sein. Und das ist für die Lage am Rande eines Nationalparkes gut so. Es gibt nämlich kaum Eingriffe in die Natur und Landschaft, etwa durch Industrie oder neuen Wohnungsbau.

Seinen Sitz hat der Nationalpark in Neuwedell/Drawno. Er wird anschaulich in einer vierzigseitigen Broschüre mit deutscher Zusammenfassung sowie mit einem Faltblatt vorgestellt.

Im letzteren heißt es, "der Park ist offen für Wandern, Radfahren und Paddeln". Dagegen ist Angeln "nur zu bestimmten Zeiten entsprechend den Vorschriften erlaubt". Für motorisierte Fahrzeuge ist der Aufenthalt nur auf den öffentlichen Wegen sowie auf den gekennzeichneten Parkplätzen gestattet.

Als Ausgangspunkt für Besichtigungen des Nationalparks wird Neuwedell/Drawno empfohlen. Wörtlich heißt es übersetzt, und das finde ich sehr schön: "Die Verwaltung des DPN begrüßt die Touristen herzlich..."

Das Schutzgebiet selbst wird mit folgenden Texten bekanntgemacht:

"Die Rinnenlandschaft der Drage ist im letzten, dem Pommerschen Stadium der Weichselvereisung entstanden. Die Geländegestalt ist unterschiedlich: Flachland überwiegt, mit relativ zahlreichen Rinnen und Schüsselseen. Im Parkgebiet herrschen Schmelzwassersande vor.

Der höchste Berg im DPN befindet sich im nordöstlichen Gebiet beim Marthe–See mit 105,2 Meter. Im Südteil senkt sich das Gelände bis auf 70 Meter. Moränenbildungen gibt es längs der Drage in Form steiler lehmiger Abhänge. Flußsandablagerungen bilden mehr oder weniger breite Terrassen im Tal des unteren Flußufers. Torfmoore und Flußmarschen kommen in geringer Zahl in den schmalen und tiefen Teilen des Flußbettes vor.

Wichtigste Merkmale des Nationalparkes sind die ungewöhnlich schönen und wertvollen Wälder und das reine Wasser der Flüsse und Seen.

Diesen Natur–Typus finden wir in derselben Ausprägung nirgends in den anderen Nationalparks Niederpolens. Die Parkfläche mißt 8.691,5 Hektar, davon sind 78% Wald, 13% Wasser und 9% landwirtschaftliche Nutzfläche, Unland, Wege und Sonstiges. In der Umgebung des Parks beträgt der Waldanteil 60% und ist damit doppelt so groß wie im Durchschnitt des Landes.

Im Park werden zehn Waldbewirtschaftungs–Typen unterschieden. Es überwiegt dichter Hochwald mit 75%. Die dominierende Baumart ist die Kiefer. Ferner treten auf: Rotbuche 17%, Eiche 6%, Erle 3% sowie Fichte, Lärche, Douglasie, Birke, Akazie und Pappel.

Günstig ist die Zusammensetzung der Altersklassen. Vorherrschend sind die 40 bis 100 Jahre alten Baumbestände. Sie machen ungefähr 53% der Waldfläche aus. Von den wertvollsten Beständen der über 120–jährigen Bäume gibt es Enklaven mit 20% des Waldgebietes. Es gibt 450 Jahre alte Eichen und 330–jährige Buchen als Naturdenkmäler (Schutzgebiet 'Regenthin' und 'Debina' bei Fürstenau).

Das Wassernetz des DPN bildet ein Mosaik von fließenden und stehenden Gewässern, die miteinander verknüpft sind. Die Flüsse, und gerade auch die Drage selbst (40 Kilometer im DPN), stellen sehr saubere Wasserläufe dar und bilden ungewöhnlich malerische Täler. Sie schneiden über weite Strecken tief ein und bilden 30 Meter hohe Schluchten und effektvolle Durchbrüche.

Eine Bestätigung für das biologisch saubere Flußwasser des DPN sind die hier vorkommenden Salmonidenarten wie der Lachs, dessen Laichgebiet im Unterlauf des Plötzenfließes einzigartig in Europa ist, die Meerforelle und die Äsche. Die Fischfauna des Parks umfaßt etwa 30 Arten. Zum Wassernetz gehören 13 Seen, die zusammen 760 Hektar Oberfläche haben. Die Pflanzenwelt im Park ist sehr reich. Es gibt dort 638 Arten, davon 21 Arten Farne und 123 Arten großfruchtiger höherer Pilze. Registriert wurden 188 Moosarten. Es kommen 43 geschützte Pflanzen vor, darunter 4 Bärlappe, 2 Knabenkräuter, Seidelbast, Türkenbund, Akelei und 2 Arten Nelken.

Die Säugetiere sind durch 33 Arten repräsentiert, darunter den Biber und die Fischotter. Hingewiesen wird auf das zahlreiche Vorkommen von Hirschen, Rehen, Wildschweinen, Füchsen, Iltissen, Mardern und Bisamratten. 151 Arten von Vögeln sind im Gebiet der Seen, Flußtäler und Überschwemmungsgebiete gezählt worden. Darunter befinden sich der seltene Schwarzstorch, der Seeadler, der Uhu und der Fischadler.

Der Park wurde am 1.5.1990 eingerichtet. Die entscheidende Motivation zu seiner Gründung unter dem Namen 'Drawa' lag in dem Umstand, daß ein 37 Kilometer langer Abschnitt des Flusslaufes von großem landschaftlichem und biozönatischem Wert unter Schutz gestellt werden konnte." Die Ausführungen der Nationalparkbehörde wurden nur geringfügig und vor allem um fachspezifische Begriffe gekürzt.

Die Praxis der Naturschutzarbeit, in den Räumen auch museal aufbereitet, kann man auf einem einsam gelegenen Grundstück südöstlich von Neuwedell/Drawno besichtigen. Von dort führt eine Nebenstraße über die Flußbrücke in Richtung Zatten/Zatom in die urwüchsige Landschaft entlang der Drage/Drawa.

Vor allem Wasserwanderer aus Deutschland haben dieses Naturparadies als Geheimtipp für ihre Fahrten entdeckt. Ein Vorteil etwa zu den Masuren besteht in der Nähe zur deutschen Grenze. Dreimal führten mich zwischen 1994 und 1998 Radtouren von Neuwedell/Drawno aus auf Straßen, Waldwegen und Wanderpfaden parallel zur Drage/Drawa durch diese abwechslungsreiche und stille Region. Zweimal war ich ganz allein unterwegs.

Obwohl es markierte Wanderwege und Hinweise auf Naturschutzgebiete und Naturdenkmäler gibt, auch auf Anlege- und Zeltplätze am Fluß, muß man mitunter doch die Weiterfahrt auskundschaften. Der Wald scheint nicht zu enden. Er wird nur durch kleine verwunschene Dörfer unterbrochen.

Lediglich einmal tauchte plötzlich kurz vor mir ein Hirsch auf und ich bekam einen Schreck. Sekundenschnell verschwand das mächtige Tier wieder. Vermutlich hatte es ebenso wenig mit einer solchen Begegnung gerechnet.

Hier ganz am Rande der brandenburgischen Landschaft wird ein Stück kaum berührter Natur bewahrt, wofür noch spätere Generationen in Polen und Deutschland dankbar sein werden.

Paradies / Paradyz

Vom Zisterzienserkloster zum Priesterseminar

In der mittleren Grenzmark Posen–Westpreußen hat der Mönchsorden der Zisterzienser wertvolle deutsche Kulturarbeit geleistet. Durch die Tätigkeit der Mönche von Blesen und Paradies wurde alles Land westlich der Obra schon in polnischer Zeit ein vollständig deutsches Land. Das Kloster Paradies ist von Lehnin in der Mark aus gegründet worden. Die ersten Mönche und Laienbrüder waren Deutsche. Sie zogen Siedler aus dem Heimatlande ins Gebiet, die nach deutschem Recht viele Dörfer gründeten.

Der deutsche Bauer kam gern zum Abt; denn er wußte, daß unterm Krummstab gut wohnen war. Die Klosteruntertanen konnten nur vom Landesherrn in die Burg geladen werden, brauchten keine Zölle entrichten und keine Kriegsdienste leisten. Dem Kloster brachten sie den Zins in Naturalien und Geld. Die Mönche lehrten die Bauern, den Boden rationell zu bewirtschaften, waren ihre Meister im Handwerk und in allen Künsten. Ein blendendes Denkmal ihres Wirkens ist die Klosterkirche, die auch heute noch steht.

In den späteren Jahrhunderten mußten auch polnische Mönche aufgenommen werden, und der Reichstagsbeschluß von 1537 bestimmte, daß der Abt immer ein adliger Pole sein mußte. Nun war es mit dem inneren Frieden vorbei. Um den dauernden Streitigkeiten aus dem Wege zu gehen, beschlossen die deutschen Mönche, nach Schlesien auszuwandern, um dort ein neues Kloster zu gründen. Die polnischen Mönche fürchteten nur, daß die Deutschen, die in der Mehrheit waren, die reichen Klosterschätze mitnehmen würden. In aller Heimlichkeit vermauerten sie nachts im dunklen Kreuzgang die Kostbarkeiten. Die deutschen Ordensbrüder verließen Paradies nicht, doch die Klosterschätze blieben verborgen, und sie sind bis auf den heutigen Tag nicht gefunden worden.

Ernst–Fritz Brüning

Zu unseren Kalenderblättern (Auszug)

Aus: "Heimatkalender für den Kreis Meseritz" 1929

Direkt neben dem Kloster Paradies/Paradyz verlief entlang des Flüßchens Packlitz/Paklica einst die Grenze zwischen den preußischen Provinzen Brandenburg und Posen/Poznan, vor 1793 sogar zwischen Polen und Deutschland. Der Kirchenbesitz lag bereits außerhalb der Mark und wurde ihr erst nach der Auflösung der Grenzmark Posen–Westpreußen einverleibt, im Jahre 1938.

Über den Anteil deutscher Bevölkerung und Kultur seit den Schenkungen und Zuzügen im Mittelalter gibt es noch immer unterschiedliche Auffassungen zwischen den Historikern beiderseits der Oder.

Am Beispiel von Darstellungen über das Kloster Paradies/Paradyz ist zu erkennen, daß wie im oben zitierten Text von 1929 die deutsche Seite gern etwas herablassend ihre fortschrittlichere Zivilisation hervorhebt. Auch sei es im Mittelalter ein rein deutsches Gebiet gewesen. Demgegenüber stellen die Polen ihre Äbte und Mönche besonders heraus. Das ist verständlich, denn man hatte sich der manchmal nicht gerade sanften Germanisierungsmethoden zu erwehren.

Beim Rückblick in die historische Entwicklung ist das "Kalendarium" sehr nützlich, das mehrsprachig einem attraktiven Bild–Text–Band über den Klosterkomplex angefügt ist.

Das erste Datum besagt, daß am 29. Januar 1230 in Posen/Poznan durch den polnischen Grafen und Grundbesitzer Nikolaj Bronisz mit der Übergabe des Dorfes Goscikowo an die Zisterzienser in Lehnin bei Berlin die Geschichte des Klosters ihren Anfang nahm. Stifter und Mönchsorden benannten die Stätte "Paradies der Mutter Gottes". Am 12. Februar 1234 soll der zukünftige Abt mit den ersten zwölf Ordensbrüdern aus der Markgrafschaft Brandenburg eingetroffen sein.

Zum Besitz kamen noch neun benachbarte Dörfer hinzu, die der im Jahre 1241 in der Schlacht bei Liegnitz/Legnica gegen die Mongolen gefallene Bronisz den Zisterziensern testamentarisch vermachte. Im Jahre 1247 bestätigte Papst Innozent IV. mit einer in Lyon herausgegebenen Urkunde die Stiftung zugunsten des Ordens.

Die erste Kirche des Klosters wurde 1397 durch den Posener Bischof Mikolaj eingeweiht. Im 15. und 16. Jahrhundert entwickelte sich Paradies/Paradyz zu einem wichtigen religiösen Zentrum. Die damalige Bibliothek wird als eine der bedeutendsten von ganz Polen angesehen. 1554 erschien in Danzig/Gdansk das Loblied "Paradisus Silesiae", das die Schönheit der Anlage und die Güte ihrer Bewohner rühmte.

Im Jahre 1558 wurde erstmalig ein polnischer Abt eingeführt. Von jetzt an gab es nur noch polnische Klostervorsteher, die jeweils vom König des Landes ernannt wurden. Durch einen Brand wurde im Jahre 1633 das wertvolle Archiv vernichtet.

Nach dem Anschluß der Region an Preußen beschlagnahmte der Staat 1796 das Vermögen des Klosters. Danach durften keine Ordenskandidaten mehr aufgenommen werden. Damit war das Schicksal der Einrichtung besiegelt. Der letzte Abt übergab die wertvollsten Bücher der Bibliothek 1811 an die Volksbibliothek in Warschau.

Zum 1. Januar 1834 erfolgte die offizielle Aufhebung des Klosters. Die Gebäude wurden einem katholischen Lehrerseminar übergeben. Als solches wurde es bis 1926 genutzt. Dann zog eine Oberschule einschließlich Internat ein. Während des Zweiten Weltkrieges mußten die Räume von 1939 bis 1945 als Fabrik und Militärmagazin dienen, nach der Besetzung durch die sowjetische Armee ebenfalls als Lager. Dann wirkten hier für einige Jahre die Salesianer und gründeten eine Berufsschule.

Am 1. Dezember 1952 zog die philosophische Fakultät des Priesterseminars aus Landsberg/Gorzow ein. Dort wurde durch die kommunistischen Behörden die Liquidierung der theologischen Fakultät erzwungen, so daß die gesamte Hochschule seit 1961 ihren Sitz in Paradies/Paradyz erhielt.

Von 1964 bis 1971 erfolgten aufwändige Sanierungsarbeiten. Der weitere Ausbau und die Renovierungen von 1988 bis 1991 trugen wesentlich zu besseren Lehr– und Wohnbedingungen bei.

Aufwertungen erhielt das Seminar durch die dreimalige Anwesenheit der Gemäldekopie der Schwarzen Madonna von Tschenstochau/Czestochowa, der zweimaligen Konferenz des polnischen Episkopates und des Besuches von Papst Paul II.

Im Mittelpunkt des Komplexes einschließlich Torhaus mit Café, Stallungen, Garten und Grünanlagen mit mehreren Skulpturen, darunter einer Rokoko–Figur der Muttergottes von 1775, steht die Kirche. Sie wurde als dreischiffige frühgotische Basilika durch Baumeister aus Lehnin auf einem ausgetrockneten Sumpfgelände errichtet. Im 17. und 18. Jahrhundert erfolgten der Anbau von zwei stattlichen Westtürmen und die barocke Innenausstattung mit einigen klassizistischen Elementen. So wurden die gotischen Spitzbögen mit Engelsköpfen und Muscheln geschmückt, Kapellen eingerichtet, die Orgelempore und die Kanzel geschaffen.

Für einen Rundgang stellen sich Seminaristen zur Verfügung, und man erhält auch einen Prospekt mit deutschsprachiger Beschreibung der Sehenswürdigkeiten. Darin heißt es über den wunderschönen Hochaltar, daß er im letzten Jahrzehnt des 17. Jahrhunderts vom Abt Kazimierz Szczuka gestiftet und 1739 vollendet wurde. Er ist einer der schönsten Barockaltäre im heutigen Lebuser Land. Über der Mensa erhebt sich der drehbare Tabernakel mit Basrelief, das das Abendmahl von Jesu mit zwei Jüngern darstellt.

Dann folgt das erste Stockwerk. In seiner Mitte hängt das große Bild "Himmelfahrt Mariens" von Anton Scheffler. Daneben stehen acht weiße Säulen mit korinthischen Kapitellen, die eine Schmuckwand mit Sims tragen. Zwischen den Säulen erheben sich sechs überlebensgroße vergoldete Holzfiguren, die Apostel und lateinische Kirchenlehrer darstellen. Es sind das der heilige Hieronymus, der heilige Ambrosius, der heilige Paulus, der heilige Petrus, der heilige Gregor und der heilige Augustin.

Das zweite Stockwerk ist die verkürzte und vereinfachte Wiederholung des ersten. Das Gemälde in der Mitte stellt den zweiten Kirchenpatron dar, den heiligen Martin von Tours. Hier finden wir zwischen den Säulen vier Holzfiguren vor, darstellend den heiligen Stanislaw, Patron Polens, den heiligen Bernhard von Clairvaux, den heiligen Benedikt von Nursia und den heiligen Adalbert. Über allem schwebt ein barocker Engel und schließlich noch eine wirkungsvolle Gruppe mit dem Erzengel Michael, der an einer Kette den besiegten Satan festhält.

Über dem Chorraum hängt eine silberne ewige Lampe, die in der Werkstatt des Königs Sigismund des III. Waza angefertigt wurde.

Die barocke Kanzel aus dem 18. Jahrhundert ist reich mit Gold geschmückt und hat einen Baldachin mit der Darstellung der drei göttlichen Tugenden Glaube, Liebe und Hoffnung, und zwar versinnbildlicht durch Meßkelch, Herz und Anker.

Das Stiftungsbild wurde Anfang des 18. Jahrhunderts von einem unbekannten Meister gemalt. Der obere Teil stellt den Stiftungsakt des Klosters dar. Unter einem Baldachin ist der Stifter Bronisz zu erkennen. Ein Mönch hinter dem Abt trägt acht Schenkungsurkunden mit den Namen der einzelnen Dörfer. Darüber schweben zwei Putten mit dem Wappen von Paradies/Paradyz. Das sind zweimal der Buchstabe "C", die den stilisierten Buchstaben "M" bilden, Maria bedeutend, die ja die erste Patronin des Klosters ist. Der untere Teil des Bildes zeigt die Schlacht gegen die Mongolen im Jahre 1241. An der Spitze der polnischen Reiter Graf Bronisz. Geschichtlich steht jedoch fest, daß die polnische Kavallerie von Herzog Heinrich dem Frommen von Schlesien befehligt worden war.

Die Marienkapelle stammt aus dem 14. Jahrhundert. Das Gnadenbild der Gottesmutter von Paradies ist die Kopie einer byzantinischen Ikone. Das große Bild über der Kapelle stellt eine Ansicht von Paradies/Paradyz vor dem großen Brand von 1633 dar. Das Bild im Altar für Bernhard zeigt den Heiligen als Abt zu Clairvaux. Dieses Porträt auf Holz stammt aus dem 16. Jahrhundert.

Der Raum hinter dem Altar mit der Kreuzigungskapelle ist der Ambitus, die Umgehungsstelle. Hier hängt ein Bild mit der Ansicht des Zisterzienserklosters in Citeaux im Burgund, dem Mutterkloster des Ordens.

Statt einer vierten Kapelle wurde ein Scheinaltar gestaltet. Dank der Anwendung der Perspektive–Regel erweckt ein Bildnis den Eindruck, als befände man sich vor einer räumlichen Kapelle. Auf ihm ist im gotischen Stil die heilige Familie dargestellt. Daran anschließend befinden sich mehrere schöne Kristallspiegel.

Das waren nur Hinweise auf die interessantesten Bild– und Kunstwerke in der Kirche. Hinzu kommen das Prospekt der Orgelempore, die Kapelle des heiligen Adalbert, zahlreiche Altäre, Gemälde und Grabplatten.

Wenn man Glück hat, dann ist während der Besichtigung ein Vorspiel auf der Orgel der Firma Sauer aus Frankfurt (Oder) zu erleben. Besonders beeindruckend war für mich eine der selten stattfindenden Führungen durch den Innenhof zu den Gängen und Räumen des Klosters. Dabei wurde gut vorstellbar, wie die angehenden Priester wohnen, studieren und ihre Mahlzeiten einnehmen. Sie verfügen über einen gesonderten Andachtsraum, gehen aber zu den wichtigen Messen durch einen Gang in die Kirche.

Kloster Paradies/Paradyz ist das kirchen– und kunsthistorisch wichtigste sakrale Baudenkmal im westlichen polnischen Grenzgebiet.

Pförten / Brody
Wo einst Graf von Brühl residierte

Was ist das schönste wohl an dir,
du kleine Stadt im Tale ? –
Ich war doch nun so oft schon hier,
doch ist's mit jedem Male,
als hätt' ich dies noch nicht gesehn,
und das noch nicht betrachtet,
und bei dem Hin– und Wiedergehn
auf jenes nicht geachtet.

Ich stand zur Abendzeit am See
und sah die Sonne sinken,
ich stieg hinauf zur Waldeshöh',
wo mächt'ge Bäume winken;

dann wandelt' ich auf lausch'gem Pfad
entlang dem steilen Hange, –
wohl dem, der offne Augen hat
bei solchem Abendgange.

Mit seinem Park und See und Höh'n,
den Häusern, altersgrauen
bist du, mein liebes Pförten, schön
und lieblich anzuschauen.
Bleib, wie du bist, auch fernerhin,
so still, weltabgeschieden,
und spende jedem, der dir naht,
Erquickung, Rast und Frieden.

Gerhard Abraham
Pförtens Schönheit (Auszug)
Aus: "Was das Pförtener Kirchenbuch erzählt!" 1929/1930

Gerhard Abraham war von 1919 bis 1945 evangelischer Pfarrer im Niederlausitzer Pförten/Brody. Seine um 1930 erstmalig und dann 1993 in erweiterter Form durch seinen Sohn Lars Ulrich herausgegebene Sammlung von Erzählungen und Gedichten vermittelt nicht nur die Liebe des Autors zu diesem Fleckchen Erde, sondern macht auch mit den wichtigsten geschichtlichen Entwicklungen des Städtchens und seines Herrensitzes vertraut. Das Sympathische daran ist, daß die Schicksale von hier lebenden Menschen in den Vordergrund gestellt werden.

Die Einleitung bietet einen historischen Abriß seit der ersten Siedlung am Rande eines Sumpfes, "nur müssen wir uns noch das ganze Moor mit Erlen und anderen Sumpf–Bäumen und –Sträuchern bestanden denken. Hier wand sich ein Handels– und Heerweg hindurch:

"Diese alte Landstraße ist zum größten Teil heute noch erhalten. Als breiter, tiefer Sandweg führt sie von Berke bis zur Saubucht fast gradlinig durch die Kiefernheide, von dort im Bogen bis zum Forsthaus Marienhain und weiter durch den Wald nach Hohjeser, wo sie ziemlich steil in die Pförtener Niederung hinabsteigt. Von Pförten führt sie weiter durch Sand und Kiefernheide bis zum Strang, den sie bei der ehemaligen Beitzscher Papiermühle überschreitet und dann nördlich von der heutigen Chaussee über die Zimnitz. Eine Fahrt auf dieser Straße im schweren Frachtwagen muß alles andere als ein Vergnügen gewesen sein".

Neben dem bescheidenen Herrensitz am Fließübergang entstand das Dorf. Darüber heißt es bei Gerhard Abraham:

"Als die Brücke und das Schloß standen, müssen bald auch weitere Häuser hinzu gekommen sein. Der Zolleinnehmer und die herrschaftlichen Bedienten, soweit sie nicht im Schlosse Raum hatten, mussten Wohnstätten haben, auch wird wohl bald eine Schmiede entstanden sein, denn die schweren Lastwagen und die Zugpferde hatten bei der entsetzlichen Beschaffenheit der Wege viel auszustehen, so daß oft Ausbesserungen und Hufbeschlag notwendig wurden. Ferner werden die Fuhrleute wie auch die Reisenden, Kaufherren, Händler und fahrendes Volk, und ebenso die Reit– und Zugtiere einer Stärkung bedürftig gewesen sein, oft auch ein sicheres Unterkommen für die Nacht gesucht haben, so daß die Annahme nahe liegt, es sei auch bald ein Wirtshaus in Pförten eingerichtet worden".

Um 1500 erwarb Matthias von Bieberstein die Herrschaft Pförten aus den Händen des Burggrafen von Dohna. Damit wurde, wie es heißt, der Ort "einer alten, mächtigen Familie angegliedert". Und es gibt damit nun ein erstes schriftliches Dokument.

Wahrscheinlich etwa fünfzig Jahre vorher wurde Pförten/Brody zur Stadt erhoben. Darüber gibt es keinen Nachweis, lediglich Vermutungen. Deshalb äußerte Gerhard Abraham:

"Wenn Wenzel von Bieberstein seinen Besitz Muskau im Jahre 1452 zur Stadt erhob, weil er nicht auf einem Dorfe hausen wollte, so ist nicht einzusehen, warum nicht auch der derzeitige Standesherr von Pförten sein Dorf aus dem gleichen Grunde zur Stadt gemacht haben soll. Es gibt noch einen Umstand, der es wahrschein-

Bärwalde/Mieszkowice:
Einfahrt in die Altstadt aus Richtung Küstrin/Kostrzyn

Bad Schönfließ/Trzcinsko Zdroj: Der Marktplatz

Frankfurt-Dammvorstadt/Slubice: Blick über den Oderhafen

Gleißen/Glisno: Herrenhaus von 1793

Neudamm/Debno: Stadtkirche, um 1850 erbaut

Drossen/Osno: Kirche St.Jacobi, erbaut 1248 1298

Pförten/Brody: Eingang zum Schloßhof

Zantoch/Santok: Glockenturm aus dem 18. Jahrhundert

Rostin/Roscin: Der sagenumwobene Klickstein

Königswalde/Lubniewice: Fachwerkhaus aus dem 19. Jahrhundert

Sternberg/Torzym: Schinkel-Kirche von 1835

Rokitten/Rokitno: Gebäude auf dem Freigelände der Wallfahrtsstätte

Rosenthal/Rozansko: Dorfgaststätte

lich macht, daß Pförtens Stadtwerdung nur dem Ehrgeiz eines früheren Besitzers zu verdanken ist.

Mit den Stadtrechten der Pförtener hatte es nämlich eine eigene Bewandtnis: ihr Verhältnis zur Herrschaft wurde dadurch kaum verändert. Bis auf den Bürgermeister, damals Stadtrichter genannt, die vereidigten Schöppen und den jeweiligen Schützenkönig, blieben sie hand– und spanndienstpflichtig wie bisher, und erst zur Zeit des Ministers Brühl sollten sie durch Geldablösung ihrer mit freiem Bürgerrechte unvereinbaren Verpflichtungen enthoben worden sein.

Sobald Pförten Stadt war, konnte es auch nicht mehr kirchlich als Anhängsel einer Landgemeinde bleiben, und so ist anzunehmen, daß um die gleiche Zeit die Kirche erbaut und die selbständige Kirchengemeinde Pförten gegründet worden ist".

Über das Gotteshaus heißt es weiter:

"Die Kirche ist 1692 durch den Grafen Ulrich von Promnitz bedeutend verändert, erweitert und mit einem massiven Turm versehen worden; in ihrer heutigen Gestalt ist sie erst im Jahre 1800 entstanden, nachdem sie wegen Baufälligkeit der Decke und des Daches drei Jahre lang gesperrt gewesen war. Aber die Mauern des eigentlichen Kirchenschiffes müssen schon sehr alt sein, denn sie sind aus unbehauenen, in dicken, steinharten Mörtel gebetteten Feldsteinen aufgeführt, was man hier und da unter dem Putz wahrnehmen kann...

Leider sind sämtliche kirchlichen Akten aus älterer Zeit verloren gegangen. Als im Jahre 1706 zugleich mit vielen anderen Häusern der Stadt auch das Pförtener Pfarrhaus abbrannte, sind alle Kirchenbücher, Chroniken und Dokumente ein Raub der Flammen geworden. Die leichtgebauten Häuser brannten so schnell, daß man nur mit Mühe die damalige, gerade im Wochenbett liegende Pfarrfrau in Sicherheit bringen konnte, und Pfarrer Sorgenfrey sich nicht um die Rettung des Archivs zu kümmern vermochte".

Infolge eines Hausvertrages mit den Biebersteinern war Pförten 1667 in den Besitz des Grafen Ulrich von Promnitz auf Sorau und Triebel übergegangen. Bereits 1726 starben die Promnitze aus und die Herrschaft fiel an den Lehnsnachfolger Graf von Watzdorf, dessen Sohn den Ort samt seinen Besitzungen im Jahre 1740 für

160.000 Taler an den "königlich–polnischen und kurfürstlich–sächsischen Kabinettsminister, Reichsgrafen Heinrich von Brühl" verkaufte.

Über die Bevölkerung des Städtchens im 17. und 18. Jahrhundert heißt es bei Gerhard Abraham:

"Wir können wohl annehmen, daß Pförten 800–900 Einwohner hatte. Die Bewohner waren in der Hauptsache Ackerbürger; es gab natürlich auch Handwerker, unter denen anscheinend seit alter Zeit die Schneider und Schuhmacher an erster Stelle standen.

Auf den Hängen des alten und des Wolfsberges wurde Wein angebaut. Die Abgabe an Weintrauben, eine Butte voll von der Herrschaft, je eine Handgelte voll von den Bürgern, bildete eine von den festen Amtseinkünften des Pfarrers. Erst um 1730 haben die Ackerbürger angefangen, ihre Weinberge eingehen zu lassen. Das heutige Pfarrbeet an der alten Teuplitzer Straße war der Pfarr–Weinberg.

Ihr Bier brauten die Herrschaft und die Bürger selbst. Auch davon standen dem Pfarrer bestimmte Abgaben zu, die sicher bis auf die Gründungszeit der Pförtener Pfarrer zurückgehen".

Im Dreißigjährigen Krieg gab es hier keine Kämpfe, aber "trotzdem hat die ganze Gegend Unsagbares gelitten. Die unaufhörlichen Truppendurchzüge und Einquartierungen mit den gewaltigen Kriegskontributionen, die unerbittlich eingezogen wurden, verzehrten nicht nur den Wohlstand, sondern auch die notwendigsten Lebensbedürfnisse der Bevölkerung. Die Nähe des kurfürstlichen Kriegskommissars, des Herrn Georg von Wiedebach auf Beitzsch hat gewiß manches Unheil von der Gegend abgewendet. Es wird berichtet, daß er seinen eigenen Untertanen und denen benachbarter Herrschaften geraubtes Gut wieder beschaffen konnte, das zuchtlose Angehörige regulärer Truppenverbände weggenommen hatten".

Die Geschichten in Gerhard Abrahams Buch befassen sich mit verheerenden Bränden, mit den Erlebnissen und menschlichen Begegnungen der evangelischen Pfarrer sowie mit dem Leidensweg einfacher armer Bürger. Erschütternd ist beispielsweise das Los der Witwe Vanselow in "Ein Frauenschicksal".

Der Autor Gerhard Abraham wurde 1881 in Groß-Teuplitz/Tuplice geboren. Da sein Vater, ein Pfarrer, 1887 verstarb, konnte er gemeinsam mit seinem Bruder im Schindlerschen Waisenhaus in Berlin unterkommen und von dort aus das Köllnische Gymnasium besuchen. Anschließend studierte er in Berlin und in Straßburg Theologie. Nach dem 1. Abschluß im Jahre 1905 kam Abraham als Lehrvikar nach Lehnin und anschließend zum Predigerseminar nach Neuzelle. 1907 erhielt er eine Anstellung an der Kaiser-Wilhelm-Gedächtniskirche in Berlin. Es folgte die erste Predigerstelle in Burg im Spreewald, wo damals wendisch die Umgangssprache war. Deshalb ging er lieber als Seemannspastor nach Middlesbrough in England. Hier heiratete er 1913.

Nach Kriegsausbruch 1914 wurde Abraham mit Frau und Kind interniert und nach Deutschland abgeschoben. Bei einer Verwandten in Friedrichshagen, damals noch nicht zu Berlin gehörend, erhielten sie Unterkunft. Er wurde Lazarettpfarrer.

Im Jahre 1919 übernahm Gerhard Abraham das Pfarramt in Pförten/Brody. Es war eine Art Heimkehr in das Land seiner Kindheit, aber es wurde auch eine harte, aufopferungsvolle Tätigkeit. 1922 wurde der vierte Sohn geboren, und 1924 starb Abrahams Frau. 1929 heiratete er erneut. Dann kamen die schweren Jahre der Bekennenden Kirche gegen den Nazistaat.

Im Sommer 1945 mußte Pförten/Brody innerhalb weniger Minuten verlassen werden. Die östliche Niederlausitz war Polen zugesprochen worden. Der Fußmarsch ging über die Neiße nach Forst, wo Gerhard Abraham unter schwierigsten Bedingungen die fünf letzten Jahre seines Lebens als zeitweilig einziger Pfarrer wirkte. Seine Lyrik und Prosa bleiben ein Vermächtnis. In dem Gedicht "Mein Pförten" rief er seinen Mitbürgern zu:

"Ihr Pförtener, haltet im Herzen fest

die lieben, alten Geschichten,

und laßt euch heute und jederzeit

von ihnen gerne berichten".

Wesentlich sachlicher und nüchterner als Abraham hat ein Herr G. Sommer aus Forst bereits im Jahre 1912 in dem Buch "Die Provinz

Brandenburg in Wort und Bild. 2. Band" über Pförten/Brody berichtet. Weitläufig läßt er sich über die Geschichte des Ortes, über
das Schloß einschließlich Park und über die weiteren historischen
Stätten aus. Man kann sich so richtig die Atmosphäre vorstellen,
die damals vor dem Ersten Weltkrieg hier herrschte. Nachfolgend
einige Passagen aus diesem Band, die sich vorrangig mit der Zeit
des Grafen Brühl befassen:

"Ein Stadttor müssen wir durchschreiten. Wahrhaftig noch ein
richtiges Tor mit kleinen Seitengebäuden, die noch bewohnt sind.
Im klassizistischen Stil erbaut, will es nicht recht in die märkische
Landschaft hineinpassen. Auf der Stadtseite des Tores stehen auf
Latein die Worte: 'Im Jahre 1753 ist das Tor der Stadt Pförten
glücklich erbaut'.

Es war auch für den damaligen Besitzer der Herrschaft, den all-
mächtigen Minister, Reichsgrafen von Brühl, eine glückliche Zeit.
Er stand im besten Mannesalter und auf der Höhe seiner Macht.

Vom Tore bis zum Markt zieht sich eine breite Straße hin, die For-
ster Straße. Wie aus einem Gusse steht die ganze Anlage da. Man
merkt es sofort, daß alle Häuser nach einem bestimmten einheitli-
chen Plan und zu einer Zeit erbaut wurden.

An vielen Häusern findet der Beschauer einige, meist recht schöne
Stuckornamente aus der Rokokozeit. An dieser Straße wohnten die
Handwerker, die für die vielseitigen Bedürfnisse der verschwende-
rischen Haushaltung und für die vielen luxuriösen Bauten des Grafen Brühl als Lieferanten tätig waren".

In den Jahren 1745 und 1758 wurde Pförten durch Soldaten Friedrichs des Großen geplündert und beim zweiten Mal das Schloß sogar abgebrannt. Der Preußenkönig war voller Haß auf Brühl, in
dessen Dresdener Garderobe er 304 Hosen vorgefunden hatte und
den er vor allem wegen seiner höfischen Intrigen und seiner
Prunksucht, vielleicht auch wegen der sächsischen Mätressenwirt-
schaft, verabscheute.

So hatte am 2. September 1758 der Markgraf Karl von Brandenburg–Schwedt den Befehl erhalten, "das Schloß des Grafen Brühl
verbrennen zu lassen". Über den Hergang dieser Untat gibt es einen Bericht des damaligen Schloßverwalters Fiebinger:

"Es war am 5. September nachmittags um 4 Uhr, als sein Commando preußischer Husaren, etwa 200 Mann, bei Pförten ankam, wovon der Commmandeur um die Stadt herum seine Postierung ausstellte. Er selbst kam mit einem Trupp auf den Schlossplatz und erkundigte sich sofort, wo die herrschaftliche Kasse wäre.

Nachdem man ihn zum Amts–Administrator Sommer geführt, forderte er von demselben alle vorhandenen gräflichen Gelder, und da dieser Mann vor großer Furcht den Kasten nicht geschwind genug aufschließen konnte, so ließ er sofort denselben aufschlagen, und nahm das Geld, das so gegen 500 Thaler betrug, zu sich. Hierauf verfügte er sich ins Schloß, ließ daselbst alle Keller aufreißen und allen großen Weinfässern die Boden ausschlagen, so daß der Wein in den Keller lief; was aber an Flaschen und kleinen Gefäßen vorhanden war, ließ er auf zwei Wagen laden.

Nachdem dieses geschehen, begehrte der Commandeur, denn anders wollte er sich nicht nennen lassen, hat auch nie seinen Namen sagen wollen, daß ich, der Bettmeister, ihm das Schloß aufschließen und die Zimmer zeigen sollte, weil zwei Bataillone einrücken würden und hinein gelegt werden müßten.

Als er die Zimmer durchgegangen war, mußte ich ihn auf den Boden führen, wo er dann allenthalben dem mit ihm gehenden Wachtmeister gewisse Plätze anzeigte. Mittlerweile hatte ein Commando Husaren einen Wagen mit Stroh und einen Wagen mit Holz auf den Schlossplatz gebracht, und als der Commandeur hinunter kam, befahl er den zusammengelaufenen Bürgern und anderen Leuten, das Holz und Stroh in das Schloß zu bringen und hinzulegen, wie die Husaren solches anweisen würden.

Weil er aber weder durch Güte, noch durch Drohungen, jemanden zu dieser Arbeit bekommen konnte, so mußten es die Husaren selbst hinauftragen. Unter dem Dache wurden an zwölf verschiedenen Orten Haufen von Holz und Stroh hingelegt, desgleichen auch im untersten Tafelzimmer. Als nun eine Laterne mit Licht geholt wurde und ich wohl sah, was geschehen sollte, fiel ich dem Commandeur zu Füßen, allein er sagte, alles wäre umsonst, er müßte diese Ordre executieren, sonst verlöre er seinen Kopf. Also wurden die Haufen alle im Schlosse angezündet, und der Commandeur verbot zugleich, daß kein Mensch sich unterstehen sollte, zum Löschen an das Schloß zu gehen, wenn er nicht die Kugel vor den Kopf geschossen haben wollte".

So nahm das Geschehen dann seinen Lauf. Es hieß, daß das Schloß bis auf den Grund ausgebrannt und zusammengefallen sei. Nur die Nebengebäude blieben erhalten. Noch während des Krieges hatte Brühl angeordnet, das Schloß wieder aufzubauen. Aber er starb bereits 1763 und sah den Neubau nicht mehr.

Das Wertvollste aus der Pförtener Schloßeinrichtung hatte der Graf vor dem Krieg nach Hamburg auslagern lassen:

"Dort war auch der kostbarste Kunstschatz des Grafen Brühl untergebracht und vor der Zerstörung geschützt worden, nämlich das weltberühmte Schwanenservice. In einem besonderen Kellergewölbe befinden sich heute in Pförten davon über 1.400 Stücke der edelsten Porzellankunst. Das Schwanenservice wurde von Kändler in der Meißner Porzellanmanufaktur in den Jahren 1737 bis 1741 für den Grafen Brühl geschaffen und zeigt auf jedem Stück das Allianzwappen des Grafen und seiner Gemahlin Maria Anna, geborene Gräfin Kolowrath–Krakowski. Das beherrschende Ornament ist der Schwan.

Dieses kostbare Tafelgeschirr verbleibt als unveräußerliches Eigentum der Familie Brühl stets bei dem Majorat, und nur selten, bei besonders festlichen Gelegenheiten, so bei der Hochzeit des jetzigen Standesherrn vor einigen Jahren, schmückten die kostbarsten Stücke des Schwanenservices die Festtafel. Der Wert des edlen Geschirres wird auf über eine Million Mark geschätzt".

Das waren Auszüge aus dem Bericht von 1912.

Schloß Pförten/Brody blieb bis 1945 im Besitz der Familie Brühl. Man ließ im Zweiten Weltkrieg weitere Familienkunstschätze von woanders hierher auslagern. Diese Gegenstände fielen schließlich der Roten Armee in die Hände, von der sie in die damalige Sowjetunion abtransportiert wurden. Dort werden sie sich noch immer befinden.

Jahrzehntelang war nach der Übernahme in die polnische Staatshoheit das Schloßensemble mit seinem Umfeld dem Verfall preisgegeben. Bis es endlich aus dem Dornröschenschlaf geweckt wurde und man im Jahre 2000 lesen konnte:

"Residenz 'Ambrassador'. Besuchen Sie die prachtvolle Residenz des Grafen von Brühl in Brody, nahe der deutsch–polnischen Grenze. Im sorgfältig restaurierten Teil des Gebäudes finden Bälle und Begegnungen statt. Das neu eingerichtete Hotel bietet 10 komfortable EZ, 40 DZ sowie 3 Appartements, alle mit Bad und WC. Fünf Konferenzräume sowie ein Bankettsaal für 300 Personen stehen zu Ihrer Verfügung".

Man kann nur hoffen, daß diese Offerte angenommen wird und das Hotelunternehmen weiterhin an dem historisch so bedeutsamen Ort investieren und bestehen bleiben kann.

Meine eigenen zwei Begegnungen mit Pförten/Brody konnten nur kurz sein, bleiben aber in nachhaltiger Erinnerung.

Im Jahre 1997 war ich mit dem Fahrrad unterwegs, um für den Reiseführer "Das Sternberger Land", der auch die östliche Niederlausitz mit einbezieht, zu recherchieren und zu fotografieren. Von Guben aus radelte ich durch zahlreiche Dörfer und eine vorwiegend landwirtschaftlich geprägte Region. Bei Datten/Datyn überholte ich mehrere Einwohner, die sonntäglich gekleidet in Richtung Pförten/Brody liefen. Nach einer ersten Visite von Park und Schloßumfeld suchte ich das Gotteshaus auf. Während des Messegesanges sah ich die Einwohner aus Datten wieder. Unsere Blicke trafen sich, man lächelte mir freundlich zu. Frohen Herzens verließ ich das Gotteshaus und wenig später den Ort.

119

Rokitten / Rokitno
Ein Madonnenbildnis als Wallfahrtsziel

Feierlich läuteten die Glocken – es war an einem Sonntag – als
wir das große Dorf Rokitten mit seiner stattlichen katholischen
Kirche, deren Inneres sehenswert ist, seinem großen Schul– und
seinem etwas entfernt von ihm gelegenen Waisenhause verließen.

Eine besondere Bedeutung hat das Gut Rokitten dadurch erlangt,
daß es der Stammsitz der Familie Viebig ist, der die bekannte Ro-
manschriftstellerin entsprossen ist.

Scharf hob sich am Horizont eine kleine Kapelle ab, wie mir Herr
Lehrer Schulz in Rokitten freundlichst mitteilte, eine Gedächtnis-
kirche zum Andenken an die glückliche Wiederkehr der Krieger
mit dem wundertätigen Gnadenbilde aus dem Türkenkriege unter
Johann Sobieski im Jahre 1683. Als die Krieger bei ihrer Heimkehr
die Grenze der Dorfflur von Rokitten überschritten und auf hei-
matlichem Boden standen, setzten sie auf der Stelle, wo sich heute
die Kapelle erhebt, das Bild nieder, und ein Dank und ein
Dankgottesdienst wurde abgehalten.

Es war am vierten Sonnabend nach Ostern. Und auch heute noch
versammeln sich an diesem Tage alljährlich Tausende von Pilgern
um das kleine Gotteshaus, in dem ein feierliches Hochamt zele-
briert wird, und ziehen nach diesem in feierlicher Prozession nach
der Pfarrkirche, die eine Wallfahrtskirche ist.

Erich Klemt
Der Liebucher See und seine Nachbarn (Auszug)
Aus: "Kreis Schwerin/Warthe. Ein Heimatbuch" 1975

Paul Graeter schrieb 1908 im "Führer durch das Westposener
Wald– und Seengebiet":

"Rokitten war stets ein gern besuchter Wallfahrtsort und schon vor
300 Jahren bekannt. Die Geschichte der Kirche reicht noch weiter
zurück.

Schon im Jahre 1333 wurde durch den damaligen Bischof von Posen, Johann Doliwa, die Pfarrkirche gegründet. Wie die erste Kirche aussah, ist nicht bekannt. Zu Anfang des 17. Jahrhunderts war hier eine Holzkirche, die aber dem Verfall nahe war. Um die Mitte des 17. Jahrhunderts wurde die Pfarrei Rokitten dem Zisterzienserkloster Blesen zugeteilt. Der Abt Stanislaus Dembinski erbaute nun in Rokitten eine neue, ebenfalls hölzerne Kirche. In diese Kirche wurde das wundertätige Muttergottesbild gebracht und im Jahre 1667 zur Förderung allgemeiner und größerer Verehrung sechs Patres aus dem Kloster Blesen nach Rokitten überwiesen.

Das hölzerne und bescheidene Kirchlein erwies sich bald als viel zu klein, um die immer größer werdende Pilgerschar aufnehmen zu können. Darum wurde mit dem Bau einer neuen, massiven Kirche begonnen, und zwar auf der Anhöhe hinter dem Dorfe. Infolge des Krieges mit Karl XII. von Schweden blieb diese Kirche unvollendet. Später wurden die Mauern hier niedergerissen und auf einer Anhöhe im Dorfe aufgeführt. Die Höhe hinter dem Dorfe trägt jetzt noch den Namen 'Kirchberg'. Warum hier nicht weitergebaut wurde, ist nicht bekannt. Der Sage nach soll das Muttergottesbild nach seiner Überführung hier nicht geblieben, sondern nach der Anhöhe im Dorfe geflogen sein.

Im Jahre 1746 wurde die Kirche durch den Abt Michael Konarzewski vollendet. Sein Nachfolger, Joseph Loka, übernahm die innere Ausschmückung.

Der Bau ist vorwiegend im Barockstil ausgeführt; das Innere zeigt vielfach Rokokoformen. Das Gemälde über dem Portal zeigt eine Nachbildung des Gnadenbildes. Sonst aber verrät nichts an dem altersgrauen Gewande die innere Pracht. Ein jeder, der nichtsahnend eintrat in die Kirche, blieb von dem Anblick überwältigt stehen. Die Decke ist mit Freskogemälden ausgeschmückt; golden glänzen die dem Baustil eigenartigen Verzierungen.

In der Kirche sind fünf Altäre. Die Chorbänke zu beiden Seiten des Hauptaltars erinnern noch an die Klosterzeit. Zur Kirche gehören zwei Sakristeien. Sehenswert sind hier u.a. die Messgewänder, von denen eines die Jahreszahl 1711 trägt. Über dem Eingang zur Sakristei, an der Evangelienseite, steht die Jahreszahl 1786. Es ist wohl anzunehmen, daß in diesem Jahre die innere Ausschmückung beendet worden ist. Weiter unten befindet sich die Inschrift: "Restaur. A.D. 1863".

Der Maler des Gnadenbildes ist nicht bekannt. Nach den Angaben des Abtes Opalinski soll es aus dem Hause des Reichskanzlers Leszczynski stammen. Der Abt Johann Kasimir Opalinski hat es von seinen Eltern geerbt. Die Mutter des Abtes hatte großes Vertrauen und aufrichtige Andacht zu dem Bilde und soll oft geäußert haben, wer einst das Bild bekommen würde, werde einen großen Schatz haben. Nach dem Tode der Eltern bekam Opalinski das Bild, indem er auf schönere und kostbarere Bilder verzichtete. Er stellte es in seinem Zimmer auf. Anfangs schmückte er es mit Blumen und betete davor. Später aber vernachlässigte er es etwas und hielt es oft unter Verschluß. Da wich die Freude, die ihm das Bild anfangs bereitete, bald einem anderen Gefühl. Er fuhr oft um Mitternacht im Traume auf und wurde von Furcht erfüllt, so daß er bald bekannt war durch sein öfteres Erschrecken. Das Bild leuchtete oft ganze Nächte. Er schlief später in einem andern Zimmer; indes träumte er immer wieder von dem Bilde. Er sagte aber niemand etwas, um nicht als Bilderseher verspottet zu werden.

Als er einst um Mittfasten aus der Lehrstunde kam, hatte er einen Traum. Es war ihm, als ob jemand bei dem Bilde ihm erzählte, daß es weder ihm noch seinen Dienern im Hause gut gehen werde, wenn nicht während seines Lebens bei diesem Bilde ein Licht brennen würde.

Bald darauf ging er auf Reisen. Aber es war ihm stets, als sei er Gott für dies Verlassen des Bildes Rechenschaft schuldig. Er unterdrückte jedoch diese Gedanken gewaltsam und setzte seine Reise fort. Da war es ihm wiederum im Traume, als sähe er seine Mutter vor dem Bilde weinen. Ohne ernstlich darüber nachzudenken, reiste er weiter. In Dresden wurde er schwer krank. Er gelobte heimzukehren, sobald er gesund sei. Die Krankheit wich, und am dritten Tage kam er gesund zu Hause an. Voll Bangigkeit und Unzufriedenheit dachte er daran, das Bild wiederzusehen.

Er hatte es vor seiner Abreise auf einem Nebenaltar in der Kirche zu Blesen zurückgelassen. Bald nach seiner Ankunft ließ er es an einen entfernten Ort bringen. Von dieser Zeit an aber fühlte er eine große Verehrung zu dem Bilde. In einem Traum erhielt er die

Weisung, es an einen anderen Ort zu bringen. Ohne etwas zu sagen, brachte er es in die Kirche. Durch einen Zufall wurde es hier vom Altare abgenommen. Nun stellte er es wieder in dem Zimmer auf, wo es früher war. Immer mehr fühlte er sich zu dem Bilde hingezogen, und nahm es stets mit, wenn er aus Blesen fortfuhr. Einmal jedoch ließ er es zurück. Da erkrankte er so ernstlich, daß er vom Arzte aufgegeben wurde. In dieser hoffnungslosen Lage empfahl ihn sein Beichtvater Simon Sylvius dem Bilde, und schon am nächsten Tage ging es mit ihm zur Besserung. Seine Verehrung zu dem Bilde wurde nun noch größer. Ohne dasselbe fühlte er sich körperlich und geistig schwach, während seine Nähe belebend auf ihn wirkte.

Einst reiste er zu vierzehntägigem Besuch nach Rokitten. Da er nicht ohne das Bild sein konnte, nahm er es mit und stellte es zur Verehrung auf dem Hauptaltare der Kirche auf. Es war sichtbar der Wille Gottes, daß das Bild für immer in Rokitten bleiben sollte.

Hier eben geschahen Wunder und Segnungen durch das Gnadenbild, so daß viele Leute von nah und fern hierher Wallfahrten unternahmen. Um festzustellen, ob tatsächlich auf die Fürbitte der allerseligsten Jungfrau hier Wunder und Segnungen geschehen seien, wurde am 11. Februar 1670 eine Kommission nach Rokitten gesandt. Es wurden an diesem Tage 16 Zeugen vernommen, die unter dem Eide versichern mussten, welche Gnaden ihnen wunderbarerweise durch Anrufung der Mutter Gottes zu Rokitten zuteil geworden seien. Am 3. März 1670 stellte die Kommission neue Wunder und Gnaden fest. Am nächsten Tage, dem Feste des heiligen Kasimir, wurde das Bild durch den hochwürdigen Herrn Propst und Dekan Steczewicz aus Bentschen auf Anordnung der geistlichen Behörde zur öffentlichen Verehrung als wundertätig erklärt. Der Ruf der Heiligkeit des Bildes verbreitete sich sehr bald und wurde auch dem Könige Michael Wisniowicki bekannt. Dieser wollte in der damaligen unruhigen Zeit fur sein Heer und das ganze Volk Gnade, Schutz und Hilfe bei der allerseligsten Jungfrau von Rokitten erflehen. Er hatte großes Verlangen nach dem Bilde und wünschte es zu sehen. Daher wurde es nach Warschau in das Schloß des Königs gebracht. Am 21. November 1671, dem Feste Maria Opferung, wurde das Gnadenbild nach Rokitten zurückgebracht und zunächst in der zu diesem Zwecke erbauten Holzkapelle niedergesetzt.

Die Kapelle wurde durch den Abt Joseph Loka aus Blesen aus Steinen ausgeführt, sie steht noch heute an der Liebucher Grenze, ein schlichtes Bauwerk ohne jeden inneren Schmuck.

Am nächsten Tage, dem letzten Sonntag nach Pfingsten, wurde das Gnadenbild durch den hochwürdigen Herrn Adalbert Dobrzelewski, Archidiakon und Offizial zu Posen, in feierlicher Prozession, mit großem Aufwande und unter sehr großer Beteiligung aller Stände nach der Pfarrkirche überführt und auf dem neuerbauten Hochaltare angebracht. Die Predigt hielt der Jesuitenpater Mlodzianowski. Da im November die Tage sehr kurz sind, so wurde das Fest der Überführung des Gnadenbildes auf den vierten Sonntag nach Ostern verlegt".

Soweit die Darstellung von 1909. Darauf folgt eine ausführliche Beschreibung des Bildes.

Im April des Jahres 2001 konnte man aus der "Märkischen Oderzeitung", Frankfurt (Oder), erfahren, daß der erste Kreuzweg eingeweiht wird. Am Gründonnerstag, dem 12. April, zog erstmalig eine Prozession die etwa vier Kilometer lange Strecke auf der Chaussee aus Richtung Meseritz/Miedzyrzecz vom Westufer des Liebucher Sees/Lubikowskie zur Wallfahrtskirche nach Rokitten/Rokitno. Insgesamt 29 hölzerne Kreuze waren in fast gleichen Abständen aufgestellt worden und sollen dort seither den Leidensweg von Jesus Christus am Tage seiner Kreuzigung versinnbildlichen. Später werden an ihrer Stelle jeweils kleine Kapellen errichtet.

Um 1900 wurde die Kirche von Rokitten/Rokitno als altersgrau bezeichnet. Heute erstrahlt auch das Äußere mit den zwei Türmen in heller Pracht. Überwältigend ist die Innenausstattung mit der farbenfreudigen Deckenmalerei und mit den Kunstwerken überall an den Wänden. Zahlreiche Dokumente und Gegenstände, die von der Wundertätigkeit der Madonna zeugen, werden hinter Glas gezeigt.

Das Bildnis selbst befindet sich gewöhnlich hinter einem Vorhang, der sich für die Besichtigung bei Orgelklang langsam hebt. Das sind sogar den nichtgläubigen Besuchern beeindruckende Minuten.

Das Außengelände ist für Freilichtmessen gestaltet. Vom bebauten Terrain aus bietet sich ein weiter Blick in die liebliche Landschaft.

Eine hohe Christusfigur fällt auf und ein hübsches Gebäude, das einem Gotteshaus von Wilna/Vilnius nachgestaltet wurde. Aus dieser litauischen Region wurden nach 1945 die polnischen Bürger in die früher deutschen Gebiete zwangsumgesiedelt.

Zum Komplex gehört auch das Diözesanmuseum. Hier ist alles aus dem Bistum ausgestellt, was für fromme Katholiken wertvoll ist: von prächtigen geistlichen Gewändern über Dokumente und liturgische Gegenstände bis zu Erinnerungsstücken, die bei Papstbesuchen vom Vatikan mitgebracht wurden.

Selbstverständlich bietet außerdem ein Geschäft der Andacht dienende Artikel, Ansichtskarten und Prospekte an.

Wenn man in dieser Gegend unterwegs ist, gehört ein Besuch in Rokitten/Rokitno einfach dazu. Man kann sagen, hier ist altes polnisches Land, was erst infolge der staatlichen Teilungen an Preußen gelangte. Da der deutsche Bevölkerungsanteil groß war, blieb es jedoch bei Deutschland, als der polnische Staat nach 1918 wiedererstand. Zur Provinz Brandenburg gelangte es im Zuge einer Verwaltungsreform erst 1938.

In Rokitten/Rokitno war übrigens die Schriftstellerin Clara Viebig zwischen 1882 und 1896 regelmäßig für längere Aufenthalte zu Gast. Damals bewirtschaftete ein Cousin von ihr das Rittergut im Dorf. Jahrhundertelang gehörte es der Familie Viebig.

Schaut man in Literaturlexika nach, gibt es die Auskunft, die Autorin hielt sich auf einem "Gut bei Posen" oder "auf dem Lande in Westpreußen" auf. Beides ist falsch, denn Posen/Poznan liegt fast einhundert Kilometer entfernt, aber der Ort befand sich bis nach dem Ersten Weltkrieg in der preußischen Provinz Posen und nicht in Westpreußen.

Literarisch wird Clara Viebig dem Naturalismus mit stark sozialkritischen Zügen zugeordnet. Die Themen ihrer Werke und die gefühlsbetonten Landschaftsschilderungen sind vorwiegend im Gebiet der Eifel und bei Berlin angesiedelt. Einige Texte wie der Roman "Das schlafende Heer" von 1904 handeln aber auch östlich der Oder.

Rosenthal / Rozansko
Landpartie zum Picknick bei Frieda

Rosenthal war früher ein königliches Amt. Zuletzt war es eines der größten Bauerndörfer des Soldiner Kreises. Rosenthal ist ein alter Ort, der schon 1337 unter demselben Namen, nur ohne "h", mit 67 Hufen Landes genannt wurde. Damals waren die Schönebeck und die Ylstet (ohne Zweifel die Wedel) hier angesessen. Schon 1608 war Rosenthal landesherrlich, gehörte zum Amt Tham (Neudamm) und hatte seinen Lehnsschulzen. Das Gut desselben gehörte 1808 einem Stallmeister von Drosedow. 1913 war es ein Bestandteil des Fideikommisses Dölzig (Neurosenthal).

Rosenthal verdankt seinen deutschen Namen, so vermutet man, dem vormals an wilden Rosen reichem Tale, an dessen Rande es liegt. Diese Tal wird von einem Mühlenfließ bewässert. Die Feldmark bildet eine große Ebene, die mit Wiesen und Brüchen wechselt.

Die Kirche ist sehr alt und Mater der Filialkirchen Herrendorf und Rostin.

Willi Gruse

Rosenthal (Auszug)

Aus: "Unsere Heimat. Ortschronik über Wusterwitz,

Ringenwalde, Rosenthal, Dölzig, Kuhdamm und Berneuchen" 1959

Es gibt Tage im Leben, die man nie vergißt. Zwei Besuche in Rosenthal/Rozansko gehören dazu, beide Male mit dem Fahrrad. Das ansehnliche Bauerndorf liegt nur wenige Kilometer von meinem Heimatdorf Rostin/Roscin entfernt, in einer lieblichen Landschaft zwischen Wiesen, Feldern und Wäldern. Der erste Aufenthalt liegt weit zurück. Nicht einmal das Jahr weiß ich mehr, geschweige denn den Monat oder gar den Tag. Es muß 1940 oder 1941 gewesen sein, denn wegen einer Entzündung mußte mir ein Milchzahn gezogen werden. Mein Vater nahm mich vorn auf den Kindersattel und ab ging die Fahrt auf dem stellenweise sandigen Waldweg, der in jenen Jahren zu einem Teilabschnitt oder Abstecher des "Neumark–Wanderweges" ausgebaut und beschildert wurde. Die Strecke war mir nicht unbekannt, denn wir hatten in Familie schon vorher eine Lehrerbekanntschaft im Nachbarort aufgesucht. Diesmal war die Visite aber eine Tortur. Der Schmerz wurde immer schlimmer und schließlich sah ich mich einem fremden, grobschlächtigen Manne gegenüber. Was ich erst als 65–jähriger erfuhr: die Kinder von Rosenthal und den umliegenden Orten, wahrscheinlich auch viele Erwachsene, hatten vor diesem Zahnarzt unheimliche Angst. Den Kleinen wurde sie besonders durch die weißen Handschuhe eingeflößt. Immer in Erinnerung bleibt mir, daß ich fürchterlich schrie und mich drei Erwachsene festhalten mußten, so wehrte ich mich vor dem Eingriff. Anschließend war ich völlig erschöpft... Geblieben ist eine lebenslange Ängstlichkeit vor Zahnärzten.

Die zweite unvergeßliche Exkursion nach Rosenthal/Rozansko war ganz anderer Art und datierte rund 55 Jahre später. Der dritte Jahrgang der deutsch–polnischen Radtouren der guten Nachbarschaft bescherte uns 1995 als Übernachtungsorte Berlinchen/Barlinek und Soldin/Mysliborz. In der letztgenannten Stadt hatten wir mit rund 80 Teilnehmern das Hotel "Mieszko" vollständig belegt. Für mich war dieser Aufenthalt einschließlich Rundfahrten mit besonderen Erinnerungen an die genau 50 Jahre zuvor stattgefundene Vertreibung aus der Heimat verbunden. Inzwischen war es aber bereits weit wichtiger, daß ich seit 1968 viele polnische Freunde gewonnen hatte, die mich die Kindheitslandschaft wie ein echtes Zuhause erleben ließen.

Dazu zählt Frieda mit ihrer Familie in Rosenthal/Rozansko. Während an einem "Ruhetag" die polnischen und die jüngeren deutschen Fahrtteilnehmer ein Sportfest bestritten, stellte ich in einer Runde die Frage, wer stattdessen eine geruhsame "Landpartie" mitmachen wolle. Zwanzig Radler hatten Lust dazu. Als eines der Ziele hatte ich mir Frieda vorgenommen. Zunächst aber suchten wir das mitten im Wald bei Kuhdamm/Pszczelnik befindliche Denkmal zur Erinnerung an den Absturz der zwei litauischen Atlantiküberflieger im Jahre 1933 auf. Dann folgte die schmale kurvenreiche Asphaltstraße, vorbei an den Einzelgehöften des Dorfes, bis zur Brücke am Bahnhof Rostin/Roscin. Dort bot ich die Alternative an: entweder zurück oder mit mir weiterfahren nach Rosenthal/ Rozansko, wo ich allerdings eine mir befreundete Familie aufsuchen wolle. Alle entschieden sich zur Weiterfahrt, nun wiederum auf Waldwegen. Auf der einzigen Straßenkreuzung von Rosenthal/Rozansko trafen wir auf Frieda Todte. Nach der herzlichen Begrüßung waren ihre ersten Worte: "Jörg, Du kannst frische Eier mitnehmen!" Angesagt war nun eine Pause, und man erkundigte sich nach einem Café. So etwas gab es aber nicht im Ort, lediglich Lebensmittelgeschäfte. Da sagte Frieda: "Kommt mit zu mir, ich mache euch Kaffee!"

Auf dem Bauernhof, den sie mit ihrem Sohn und dessen vierköpfiger Familie bewirtschaftet, war schnell alles mit einfachen Sitzgelegenheiten arrangiert. Frauen aus der Radgruppe halfen mit, denn es mußten auch Kuchen, belegtes Brot und etwa 40 Eier hergerichtet und aufgetischt werden. Der Hund und das viele Federvieh, vor allem aber die kleinen Ferkel an den Zitzen der Sau waren beliebte Objekte zum Betrachten und zum Fotografieren.

Alle, einschließlich des mitradelnden englischen Ehepaares, waren von der Gastfreundschaft und der Atmosphäre begeistert. Für Frieda gab es vor der Weiterfahrt eine Geldsammlung. Später gestand sie mir, daß sie davon dringend benötigte Arznei hatte einkaufen können. Noch Jahre danach kam dieser Tag immer wieder als beeindruckendes Erlebnis ins Gespräch. Er bleibt allen Beteiligten unvergesslich.

Anschließend waren wir damals auf stillen Wegen über Herrendorf/Chlopowo mit seinem großen Gutshof einschließlich Brennerei und einer schmucken Fachwerkkirche, vorbei am Naturdenkmal Klickstein und durch mein Heimatdorf Rostin/Roscin sowie Liebenfelde/Nawrocko nach Soldin/Mysliborz zurückgekehrt.

Frieda Todte ist die einzige Einwohnerin von Rosenthal/Rozansko, die noch aus der deutschen Zeit stammt. Ihre Kinder wurden erst nach 1945 geboren. Gemeinsam mit ihrer Mutter war die um 1930 Geborene aus Oberschlesien als Landarbeiterin in ein Dorf des damaligen Kreises Soldin gekommen. Noch in den Dreißiger Jahren zogen sie nach Rosenthal/Rozansko. Hier hätten wir uns bereits als Kinder begegnen können. Nicht nur etwa bei dem unangenehmen Zahnarztbesuch, sondern im Garten des Lehrerkollegen meines Vaters, den die kleine Frieda manchmal zum Stibitzen durchstreifte. Kontakte gab es außerdem zum Pfarrer, der auch für mein Heimatdorf Rostin/Roscin zuständig war, und bei dessen Gottesdiensten mein Vater auf dem Harmonium spielte.

Da sie polnischstämmig waren, mußten Mutter und Tochter das Dorf nach dem Zweiten Weltkrieg nicht verlassen. Aber sie erlebten mit, was sich hier 1945 unter den Russen abspielte.

Zwei Episoden aus dem Buch "Unter der Walze" von der Neudammer Pfarrerstochter Friederike Feldhahn veranschaulichen diese Zeit:

"... Nun ging unten im Hause der Krach los. Ein Schuß fiel. Russen waren drin. Sie suchten Frauen zur Arbeit. Viele wurden verschleppt und kamen nicht wieder. Während man den Russen im Nebenzimmer toben hörte: Wo ist Frau, komm Frau!, sauste ich wie der Wind die Treppe hinunter, zur Hintertür hinaus, über eine mit gefrorenen Häufchen besäte Koppel, kletterte über die Ruine einer abgebrannten Scheune und landete in einem großen Kuhstall.

Hier hatten sich schon andere junge Mädels und Frauen vor den Russen versteckt. Sie hockten dort Tag und Nacht und wagten sich nur zum Allernotwendigsten hinaus. Sie waren ganz steif vor Kälte, denn der Stall war fast leer von Tieren. Nur ein einziges Pferdchen, ihre letzte Habe, hatten sie bei sich und wärmten sich ab und zu die Hände an seinem warmen Fell. Wir hatten ja erst den 1. März. Zwei Stunden blieb ich in diesem dunklen Versteck, dann war die Hauptgefahr für diesen Morgen vorbei. Mit angehaltenem Atem hatte man die Russen draußen vorbeigröhlen hören.

Nun gings zurück ins Pfarrhaus; die Luft war rein, die Morgentoilette konnte beginnen. Die war recht primitiv. Man bewaffnete sich mit einer Zahnbürste – damals besaß ich noch eine, später genügte der Zeigefinger –, einem Stück Seife und einem Handtuch und begab sich zum nächsten Brunnen, der drei Häuser vom Pfarrhaus entfernt war und eiskaltes Wasser spendete...

Ich wollte Sonntag, den 4. März, ein kleines Orgelkonzert geben. Das hatte sich schnell herumgesprochen, denn zur angekündigten Zeit hatten sich über hundert Menschen in der Kirche eingefunden: Neudammer, Zorndorfer, Wolhynier und noch von wer weiß woher.

Trudchen kam mit auf die Orgelempore, ein paar Jungen aus Rosenthal hatten sich zum Bälgetreten eingefunden – dieselben Bälge, an denen ich vor wenigen Tagen meinen Selbstmordversuch hatte! Die Orgel war wurmstichig, schätzungsweise 150 Jahre alt, die Register hatten erstaunliche Klangfarbe und Leuchtkraft.

Ich ging aus von dem Bachschen Choralvorspiel: Wer nur den lieben Gott läßt walten, das ich noch im Gedächtnis hatte, und verknüpfte dieses mit einer eigenen Fantasie über denselben Choral, in dem ich sie dann ausklingen ließ. Danach improvisierte ich über den Choral: Befiehl du deine Wege und endete mit dem Lutherlied: Ein feste Burg ist unser Gott. Sämtliche Choräle sang die Gemeinde mit. Als ich geendet hatte, fragte mich eine Frau, ob sie ein Gebet sprechen dürfte. Darauf verlas sie zwei Psalmen, sprach ein schlichtes Gebet und das Vaterunser, das wir alle mitbeteten.

Während des Spielens bemerkte ich, daß zwei Russen in Pelzkappen die Kirche betreten hatten. Ich spielte ruhig weiter, und die beiden Russen nahmen ihre Kappen ab und gingen langsam und andächtig bis in die Nähe des Altars, wo sie einige Augenblicke wie im Gebet stehen blieben. Ein deutscher Junge war neugierig mit den beiden hereingekommen, und dieser kleine Lümmel hatte seine Mütze auf dem Kopfe behalten. Da fuhr ihm der eine der beiden Soldaten sachte mit der Hand über den Kopf und streifte sie ihm ab – ausgerechnet ein Bolschewist mußte einem deutschen Jungen zeigen, wie er sich in der Kirche zu benehmen hatte! Ich wurde wegen meines Orgelspiels weder verhaftet noch verschleppt; die Besatzung Rosenthals hatte bis auf meine beiden Zuhörer keine Notiz davon genommen".

Wenige Monate später wurde wie überall östlich der Oder und Neiße eine polnische Verwaltung eingesetzt. Man vertrieb die deutsche Bevölkerung und wies die Grundstücke polnischen Neuankömmlingen zu, die woanders ihre Heimat verloren hatten. Während Friedas Eltern jetzt Hofbesitzer wurden, mußten einige noch als Arbeitskräfte gebliebene Deutsche nun Fronarbeit leisten.

Friedas bisherige Umgangssprache Deutsch war zukünftig untersagt und nur noch heimlich zu gebrauchen. Es folgten schwere Jahre für alle, die in einer solchen Lage waren. Fast 700 Jahre Kultur seit der Entstehung von Rosenthal/Rozansko sollte für immer ausgelöscht werden...

Nach jahrzehntelanger Isolation tauchten wieder ehemalige Bewohner auf, Sie hatten Sehnsucht nach dem geliebten Heimatdorf. Es wurde zur Selbstverständlichkeit, daß sie die als einzige von früher her bekannte Frieda aufsuchten, bei ihr bewirtet wurden oder sogar Unterkunft erhielten.

Ich habe noch nicht berichtet, wie ich Frieda kennenlernte: 1992 unternahm ich mit einem Bekannten und meinem Sohn als Chauffeur eine Erinnerungsfahrt in mehrere Dörfer. Der Gast wollte die Kirche von Rosenthal/Rozansko aufsuchen, da er in ihr einst konfirmiert wurde. Auf der Straße vor dem Gotteshaus begegneten uns zwei junge Frauen mit einem Kinderwagen. Wir fragten nach dem Kirchenschlüssel, und der Pfarrer wurde herbeigeholt. Nach der Besichtigung der Kirche stellte sich bald heraus, daß die zwei Frauen mit Kinderwagen eine Mutter mit zwei Töchtern war und die ältere Tochter ausgezeichnet deutsch sprach. Da musste ich nachhaken: "In der Schule können sie das nicht so gut gelernt haben!" Die Antwort lautete: "Nein, aber bei meiner Großmutter. Bei Ihrem nächsten Besuch müssen Sie unbedingt zu uns kommen. Wir laden in das Haus Nummer 72 ein". Diese Großmutter war Frieda, und der Vater des Mädchens Friedas Sohn.

Ein Jahr später hielt ich mich gemeinsam mit einem Kindheitsfreund aus Rostin/Roscin wieder in der Heimat auf. Der Anlaß war die Einweihungsfeier für einen Gedenkstein auf dem Friedhof in Soldin/Myslibors. Wie fuhren durch Rosenthal/Rozansko und hielten vor einem Haus, welches die Nummer 72 sein mußte. Herzlich war der Empfang. Das war der Beginn einer Freundschaft zu Frieda und zu ihren Angehörigen.

Jedes Jahr danach bin ich mit dem Fahrrad eingekehrt und habe mehrmals übernachtet. Oft war ich gemeinsam mit Bekannten zu Besuch, die die herzliche Gastfreundschaft kennenlernten.

Natürlich hilft man auch, soweit das möglich ist, durch Geschenke, oder auch mit guterhaltener Bekleidung. Frieda gibt gern weiter im Dorf. Die Familie ihres Sohnes hat sich rechtzeitig von der Landwirtschaft losgesagt und ein Restaurant an's Bauernhaus angebaut. Die Sitzplätze im Freien bieten einen hübschen Blick auf die Wiesenlandschaft entlang des Mühlenfließes. Gleich nebenan hat der fleißige Besitzer Fischteiche angelegt und gestaltet das Umfeld mit allerlei Requisiten. Sein Hobby ist die Holzschnitzerei.

Im Mai 2000 erschien in einer Wojewodschaftszeitung mit der Überschrift "Die Schönste des ganzen Dorfes" ein fünfspaltiger Artikel über Frieda Todte. Wiedergegeben ist ein Mädchenbildnis, das an Porträts von UFA–Stars erinnert. Auf dem zweiten Foto sieht man Frieda, wie sie ihrer jüngsten Enkelin das Stricken beibringt. Die Journalistin wollte natürlich wissen, wie es Frieda im Krieg und nach dessen Ende erging und wie sie heute über die Vergangenheit, die Gegenwart und die Zukunft denkt. Ihr Fazit ist, daß sie trotz aller Probleme von einst ihr Dorf und die Polen liebt, aber ebenso immer für gute Beziehungen zu den Deutschen offen sein wird.

Gemeinsam mit Frieda konnte ich einer Frau aus dem Dorf helfen: Sie hatte von 1939 bis 1944 bei deutschen Bauern gearbeitet und brauchte dafür wegen Entschädigung und Rente eine Bescheinigung. Ihre Briefe nach Lindenhain in Deutschland kamen aber wegen Unzustellbarkeit immer wieder zurück. Ich kümmerte mich darum. Nachdem ich feststellte, daß Lindenhain seit 1945 polnisch ist, wandte ich mich an den Gubener Heimatbund.

Dieser Verein wußte nichts vom Verbleib der betreffenden Bauernfamilie. Als jedoch einige Mitglieder des Vereins durch das heutige Chlebowo per Rad unterwegs waren, erfuhren sie von einem älteren polnischen Briefträger die jetzige Anschrift einer Schwiegertochter in Deutschland. Frieda wurde informiert, half als Dolmetscherin bei der ganzen Angelegenheit, und dann freuten wir uns gemeinsam über den Erfolg nach jahrelanger vorher ergebnisloser Suche.

Ergänzend noch einige Fakten zum früheren Rosenthal/Rozansko, wo anhand von Funden eine steinzeitliche Siedlung nachgewiesen ist. Aus der späteren Burgundenzeit wurde ein komplettes Gräberfeld freigelegt. Darüber lesen wir im "Heimatkalender für den Kreis Soldin 1930":

"Das Grab, dem der Gürtelhaken von Rosenthal angehörte. War besonders reichhaltig und dürfte nach dem ganzen Zusammenhang der Fundgegenstände als Grab einer Fürstin des 2. Jahrhunderts nach Christus angesprochen werden. Sämtliche Gegenstände haben auf dem Scheiterhaufen gelegen und zeigen starke Feuereinwirkungen. Von den melonenförmigen blauen Tonperlen sind daher einige zersprungen, während andere die Form noch gut bewahrt haben.

Vom Schmuck dieser Fürstin geben uns ferner ein Anhänger aus Bronze, dessen Oese dem Feuer nicht standhielt und abgebrochen ist, und zwei kleine Ringe aus Eisen sowie vor allem ein kleines birnenförmiges Berlock aus Gold mit geknicktem Umbruch, das eine außerordentlich reiche Filigranverzierung zeigt, und dessen untere Spitze in fünf Goldkügelchen endet, einige Kenntnis".

Im Jahre 1939 lebten in Rosenthal/Rozansko etwa 750 Einwohner. Es gab rund 35 Bauerngrundstücke in der Größe zwischen 33 und 62 Hektar. Hier hatten unter anderem je drei Gaststätten, Lebensmittelgeschäfte, Schneider und Schuhmacher, je zwei Fleischereien, Gärtnereien, Mühlenbetriebe, Maler, Stellmacher, Frisöre, Schmieden und Fahrradgeschäfte sowie ein praktischer Arzt, ein Zahnarzt und ein Tierarzt ihr Auskommen.

Wenn sich auch in der Lebensweise, in der Wirtschaftsstruktur und bei der Bausubstanz vieles verändert hat, geblieben ist ein ruhiger, hübsch gelegener Ort mit gastfreundlichen Menschen wie Frieda.

Rostin /Roscin

Erinnerungen an Granit und Tonpfeifen

Das stille, abseits der Verkehrsstraßen liegende Dorf Rostin war im 18. Jahrhundert der Sitz eines bedeutenden Industriewerkes. Hier wurden Tonpfeifen hergestellt; denn es war dazumal Mode, den Tabak daraus zu rauchen.

Wie kommt gerade Rostin zu dieser Fabrik? Darüber lesen wir in den Akten: "Es hat der Hauptmann von Bredow auf seinem Gut Rostin die Art eines Tones zu entdecken das Glück gehabt, woraus vermittels einigen Zusatzes, welchen er aus Magdeburg und anderwärts kommen läßt, Tobackspfeifen auf Holländische Arth verfertigt, wovon Ew. Königl. Majestät ich die mit dem Nahmen Rostin bezeichnete Probe hiebey alleruntertänigst überreiche".

Dies schrieb der Präsident der Neumärkischen Kriegs- und Domänenkammer von Rothenburg an den König Friedrich den Großen im Jahre 1754.

Die Fabrik muß also vor dieser Zeit gegründet worden sein, vielleicht 1749 oder 1750. Der König begrüßte es, daß die Tonpfeifen im eigenen Lande hergestellt werden sollten; bisher wurden sie aus Holland eingeführt.

Der Unternehmer, von Bredow, erhielt deshalb noch im selben Jahre eine Konzession.

Ernst Lüderitz

Eine untergegangene Industrie im Kreis Soldin (Auszug)
Aus: "Heimatjahrbuch für den Kreis Soldin" 1937

Oftmals waren und sind es die Dorfschullehrer, die sich mit der Landschaft, Natur und Geschichte ihres Ortes und seiner Umgebung beschäftigen, das erarbeitete Wissen den Schülern weitervermitteln und manchmal darüber publizieren.

Mein Vater hatte im Jahre 1931 seine erste staatliche Lehrerstelle in dem etwa 370 Seelen kleinen Rostin/Roscin zugewiesen bekommen. Wahrscheinlich war das für ihn ein Glücksfall. Denn der Ort lag nur sieben Kilometer – eine Bahnstation – von seiner Heimatstadt, der Kreisstadt Soldin/Mysliborz, entfernt. Günstig war auch auf dem Schienenweg Herkunftsort Lippehne/Lipiany der ihm gerade Angetrauten zu erreichen. Dort beim Schwiegervater, dem Lehrer, Sagensammler und Hobby–Regionalhistoriker Paul Biens, hatte er sie kennengelert, während er sich pädagogische und heimatkundliche Beratung einholte.

Das Gutsdorf Rostin/Roscin kannte er bereits vorher von Ausflügen zum berühmten Klickstein. Auch hatte er hier die übliche Probestellung als Hilfslehrer absolviert. Seine Beliebtheit bei den Bauern– und Landarbeiterfamilien verstärkte sich durch den Ausbau einer Seebadeanstalt und eben durch Artikel über Rostin/Roscin. So wurde der Name des Fleckens durch einen Beitrag über 101 Arbeiter der Tonpfeifenfabrik in "Der deutsche Roland" von 1938 bei Insidern der Familienforschung in ganz Deutschland bekannt.

Als um 1755 die königliche Genehmigung für den Betrieb der Pfeifenfabrik erteilt wurde, hieß es darin unter anderem:

"Es soll binnen 20 Jahren niemandem erlaubt werden, auf 10 Meilen um Rostin herum eine dergleichen holländische Tobackfabrik anzulegen... Ein Rotgießer, ein Töpfer, ein Tischler, ein Böttcher dürfen in Rostin angesetzt werden... Der König gestattet den Bau einer Windmühle... Die Arbeiter der Pfeifenfabrik sind von aller militärischen Werbung befreit..."

Nachfolgend noch einige Auszüge aus der Abhandlung meines Vaters im "Heimatjahrbuch":

"Die Einfuhr ausländischer Pfeifen wurde untersagt. Die Rostiner Fabrik sollte ihre Erzeugnisse in der Neumark, in Pommern, Ostpreußen und Schlesien verkaufen. Infolge dieser Vergünstigungen blühte das neue Unternehmen schnell empor. Von allen Seiten liefen Bestellungen ein... Der Kommerzienrat Salingre, Stettin, urteilte: 'Was die feinen Pfeifen angelanget, so finde ich, daß diese den Holländischen an Güte gleich sind und an Weiße noch übertreffen. Die Preise dieser Rostinschen Pfeifen sind billiger als die Berlinschen...'

Jährlich wurden für ca. 19.000 Taler Pfeifen verkauft, davon für 9.000 im Ausland, vor allem in Polen...

Der hier gefundene Ton wurde mit dem aus der Magdeburger Gegend eingeführten gemischt, durch grobe und feine Siebe getrieben und über Winter in großen Schlammkästen 'gewittert'. Der Tonschneider zerschnitt nun die herausgestochenen Tonstücke in feine Blätter, wobei die letzten Sandkörnchen herausgelesen wurden.

Der Tonschläger bearbeitete den angefeuchteten Ton mit einem eisernen Schlägel solange, bis er eine gleichmäßige, leicht zu knetende Masse bildete, die in die Fabrik kam. Die Tonschlämme lag am Rostiner See, auf dem Hügel nördlich der nach Soldin führenden Pflasterstraße. Heute noch kann der aufmerksame Wanderer eine große Stelle weißen Tones mitten im Sande beobachten. Als Fabrikgebäude wird das jetzige Arbeiterwohnhaus angesehen, in dem der Schmied und andere Gutsleute wohnen. Es steht hinter der alten Kirche mit dem Giebel zur Dorfstraße..."

Es folgt die Darstellung des weiteren Produktionsherganges. Geübte Facharbeiter kamen vor allem aus Hessen, Pommern und Sachsen, aus Braunschweig und Hamburg. Als die Fabrikation beim Aufkommen der Holzpfeifen und der Zigarren um 1800 eingestellt werden mußte, blieb kaum einer von ihnen in Rostin/Roscin.

Noch im 20. Jahrhundert fanden sich manchmal Relikte von Pfeifen auf dem Gutsgelände und am See. Eine von einem Schüler aus dem Gewässer geborgene gut erhaltene Pfeife wurde im 1928 eingeweihten Kreismuseum Soldin/Mysliborz ausgestellt. Einen reichhaltigen Fund sicherten erst polnische Forscher aus Danzig/Gdansk und Landsberg/Gorzow um 1988 unter den Kellergewölben der inzwischen abgerissenen Gutsschmiede. Ihnen ist es zu verdanken, daß viele wertvolle Stücke in mehreren Publikationen bildlich sowie in holländischer, polnischer und deutscher Sprache vorgestellt werden. Heute gehören die schönsten davon mit aufgeprägten Buchstaben, Ziffern, figürlichen Signaturen, Ornamenten sowie der Aufschrift "Fabriq Rostin" zum Fundus von Museen in Danzig/Gdansk, Landsberg/Gorzow und Soldin/Mysliborz. Vielleicht werden sie sogar in Holland gezeigt.

Rostin/Roscin liegt in der Baltischen Endmoräne. Von seinem Nordrand mit See, Teich, Fließ und saftigen Wiesen führt die

Dorfstraße immer bergan zu trockenem, von Steinen durchsetztem Hügelland. In dieser Richtung stößt man auf das gewaltige, sagenumwobene Naturdenkmal Klickstein; das sind mehrere übereinander lagernde Granitfindlinge. Dazu im Umfeld mehrere Hünengräber als Beweis der steinzeitlichen Besiedlung.

In der Nähe befand sich ein kleiner Wald mit der Bezeichnung Spring. Nach seiner Rodung wurden hier ab etwa 1920 in einer Länge von etwa 600 Metern und einer Breite von 22 Metern die direkt unter dem Erdreich befindlichen Steinblöcke zerkleinert und mit einer Lorenbahn für den Straßenbau abtransportiert.

Allein zwischen September 1924 und Sommer 1925 lieferte der Bruch 4.000 Kubikmeter Steine. Noch jetzt erinnert ein Denkmal bei Zollen/Czolnow daran, wer die Wegebefestigung zwischen den Dörfern förderte und damit Arbeitslosen Lohn gab: Landrat von Saldern. Aber die Inschrift für ihn ist nicht mehr vorhanden.

Eine Rostinerin erinnert sich, wie ihre Familie im Steinbruch tätig war: "Der Spring gehörte zum Gut Rostin. Als der Wald gerodet war, bekam der Steinschläger Karl Haack, mein Vater, den Auftrag, das Land urbar zu machen. Die Steine wurden gesprengt und behauen in Loren geladen. Diese wurden auf Schienen zum ca. 800 Meter entfernten Bahnhof von Rostin gebracht. Dort wurden sie von Arbeitern weiterverladen oder zu jeweils einem Kubikmeter aufgesetzt und so an Städte und Gemeinden verkauft zum Straßenbau. Brachten die Pferde einen Zug mit Schotter, wurde er gekippt und aufgeschaufelt".

Eine Besonderheit des bereits im Neumärkischen Landbuch von Markgraf Ludwig dem Älteren aus dem Jahre 1337 erwähnten Rostin/Roscin war, daß es einst über vier Kirchen verfügte, obwohl seit Menschengedenken, auch heute noch, der Geistliche aus Rosenthal/Rozansko kommt.

Die Fundamente einer nicht mehr vorhandenen mittelalterlichen Mönchskirche an der späteren Stätte von Kuhställen wurde um 1990 von polnischen Archäologen untersucht. Dem herrschaftlichen Schloß wurde im 18. Jahrhundert eine Kapelle angebaut. Allerdings befindet sich das gesamte Herrenhaus, das 1878 in einer Publikation von A. Duncker als "malerisch auf einem Plateau gelegen" bezeichnet wurde, im Verfall. Leider ist eine im Jahr 1975 beabsichtigte "generelle Renovierung" bisher nie in die Tat umgesetzt worden.

Ebenfalls vom Zerfall bedroht ist die Wehrkirche aus dem 13. Jahrhundert. Sie wurde bereits seit etwa 1890 lediglich vom Gut als Speicher genutzt. Ihr Wahrzeichen war lange Zeit das Storchennest anstatt Turm. Es verbleibt schließlich noch die neue Kirche an der gegenüber liegenden Straßenseite, errichtet um 1890. Sie wird gewiß der Nachwelt erhalten bleiben, ebenso die Ruhe der Landschaft mit dem Storchensammelpunkt hinter dem Klicksteinwald.

Über Rostin/Roscin als meinen Geburtsort will ich an dieser Stelle nicht weiter ausholen. Dazu nur einige Bemerkungen:

Diese Erde der Kindheitserfahrungen ist unter anderem durch die Erinnerungen an gefundene Tonpfeifenreste und Kletterspiele am granitenen Klickstein immer meine Heimat geblieben. So wahr wie wohl das russische Sprichwort ist, wonach ein späterer Wohnsitz immer nur die Stiefmutter hinter der echten "Mutter Heimat" sein kann. Nicht umsonst heißt es ja, einen Menschen aus der Heimat zu vertreiben, bedeute, ihm die Seele zu nehmen. Die hier als Zehnjähriger erlittenen schrecklichen Demütigungen, aber auch die Ansätze von Menschlichkeit durch einige sowjetische Besatzer im Jahre 1945 werde ich nie aus dem Gedächtnis streichen können.

Im Kontakt mit den polnischen Bewohnern begannen seit 1968 in Rostin/Roscin die vielen freundschaftlichen Begegnungen im gesamten östlichen Brandenburg, die mir als innerer Auftrag zum Bedürfnis wurden. Die Vokabel Versöhnung paßt mir dazu nicht, denn es gab privat vorher keine Feindschaft. Wie gehen ohne Vorbehalt aufeinander zu und fühlen uns schnell menschlich nah: eigentlich wollen wir nur Friedfertigkeit im Persönlichen wie in der Politik.

Als im Sommer 1945 unser Dorf verlassen werden mußte, da weinte ich sehr. Im Nachhinein erfüllt mich neben dem Verlust ebenso der Dazugewinn der polnischen Mentalität. Mit diesen gastfreundlichen, entgegenkommenden Menschen und ihren Nachkommen teile ich gern mein Heimatgefühl. Sie selbst denken ebenso sehnsuchtsvoll an ihre nach dem Zweiten Weltkrieg verlassenen Dörfer und Städte zurück, die ihnen genauso Heimat bleiben werden.

Soldin / Mysliborz
Mahnungen für alle Zeiten

Dies Haus spricht:

1275 wurde ich von Dominikanermönchen erbaut.

Wechselvolles Geschick war mir beschieden –

1433 brannten mich die Hussitenscharen nieder –

1437 erstand ich wieder aus Asche und Schutt –

1549 schlossen sich die Klosterpforten –

Der evangelischen Gemeinde diente ich fortan als Schule –

1630 der Dreißigjährige Krieg schlug neue bleibende Wunden –

Kommende Notzeit nagte an meinem Gemäuer –

Im Weltkriege und Nachkriegsjahren 1914 – 1927

gab ich sieben Familien Obdach und Raum

1928 wurde ich vom Kreis Soldin zum Heimatmuseum geweiht –

Max–Berndt von Saldern–Mantel förderte dies Werk –

Emil Rüster gab dem Bau neue Gestalt –

Kreisbaumeister Karl Meisse fügte den Stein –

Zahlreiche Freunde halfen zur Vollendung –

Vergangenheit, Sein und Werden der Heimat kündige ich fortan –

Quod deus bene vertat!

Früher Dominikanerkloster und Heimatmuseum Soldin
Heute öffentliche Bibliothek Mysliborz
Inschrift auf einer Granittafel im Vorraum von etwa 1930

Wenn ich in Soldin/Mysliborz zu Gast bin, dann suche ich jedes Mal die ehrwürdigen Räume des einstigen Dominikanerklosters auf. Oft habe ich auch Bekannte sowie Radfahrer– und Autobusgruppen hierhergeführt. Immer wird die Inschrift durchgelesen. Sie legt Zeugnis davon ab, daß deutsche Geschichte und Kultur hier geachtet wird. Während einer Renovierung wurde der Text einmal bereits übertüncht. Als das der für die Wojewodschaft zuständige Konservator erfuhr, ließ er die Schriftzeilen wieder freilegen. Daneben in einer Vitrine können die Polen in ihrer Sprache die Übersetzung auf einer Pergamentrolle nachlesen.

Soldin/Mysliborz ist ein positives Beispiel für die vielfältige Zusammenarbeit zwischen den früheren deutschen Bewohnern, organisiert im "Heimatkreis Soldin", mit den heutigen Einwohnern sowie den dortigen Behörden und Vereinen. Daraus entwickelten sich viele Freundschaften.

Das gemeinsame Bestreben besteht vor allem darin, historische Werte zu erhalten, Traditionen zu bewahren und die Stadt mit ihrer Umgebung wieder attraktiver für Gäste zu machen. Man ist sich darüber einig, daß fast alle Kulturgüter aus deutscher Zeit stammen und nur mit finanzieller Unterstützung von westlich der Oder ihren einstigen Glanz wiedererhalten können.

Es sollen auch keine Verbrechen der Vergangenheit verschwiegen werden, ganz gleich, ob sie von deutscher, polnischer oder russischer Seite begangen wurden. Lediglich die falsche Zuordnung "urpolnischer Erde", die wollen manche ältere Polen auch hier noch immer nicht aufgeben. Und weil der Kreis an die Wojewodschaft Westpommern gelangte, bürgert sich diese verkehrte Einteilung auch im historischen Bewußtsein verstärkt ein.

In Soldin/Mysliborz sind es vier Stätten, an denen mit Gedenksteinen an Ereignisse aus der jüngeren Vergangenheit erinnert wird, gleichzeitig auch als Mahnungen an spätere Generationen, nie wieder Krieg und Gewalt zwischen Völkern und Menschengruppen oder Vertreibungen zuzulassen. Auf einer Anhöhe unweit des Seepromenadenweges erhebt sich auf dem früher sogenannten Papenwerder, dem die Polen die Bezeichnung Vogel–Halbinsel gegeben haben, ein Denkmal für die in der Umgebung gefallenen oder im Lazarett verstorbenen 70 polnischen und 617 sowjetischen Soldaten. Ihr Gräberfeld beiderseits des Aufganges ist terrassenförmig angelegt. Jeder Ruhestätte sind Namen und Daten der in fremder Erde Bestatteten zugeordnet.

Die gesamte Anlage war bereits zur deutschen Zeit als Ehrenhain mit einem monumentalen Denkmal im Mittelpunkt für die Gefallenen des Ersten Weltkrieges 1914–1918 geschaffen worden. Die damals gepflanzten Bäume und Sträucher haben sich seither in voller Höhe und Breite entfaltet. Richtung Stadt blicken wir von hier über den kleinen Springsee, der nach 1945 übersetzt den poetischen Namen "Träumendes Auge" erhielt.

Auf dem Städtischen Friedhof, an einem gut sichtbaren Standort hinter der Trauerhalle, hatte sich der wohlhabende Soldiner Kaufmann Bahr ein hohes, mächtiges steinernes Kreuz mit der Inschrift "Ich bin ein Mensch" aufstellen lassen. Wegen seiner Stabilität blieb es im Gegensatz zu anderen Grabstätten erhalten.

Daneben befindet sich seit Juni 1993 ein Gedenkstein mit der zweisprachigen Aufschrift "Unseren unvergessenen Toten in ehrendem Gedenken". Dieser Granitfindling soll daran erinnern, daß bis 1945 hier Deutsche bestattet wurden. Nun können deren Nachkommen an der mit Koniferen umrahmten Stätte ihrer Entschlafenen gedenken. Bei der Einweihung waren deutsche und polnische Politiker sowie Geistliche dabei. Der Chor aus Soldin/Mysliborz sang unter anderem Mozarts "Brüder reicht die Hand zum Bunde" und den Psalm "So nimm denn meine Hände". Abends wurde den deutschen Gästen ein beeindruckendes Kulturprogramm geboten.

Am 23. September 1995 wurde ein weiterer Gedenkstein etwas außerhalb der Stadt an der Chaussee in Richtung Zollen/Czolnow in deutsch–polnischer Kooperation der Öffentlichkeit übergeben. Im Nachrichtenmagazin "FOCUS" vom 29. April 1995 konnte man nachlesen, was gut 50 Jahre vorher an dieser Stelle geschah:

"15 der 120 deutschen Geiseln, die hier am 7. Februar 1945 von den Sowjets als Vergeltung für den Tod eines Rotarmisten erschossen wurden, waren noch keine 16 Jahre alt. Die anderen waren großteils alte Männer, die selbst fürs letzte Aufgebot der Wehrmacht nicht mehr taugten. Schauplatz der Exekution: die 'Schinderkute', eine Lehmgrube am Rand des märkischen Städtchens Soldin, 75 Kilometer nördlich von Frankfurt (Oder).

Eine Gruppe ehemaliger Soldiner, nach der Vertreibung über ganz Deutschland verstreut, hatte die Erinnerung an die 120 Erschossenen bewahrt und mit behutsamen Verhandlungen die polnischen Behörden für die Suche nach dem Massengrab der Geiseln gewonnen.

Ein Soldiner Automechaniker, den die Russen buchstäblich in letzter Sekunde wieder aus der Grube holten, weil sie ihn noch brauchten, mußte das Massaker an seinen Mitbürgern mit ansehen. Er berichtete, daß als letzte, Hand in Hand, der Berufsschullehrer Benno Köhler mit seinem 14–jährigen Sohn fielen.

20. März 1995. Fünfzig Jahre nach dem Geiselmord beginnt die Suche nach den Opfern. Mit dem Bagger kommt der Bürgermeister von Mysliborz zum Schauplatz des Massakers. Er bringt Leute aus der Stadtverwaltung mit, dazu eine Anthropologin, die eventuelle Knochenfunde begutachten soll. Die Spezialistin arbeitet normalerweise für die Kommission zur Aufklärung von Greueltaten gegen das polnische Volk.

Drei Augenzeugen von damals, zwei alte Polen, die bei Kriegsende als Fremdarbeiter in Soldin waren, und die 67–jährige Anita Sux–dorf weisen aus ihrer Erinnerung die Stellen, an denen gegraben werden sollte.

Am zweiten Tag fördert der Bagger bei der Suchgrabung Teile von mindestens fünf Skeletten zutage, wie die Anthropologin feststellte. An einem der Schädel entdeckt sie alte Brüche, die nicht mit Einschüssen zu erklären sind. Ihre Vermutung: Die Sowjets haben Geiseln, die nur angeschossen waren, anschließend erschlagen. Das Kriegsverbrechen der Roten Armee wurde nie untersucht, die Schuldigen sind nicht bekannt – und dabei wird es wohl bleiben.

Sinn der Aktion: Die Ermordeten in der Schinderkute sollen auf ihrem Massengrab endlich einen Gedenkstein bekommen".

Wenige Monate danach erfolgte in der einstigen Domkirche die Trauerfeier sowie anschließend der Trauerzug zur Gedenkstätte. Symbolisch wurden die Gebeine von sechs der 120 Ermordeten in einem Sarg bestattet, den die historische brandenburgische Fahne bedeckte. Dann erfolgte die Einweihung der Stätte.

Im Mittelpunkt der Anlage steht ein mächtiger Findling mit der Plattenaufschrift "Dona nobis pacem" (Herr gib Ihnen Frieden). Darüber erhebt sich ein Kreuz. Bis zu ihm hinauf winden sich schmiedeeiserne Efeuranken mit 120 Blättern, für jeden Toten eines. Erst fast fünf Jahre später wurde vor dem Stein zusätzlich eine Inschrift angebracht, aus der hervorgeht, daß hier ein Kriegsverbrechen von russischer Seite verübt wurde.

Ebenfalls im Jahre 1995 fand auf dem Marktplatz vor dem Rathaus eine Gedenksteineinweihung statt. Dieses Mahnmal dokumentiert die Inbesitznahme der Stadt durch den polnischen Staat. Es stimmt zwar, daß 50 Jahre vorher auch polnische Pioniere am Kampf gegen die faschistische Wehrmacht teilnahmen und daß die staatliche Souveränität dann im Ergebnis der Verhandlungen zwischen den Siegermächten an Polen überging. Aber die Behauptung von der "Wiedergewinnung der polnischen Muttererde", wie es auf diesem Stein noch immer öffentlich propagiert wird, ist nicht haltbar und steht dem Wunsch nach einer ehrlichen und offenen deutsch–polnischen Zusammenarbeit, Freundschaft und Geschichtsaufarbeitung entgegen.

Hoffen wir, daß Hardliner auf beiden Seiten der Grenze bald der Vergangenheit angehören. Dann wird es keinen "Stein des Anstoßes" mehr geben, sondern nur noch Stätten der Versöhnung und der Begegnung.

Soldin/Mysliborz verfügt seit der slawischen Besiedlung, dem Handel an der Salzstraße, dann als Hauptstadt der mittelalterlichen Neumark bis hin zur Funktion als Kreisstadt für die deutschen und heute nun für die polnischen Behörden eine bewegte Vergangenheit.

Einen persönlichen Rückblick auf die Stadt will ich noch anführen: Soldin/Mysliborz war bis zu meinem elften Lebensjahr der größte Ort, den ich kannte. Die Erinnerungen an ihn blieben lückenhaft. Sie drehen sich um den Bahnhof, die Seepromenade nahe der Mietzel/Mysla mit dem Schneckenberg, um einen Kriegsfilm im Kino, um Besuche bei entfernten Verwandten und um Einkäufe, außerdem um Fahrten vom sieben Kilometer entfernten Heimatdorf per Zug oder auf dem Kindersattel des Fahrrades meines Vaters.

Dann natürlich der Vertriebenentreck im Juli 1945. Er stoppte an einer Soldiner Weggabelung, bis entschieden wurde, die Straße in Richtung Küstrin/Kostrzyn und nicht nach Schwedt zu nehmen.

Beim ersten Wiedersehen nach über 23 Jahren kamen mir Plätze und Straßen sowie Geschäfte wiederum ins Bewußtsein. Gegen Mittag war ich, aus Frankfurt (Oder) kommend, mit dem Fahrrad eingetroffen. Niemand war mir hier bekannt. Nach einer Erfrischung im See und einer Rundfahrt zu historischen Bauten stand die Suche nach einem Quartier auf dem Programm. Im Hotel nahm man mich nicht auf; vielleicht war alles belegt oder man wollte mir die verwohnten Zimmer des alten Hauses nicht zumuten. Der Hinweis auf die Touristenunterkunft, der einstigen Jugendherberge im Torturm, war gut, der auf deutsche Bewohner noch besser. An diese wandte ich mich, wurde herzlich aufgenommen und hätte auch übernachten können.

Zwei Jahre später lernte ich in der Stadt einen damals noch sehr jungen Polen kennen, mit dem mich seither Freundschaft verbindet. Das bezieht auch unsere Familien mit ein. Bekanntschaft machten wir im einstigen Dominikanerkloster, genauer gesagt in der früheren Klosterkirche, die heute als Kulturhaus genutzt wird.

Schon ein Jahr darauf übernachtete ich bei seiner Mutter in der erst von den Polen errichteten Siedlung am See. Das war für sie nichts Ungewöhnliches. Sie hatte bereits vor mir Deutschen, die ihre Heimat besuchten, Quartier gewährt. Für mich und meine beiden Söhne blieb aber diese Beziehung bis kurz vor ihrem Tode 1991 bestehen.

Wir wurden immer liebevoll betreut und versorgt. Es ist nur aus der polnischen Mentalität heraus zu verstehen, warum diese Frau so handelte und ebenso alles dafür tat, daß sich ihre Kinder, zwei Söhne wurden hochgeachtete Professoren an der Universität in Posen/Poznan, deutsche Sprache und Kultur aneignen.

Sie lebte in jungen Jahren in Litzmannstadt/Lodz, als von Deutschland aus der Krieg hereinbrach. Bald schon mußte sie in einer Berliner Rüstungsfabrik schwere Zwangsarbeitertätigkeiten verrichten. Nach dem Ende der Kampfhandlungen verschlug es sie in das Dorf Rosenthal/Rozansko. Dort war ihr Mann Bürgermeister. Er kam im Zusammenhang mit Machtkämpfen rivalisierender polnischer Gruppen ums Leben. Ihr blieb nichts anderes übrig, als in die Stadt zu übersiedeln, wo sie ihre fünf Kinder großzog. Das war nicht immer leicht, denn die Last lag allein auf ihren Schultern.

Nach dem gesellschaftlichen Umbruch war ihr schließlich der lange gehegte Wunsch erfüllt worden, Berlin und die damalige Arbeitsstätte aufzusuchen. Bald darauf verstarb sie und wurde in der Nähe des mächtigen Steinkreuzes mit der deutschen Inschrift bestattet. Bei jedem Besuch lege ich hier eine Minute des Gedenkens an meine langjährige "Quartiermutter" ein.

Soldin/Mysliborz ist seit jeher eine Sommerfrische. Wunderschön ist es, in dem etwa acht Kilometer langen, buchtenreichen See zu schwimmen oder auf seinen Wellen zu segeln. Mehrmals jährlich finden gern besuchte Regatten statt.

Viele mittelalterliche Bauwerke, etwa die Reste der Stadtmauer, das Kloster, die Stadttore oder die ehemalige Domkirche und auch der Marktplatz, tragen zu einer romantischen Atmosphäre bei. Die Stadt ist zudem mit einer mannigfachen wald– und seenreichen Umgebung gesegnet.

Zahlreiche Dichter haben Soldin/Mysliborz gepriesen, darunter der 1864 hier geborene und 1918 in Friedrichshagen gestorbene Fritz Eichberg in seinen Versen "Gruß an Soldin":

"Ich grüße euch, ihr alten Wälle

In schattenreicher Blätterpracht,

Wo mir aus jeder Ruhestelle

Beglückende Erinn'rung lacht

Dich grüß' ich, See, deß' Himmelsbläue

Dich Hain auch, wo in stiller Weihe

Auch dich, du Flur im Sommerkleide,

Doch stets die helle Augenweide

Zum Bade lockt in klarer Flut,

Der Abendstunden ich geruht.

Die schlicht und der Romantik bar,

des wanderfrohen Knaben war".

Sommerfeld / Lubsko
Spitzweg – Atmosphäre in der Niederlausitz

Unvergänglich überdauern
sie Geschlechter ohne Zahl,
und so ragen diese Mauern
siebenhundert Jahr' ins Tal.

Was Jahrhunderte empfunden,
froh genossen. Tief beweint,
ist mit diesem Turm verbunden,
ist in ihm zur Kraft versteint.

Laß den Blick zur Höhe gleiten,
und so führt Dir Stein auf Stein
heilig die Vergangenheiten
in die Gegenwart hinein.

Stolzer Wächter, treu befunden,
der der neuen Dienste harrt,
eng umbraust vom Flug der Stunden,
wächst
du in die Gegenwart.

Dichter unbekannt
Der Büttelturm
Aus: "Wenn über Crossen die Schwalben fliegen...
und die Lubst durch Sommerfeld fließt" 1991

In Sommerfeld/Lubsko findet der Besucher nur noch einen Über-rest der mittelalterlichen Stadtbefestigungen vor. Und das ist der mächtige Büttelturm, der lange Zeit seine Wacht neben dem So-rauer Tor hielt, dann nach dem Abriß der alten Verteidigungsanla-gen frei im Gelände stand und an den schließlich modernere Bau-ten angefügt wurden. Die Bezeichnung Büttel kommt von bieten und benannte einst die Gerichtsdiener und ebenfalls die Häscher. Zu letzteren sagen wir heute Polizisten oder Ordnungshüter. So paßt es gut zusammen, daß sich heute gleich neben dem altehrwür-digen Büttelturm die Polizeidienststelle der Stadt befindet.

Der heimatverbundene Autor Carl Mader hat das Gedicht "Mit Spitzweg durch das schöne Sommerfeld" geschrieben und beschei-nigt dem Städtchen etwas von der Atmosphäre, wie wir sie auf den Bildern des Kleinbürgertum–Malers vorfinden:

Die Häuschen klein, die Giebel hoch,

am Erkerfenster Blumenranken,

ein alter Herr mit grauem Bart,

das sind so Spitzweg'sche Gedanken.

Gemählich schreiten wir voran,

bis dann den Burgweg wir erreichen,

mit unserm Blick nach Süden hin

des Büttelturmes Kranz vergleichen.

In bunter Reihe strebt's empor,

es reiht sich stufend Dach an Dach.

Ein jeder Balken, ein jeder Stein,

ruft längst vergang'ne Zeiten wach

Die Zeiten ändern mancherlei,

verschwunden längst ist Wall und Tor,

doch oben an des Turmes Kranz girren die Tauben wie zuvor.

Und wieder hellt sich sein Gesicht,

des Meisters Hand ruht in der meinen.

Ich seh' das letzte Abendgold

An dem Gestein des Turmes scheinen.

So schreiten wir zum Marktplatz fort,

zur Pfarrkirch und den Lindenbäumen.

Das letzte Büblein hüpft nach Haus,

bald werden alle friedlich träumen...

Der sagenumwobene Büttelturm ist nicht nur, wie in diesem Gedicht zu erkennen, ein Liebling der Einheimischen, sondern fällt natürlich jedem Gast schnell auf. Von hier aus umgibt in zwei Richtungen ein schmaler Kanal fast den gesamten Raum der einstigen Altstadt, und wenn wir dieses Terrain nun betreten, empfängt uns das "malerische Sommerfeld", wie es im Heimatbuch des Kreises Crossen (Oder) von 1927 vorgestellt wurde. Daraus nachfolgend zwei Kostproben:

"Weiter geht's – man scheue das holprige Pflaster nicht – die Burgstraße hinein bis zum Beginn der Krummestraße. Sie ist als häßlich verschrien, sehr zu Unrecht; zeigt sie doch in zweifacher Krümmung ein heimlich Gewirr von sich neigenden Dächern und steigenden Wänden. Bescheiden treten die einen zurück vor dem andern, das stolz und stattlich sich zeigt im Schmucke fröhlichen Weinlaubs, dieweil ein drittes, aus der Kirchstraße vorspringend, als könnte es kaum abwarten, neugierig um die Ecke guckt. Und als Abschluß im Winkel schiebt sich die zweite Hälfte der Gasse herein und zeigt, wie zwei Wegrichtungen miteinander verbunden werden...

Der Markt ist eine hervorragend schöne Anlage, die alle Bedingungen in so hohem Maße erfüllt, daß jedes kleinliche Urteil verstummen muß. Am besten wählt man seinen Standpunkt etwa vor dem 'Deutschen Hause'. Hier wird die Breitestraße im Rücken des Beschauers nicht sichtbar. Sie ist die einzige Seite, nach welcher der

Markt sich öffnet, da die Einmündung der Pfarrstraße verborgen bleibt, Schul- und Wilhelmstraße durch Rathaus und Kirche verdeckt werden und die Poststraße mehr als gutnachbarlich gesinnte Platzverjüngung denn als selbständige Straße zu gelten hat, zumal die Lindenreihe wohltuende Vermittlung ausübt.

Vor allem aber genießt man von diesem Punkte den vorteilhaftesten Blick auf die beiden Hauptdenkmale, deren Bühne der Markt gleichsam darstellen soll, um ihrer sinnlichen und gedanklichen Bedeutung den würdigen Raum zu verschaffen. Wie fein und mannigfaltig löst er diese Aufgabe! Wie willig paßt er sich der Natur des jeweiligen Baues an: ist Breitenplatz vor dem Rathaus, dessen Breitenentwicklung entsprechend; wird ungezwungen zum Tiefen-, d.h. Längsplatz, wo er sich dem steileren, höheren Aufstieg der Kirche unterordnen muß, und begleitet deren Langhaus wiederum in breiter Ausdehnung. In allem ein fügsamer Diener, der jeder Bewegung der königlichen Gebieterin mit Anmut folgt".

Schloß und Schloßpark von Sommerfeld/Lubsko grenzen nördlich vom Büttelturm direkt an das historische Zentrum. Ursprünglich bestand hier eine Wasserburg. Im Jahre 1929 wurde das Anwesen vom letzten adligen Besitzer an die Innere Mission der evangelischen Kirche verkauft, die es fortan für soziale Zwecke nutzte. Diese Verwendung wurde in der polnischen Zeit fortgeführt. Heute werden in einem stillen Umfeld etwa 110 Senioren untergebracht und betreut. Zu den architektonischen Eigenheiten des Komplexes heißt es in einem 2001 in den "Sommerfelder Nachrichten" veröffentlichten Text von Hanns-Ulrich Wein:

"Der vordere Baukörper mit der Tordurchfahrt präsentiert sich eindeutig in Renaissanceformen, als da sind der Volutengiebel, die waagerechten Gesimse, die dazu passenden Fensterrahmungen und das Tonnengewölbe der Tordurchfahrt. Wenn die Sonne scheint, erinnert der Anblick an italienische Gebäudezeilen. Die Formen wurden Ende des 16. Jahrhunderts geschaffen. Im Erdgeschoß des Vorderschlosses sind aber auch noch viel ältere Bauteile, Kreuzgewölbe der Spätgotik, auszumachen. Gotische Basisstrukturen hat gleichfalls der Schloßturm, der den Eingangsturm überragt, aber Teil des Wohntraktes jenseits der Hofanlage ist. Seine vom viereckigen in den achteckigen Grundriß überführte Haube, die sogenannte Laterne, weist ihn als Werk der Barockzeit aus. Er ist in diesem Stil mit dem größeren ostwärtigen Teil des Wohnschlosses um 1730 entstanden. Als wesentlich jünger entpuppt sich bei näherem Hinsehen der Westflügel. Er wurde 1887 errichtet und ist also ein Produkt der Gründerzeit. Wer erfahren will, wer die Bauherren der verschiedenen Teile des Schlosses waren, muß alte Geschichtsbücher befragen..."

Das wollen wir uns ersparen, denn die Besitzer wechselten recht oft. Ähnlich erging es der Stadt samt der umliegenden Region.

Zunächst gründete der Markgraf Dietrich von Meißen um das Jahr 1200 nahe slawischer Siedlungen einen Marktort. Zugleich entstand eine Burg. Die Örtlichkeit wurde 1233 als Stadt, nämlich "oppidum", bezeichnet. Besondere Markt– und Zollrechte erhielt Sommerfeld/Lubsko 1283 durch Heinrich den Erlauchten.

Im Jahre 1315 kam der Ort vorübergehend zu Brandenburg. Danach wechselte die Staatszugehörigkeit oft: Zuerst an Böhmen, dann wieder an Brandenburg, an Meißen und an Schlesien Sagan. Im Jahre 1482 kam Sommerfeld/Lubsko schließlich durch Einheirat und den sogenannten Kamenzer Vertrag endgültig an Brandenburg.

Landschaftlich betrachtet gehört die Stadt zur östlichen Niederlausitz. Sie wurde 1535 unter Markgraf Hans von Küstrin der Neumark angegliedert und 1815 innerhalb des Kreises Crossen/Krosno zum brandenburgischen Regierungsbezirk Frankfurt (Oder) kam.

Die gute Tonerde in der umliegenden Feldmark hatte die Entstehung und Entwicklung des Töpferhandwerkes gefördert. Im 15. Jahrhundert gab es Weinanbau und bis zum 19. Jahrhundert exportierte ein starkes Tuchmachergewerbe bis nach Nordamerika.

In Sommerfeld/Lubsko wuchs mit Professor Dr. Gerhard Domagk ein Nobelpreisträger und folglich eine bedeutende Persönlichkeit auf. Geboren wurde der Gelehrte im Jahre 1895 in Lagow/Lagow im Sternberger Land.

Aber die Familie zog, als der Sohn fünf Jahre alt war, nach Sommerfeld/Lubsko, um. Hierher wurde der Vater als Konrektor an die Knabenvolksschule berufen. Bis 1914 ging sein Sohn auf die örtliche Schulen, legte aber das Abitur im niederschlesischen Liegnitz/Legnica ab. Er studierte Medizin und wurde Universitätsprofessor in Münster.

In einer Werbebroschüre der Stadt heißt es:

"Die besonderen Verdienste des Professor Domagk waren 1932 die Entdeckung der antibakteriellen Wirkung von Prontonsil und die wissenschaftlichen Veröffentlichungen über Sulfonumid im Jahre 1935 sowie die Einführung dieser chemischen Substanz in Form eines Desinfektionspräparates in die Praxis. Am 26.10.1939 erhielt er den Nobelpreis für Medizin, den er vom schwedischen König Gustav V. im Jahre 1947 überreicht bekam. Er starb am 24. April 1964 in Bürgberg–Königsfeld im Schwarzwald. Am 23.10.1995 wurde zum 100. Geburtstag eine Gedenktafel an der Rathauswand enthüllt, mit der die Bevölkerung von Lubsko den Professor verehrt".

Inzwischen hat auch eine Schule den Namen des berühmten Sohnes der Stadt erhalten.

Zweimal habe ich während meiner Exkursionen per Rad in Sommerfeld/Lubsko übernachtet. Tatsächlich findet man noch immer in einigen Straßen die Atmosphäre aus der Spitzwegzeit vor. Mehr als 110 Häuser stehen unter Denkmalsschutz, also gibt es viele sehenswerte Fassaden und Giebel. Besonders beeindruckend sind neben Schloß und Büttelturm das Rathaus sowie die Marienkirche mit ihrer reichen Innenausstattung. Gleich dahinter folgt eine Fußgängerzone. An schmalen Wasserläufen ganz in der Nähe laden Promenadenwege zu Spaziergängen ein.

Neue Stadtviertel entstanden nach Süden und Westen hinaus, ein modernes Wohngebiet befindet sich in Richtung der Freizeiteinrichtungen mit Schwimmbad. Sogar einige nette kleine Restaurants sind hier auszumachen. So bleibt mir nicht nur das Spitzweg–Fluidum in guter Erinnerung. Und ich glaube, das ergeht jedem so, der dem lieblichen Städtchen einen Besuch abstattet. Sommerfeld/Lubsko ist kein Touristenmagnet, aber es vermittelt eine Stimmung, die man so schnell nicht vergessen kann.

Spiegelberg / Pozrzadlo
In der Nachfolge Theodor Fontanes

Ich bin 1853 in Spiegelberg geboren, das seit Jahrhunderten im Besitz meiner Familie ist. Das Gut liegt in der Neumark im damals noch ungeteilten Kreis Sternberg, der ein wenig spöttisch das Knödelländchen genannt wurde.

Wer es nicht wissen sollte, dem sei es erklärt: die Knödel ist eine armselige Birnenart. Die angeblich auf unserem recht sandigen Boden besonders gut gedieh.

Zur Ehrenrettung meiner lieben Heimat muß ich aber bemerken, daß sie außer dem Sande auch wunderschöne Wiesen, große Seen und herrliche Wälder besaß und besitzt. Es ist ein hügeliges Land; dicht bei unserem Gut erhebt sich sogar der Hohe Spiegelberg zum größten Berge – wenn man es so sagen darf – der ganzen Mark, und eine halbe Stunde weiter liegt Lagow, das kleinste Städtchen Preußens, mit einem alten romantischen Johanniterschloß zwischen zwei mächtigen Seen in einer der landschaftlich schönsten Gegenden der vielverkannten Heimat.

Die Erinnerungen meiner frühesten Jugend knüpfen sich merkwürdigerweise weit weniger an meine Eltern, als an meine Großeltern. Denn diese waren die stärkeren Originale.

Hanns von Zobeltitz

Im Knödelländchen und anderswo. Lebenserinnerungen
(Auszug) 1916

So beginnt die Autobiografie eines Landadligen aus der Sternberger Region, die seit dem 16. Jahrhundert zur Neumark rechnete. Hanns von Zobeltitz und sein Bruder Fedor sind zwar in allen Schriftstellerlexika vertreten, aber ihre Werke werden nicht mehr nachgedruckt. Um 1900 galt vor allem Fedor als ein Autor, der die Tradition eines Theodor Fontane fortführen könnte.

Er war im Jahre 1857 in dem bescheidenen Gutshaus seiner Eltern in Spiegelberg/Pozrzadlo geboren worden. Nach der Ausbildung zum Offizier war er eigentlich dazu ausersehen, das Familiengut zu bewirtschaften. Aber er äußerte sich einmal dazu: "Als Landwirt hätte ich den väterlichen Besitz übernehmen können, aber so hübsch er auch war, so ließ sich doch keine Seide auf ihm spinnen".

Fedor zog nach Berlin und redigierte zunächst dort die "Militärischen Blätter". Ab 1897 war er für dreizehn Jahre Redakteur der "Zeitschrift für Bücherfreunde" sowie seit 1904 Herausgeber der "Neudrucke literarhistorischer Seltenheiten". Die von ihm 1899 gegründete "Gesellschaft der Bibliophilen" stand unter seinem Vorsitz. Seine journalistische Tätigkeit bezog sich zusätzlich auf Unterhaltungszeitschriften. Er war weltoffen und reiselustig bis hin zu fernen Zielen auf der Erde.

Den Stoff für seine Erzählungen, Romane und Dramen bot die preußische Adels– und Offizierswelt der deutschen Kaiserzeit, zumeist eingebettet in die brandenburgische Region. In diesem Umfeld kannte er sich ja gut aus.

Zu den seinerzeit viel gelesenen Romanen gehören "Die Pflicht gegen sich selbst" von 1894, "Der gemordete Wald" von 1898, "Besser Herr als Knecht" von 1900 und "Der Herr Intendant" von 1901.

Die Memoiren "Ich hab' so gern gelebt" erschienen bezeichnenderweise in seinem Todesjahr 1934. Im Eingangskapitel wird mit dem heimatlichen Dorf und der Familie bekannt gemacht:

"Es gibt im Deutschen Reich ein paar Ortschaften des Namens Spiegelberg. Das Spiegelberg, in dem ich geboren wurde, ist aber wohl das älteste. Auf einer Karte von 1350 ist es als Speghelberg verzeichnet...

Es ist ein typisch märkisches Landgebiet; anmutige Täler wechseln mit kiefernumbuschten Höhen, blaue Seen zwischen herrlichen Laubwäldern mit kahlen Kuppen, humusreicher Ackerboden mit Heidesand.

Eine Hügelreihe, die sich zwischen der Kreisstadt Zielenzig und dem Städtchen Sternberg erstreckt, erreicht ihre Kulmination im Spiegelberg, der deshalb auch der Hohe genannt wird, obgleich man keinen Eispickel braucht, um ihn zu ersteigen.

In einer Talmulde am Fuß des Spiegelberges liegt das gleichnamige Dorf. Ich habe es in einem meiner älteren Romane 'Eine Welle von drüben' beschrieben: 'In der Mitte die Kirche, gegenüber das Pfarrhaus, daneben die Schule. Am Friedhofszaun die beiden alten Maulbeerbäume, die noch aus der Zeit Friedrichs des Großen stammen sollen, und vor der Pfarrei der alte Birnbaum, mit dessen unansehnlichen, harten, kleinen Früchten, die man Knödel nannte, sich die Konfirmandenkinder bombardierten. Dann kam der Dorfanger, den auf der einen Seite der Schloßpark begrenzte: hohe Silberpappeln, Birken und Buchen, dazwischen Schwarztannen. Gegenüber lag der Krug, dahinter der Bergzug mit dem fiskalischen Eichenwald und dem trigonometrischen Dreigestell, das auf der Höhe stand und durch eine kerzengrade Schneise aus weiter Ferne zu erkennen war'.

Im schlichten Herrenhaus hinter dem Schloßpark kam meine Wenigkeit am 5. Oktober 1857 mit fürchterlichem Gebrüll zur Welt...

In unserer Nähe lagen die sogenannten Dachsberge, deren Birkenwäldchen nach Vertilgung der kleinen Würgebiester durch eine Teckelmeute parkähnlich ausgestaltet worden war. Sie wurde der Lieblingsplatz für gemeinsame Picknicks.

Auf den Dachsbergen befanden sich außer einer Anzahl in den Boden gerammter Tische und Bänke zwei mächtige Kochherde aus gemauerten Feldsteinen, und es war unser Hauptvergnügen, einen Braten dort regelrecht über Kohlenglut herstellen zu sehen. Alles Nötige brachte man mit, dazu eine Riesenbowle aus Grünberger Wein mit Pomeranzen, von Onkel Fritz gebraut, deren Vorzug unter anderm war, daß man nachträglich an einem fulminanten Kater merkte, wie gut sie geschmeckt hatte.

Wenn mir meine Freunde im späteren Alter einiges Verdienst im Bowlenmixen zusprachen, so antwortete ich, daß es ein ererbtes Talent sei – minus der Katerwirkung natürlich. Die Picknick–Bowle stand in einem irdenen Bottich mit Eisstückchen, und ich mußte mit meinem Hauslehrer aufpassen, daß sie bei der Hinfahrt nicht überschülpte, wenn es mal über eine Baumwurzel ging. Ich kannte das schon und lauerte mit meinem kleinen, silbernen Kinderbecher scharf, um Überschüssiges aufzufangen und zu kosten. Das merkte man dann später meiner auffälligen Munterkeit an.

Unter dem zierlichen Birkenschatten fand sich langsam alles von den Gütern der Umgebung ein und packte den Proviant aus... In der Dämmerstunde begann gewöhnlich der Tanz. Dazu traf Musik aus der Kreisstadt ein, und in den Birken flimmerten Lampions. Auf der festgestampften Lichtung hopste man munter umher in Rheinländer, Schottisch und Mazurka, und wenn ein Hoch ausgebracht wurde, brüllte man herzhaft. Ich brüllte mit, bis ich meinen kleinen üblichen Schwips hinter einem Wacholderbusch ausschlief und erst erwachte, wenn Mutter mich zur Heimfahrt in einen Plaid wickelte. Der Hauslehrer mußte statt der Bowle mich festhalten und erklärte mir zur Belehrung das Sternbild des Großen Bären. Das tat er auf jedem Ausflug".

Der vier Jahre ältere Bruder Hanns war noch Teilnehmer am Deutsch–Französischen Krieg 1870/1871, schlug ebenfalls die Offizierslaufbahn ein und lehrte ab 1886 mehrere Jahre lang an der Kriegsakademie in Potsdam. Später wurde er Redakteur der Zeitschriften "Daheim" sowie "Velhagen und Klasings Monatshefte".

Noch stärker als bei seinem Bruder drückte sich in seinen Novellen und Romanen die Verbundenheit mit der heimatlichen Scholle und ihrer Geschichte aus. Davon zeugen Titel wie "Rohr im Winde", "Auf märkischer Erde" oder "Der Alte auf Topper". Während manche dieser Geschichten für unseren Geschmack ins Sentimentale oder gar Kitschige abgleiten, bieten die die "Vierzig Lebensbilder" recht sachliche Biografien von Persönlichkeiten des 19. Jahrhunderts zwischen Bismarck, Semper, Schliemann, Fritz Reuter und Theodor Fontane.

Nun noch eine zweite Kostprobe aus der Autobiografie: "Im Knödelländchen und anderswo" von Hanns Zobeltitz:

"Man mag sich heute schwer einen rechten Begriff von der Einfachheit der Lebensführung machen können, die damals auf solch einem kleinen Rittergut herrschte. Und doch erfuhren wir, daß es ein den guten alten Zeiten', von denen oft die Rede war, noch viel einfacher zugegangen wäre. Dicht neben dem schlichten, aber geräumigen Herrenhaus – die Bauern nannten es Schloß – stand das Leutehaus. Das hatten die Großeltern, ehe Großvater das Schloß baute, bewohnt. Nun, dies strohgedeckte Häuschen hatte in seinen vier niedrigen Stuben nicht einmal einen bretternen Fußboden, vielmehr eine Lehmtenne! Unsere Lebensführung war aber nicht nur deshalb so einfach, weil die Mittel knapp waren...

Es war überall Grundsatz, daß, abgesehen von den unentbehrlichen Kolonialwaren, eigentlich nur das verzehrt werden durfte, was auf dem Gute zuwuchs. Und mit den Kolonialwaren geizte man; die Zuckerstückchen waren unheimlich klein; starker Kaffee galt als höchst ungesund; Tee kannte man kaum, außer medizinischem, in dem Großmutter groß war. Großvater trank wohl am Abend sein Fläschchen Bier; wir bekamen nur ausnahmsweise ein Glas einer seltsamen Sorte Braunbier, das in der Nachbarschaft gebraut und beim Abziehen noch stark mit Wasser verdünnt wurde. Wein erschien bei Tische nur, wenn Gäste im Hause waren...

Einen Eiskeller gab es nicht. So wenig wie eine Badeeinrichtung. Im Sommer plätscherten wir im kleinen Pleiskefluß hinter dem Garten. Im Winter wurden wir, wenn es dringend notwendig schien, unten im Keller in einem großen Waschfaß abgeseift...

Die Einfachheit der Lebensführung kam auch in der Kleidung zum Ausdruck. Sauber mußten wir sein soweit Landkinder das sein können, aber geputzt wurden wir nicht. Uns Jungen fertigte Meister Thiele, der Dorfschneider, die Anzüge; für Mutter und das Schwesterchen kam etwa alle Jahre Fräulein Emma nach Spiegelberg, eine kleine ausgedörrte Person, die von Gut zu Gut zog und den lieben Klatsch von einem zum andern trug... Leinen wurde im Hause gesponnen. Meine Frau benutzt heute noch einige unverwüstliche Spiegelberger Gedecke".

Spiegelberg/Pozrzadlo ist nicht mehr der stille Ort aus der Postkutschenzeit. Am Dorfrand braust Tag und Nacht auf der Straße zwischen Frankfurt und Posen/Poznan ein starker Fahrzeugverkehr vorbei. Nur wenige Autos biegen hier zur nahegelegenen beliebten Sommerfrische Lagow/Lagow ab.

Ein Stückchen weiter blieb jedoch die Idylle erhalten. Den breiten Anger beherrscht wie eh und je die hübsche Fachwerkkirche aus der Zeit um 1700. In der Nähe fällt das einstige Pfarrhaus mit seinem "Dachauge" auf. Und etwas versteckter im Hintergrund findet sich das bescheidene frühere Herrenhaus derer von Zobeltitz. Erkennungszeichen ist noch immer ein Wappen über dem Eingang.

Wenn man sich hier bei den heutigen Bewohnern neugierig bemerkbar macht, kann es geschehen, daß es zu einem Gespräch kommt. Es wird bedauert, daß die vielleicht aus der Erbauungszeit um 1850 stammenden hübschen Öfen durch einen der polnischen Vorbesitzer beseitigt wurden. Und die Besucher werden zu den mächtigen Bäumen im Park geführt, die bereits in den Erinnerungen der beiden Dichter genannt wurden.

Während einer deutsch–polnischen Radtour im Sommer 1999 legten wir in Spiegelberg/Pozrzadlo eine längere Pause ein. Die Kirche wurde zwischen zwei Messen besichtigt, denn der katholischen folgte die orthodoxe. Das ist ein Zeichen dafür, daß sogar in kleinen Dörfern des Sternberger Landes der Anteil der aus früher ostpolnischen Gebieten stammenden und 1945 angesiedelten sich als rechtgläubig bezeichnenden Christen doch noch recht hoch ist.

Zur Geschichte und Herrschaftsstruktur des Dorfes heißt es in dem Buch "Das Sternberger Land im Wandel der Zeiten":

"Das Angerdorf Spiegelberg mit den älteren Namensformen Spegelberg, Spigelberg und Spigelbergk gehörte nach 1250 zum erzbischöflichen Teil des Sternberger Landes. Unter dem Schutz Magdeburgs wurde es in der 2. Hälfte des 13. Jahrhunderts mit deutschen Bauern besiedelt. Das Dorf wurde mit 64 Hufen ausgestattet, von denen je vier an den Lehnschulzen und den Pfarrer gingen.

Spiegelberg kam spätestens 1287 wie alle anderen erzbischöflichen Städte und Dörfer unter brandenburgische Landesherrschaft. Um 1300 erwarb Ritter Albert von Klepzig Dorf und Grundherrschaft. 1350 ging der Ort auf den Johanniterorden über (erste urkundliche Erwähnung). Spiegelberg gehörte 1405 zum Kirchendistrikt Zielenzig und mußte an den Bischof fünf Talente Kathedergeld zahlen...

Im Schloßregister von 1461 wurde Spiegelberg als Markt aufgeführt. Es mußte demnach eine stattliche Siedlung gewesen sein. Noch Ende des 16.Jahrhunderts galt das Dorf als Marktflecken und sogar als Städtchen. Um 1608 wurde es wieder als Dorf bezeichnet.

Der Komtur zu Lagow, Andreas von Schlieben, richtete in Spiegelberg ein kleines Lehngut mit zwei Hufen ein und schenkte es dem Georg Breming für treue Dienste. Dieses Gut wurde 1596 an Christoph von Rothenburg verkauft. Im letzten Drittel des 17. Jahrhunderts erwarb die Familie von Zobeltitz das Erbgut und behielt es bis zum Ende des 19. Jahrhunderts...

Die ursprünglichen 28 Bauernstellen, zu denen noch die Lehnschulzenstelle hinzugerechnet werden muß, waren 1662 auf folgenden Stand reduziert: ein Lehnschulze, ein Krüger mit drei Hufen und fünf Bauern. Von neun Kossätenstellen lagen vier Stellen wüst. Im Jahre 1774 waren es ein Lehnschulze, fünf Ganzbauern, sieben Kossäten und drei Einlieger. Der Verlust an Bauernhöfen war demnach größer als der des Bauernlandes, nämlich 80 Prozent.

Der Gutsbezirk war zuletzt 107,8 Hektar groß, die Dorfmark 814,1 Hektar. Um 1800 hatte Spiegelberg eine Einwohnerzahl von 147, die sich bis 1939 auf 207 erhöhte".

Diese Angaben dienen als Beispiel, wie einst kleine brandenburgische Guts– und Bauerndörfer strukturiert waren.

Übrigens gibt es heute in Deutschland nur noch ein Spiegelberg. Es liegt weit von Brandenburg entfernt in der Stuttgarter Region.

Sternberg / Torzym
Ein Schnittpunkt früher Handelsstraßen

Vor altersgrauen Zeiten,

Erzählt uns die Geschicht',

Hieß Sternberg wohl ganz anders,

Doch wie, das weiß man nicht.

Da kam vom Dorf Koritten

Frau Schulzen in den Ort,

Bot feil Käs', Butter, Eier

Mit freundlich–frohem Wort.

Auch brachte sie den Freunden
Viel liebe Grüße mit
Von Krischan, Fieken, Rieken
Und von der ollen Schmidt.

Als sie wollt heimwärts wandern,
War's dunkel schon umher;
Doch ob den hohen Bergen,
Ein strahlend Sternenmeer.
Des wundert sich die Alte!
Dann plötzlich ruft sie laut:
"Gott' Stern woll äwer die Berge,
So weet der Himmel schaut!"
"Gott's Stern woll äwer die Berge",
Tönt's fort wie Zauberschlag.
Drum Sternberg heißt das Städtchen
Mit Stolz seit jenem Tag!

Friedrich Matz
Wie Sternberg zu seinem Namen kam
Aus: "Heimatkalender für den Kreis Oststernberg" 1927

Das Gedicht des 1861 in Tornow/Tarnawa bei Reppen/Rzepin geborenen Lehrers mit dem plattdeutschen Ausspruch "Gott' Stern
woll äwer die Berge" folgt einer alten Legende. Recht wahrscheinli-
cher dagegen ist die Namensgebung an die Kleinstadt durch Erzbischof Konrad von Magdeburg, der ein geborener Graf von Stern–
berg aus dem Westfälischen war. Er hatte nach der vertraglichen
Übernahme dieser Region durch das Bistum hier an den Ufern des
Flüßchens Eilang/Ilanka zwischen 1266 und 1276 eine Burg errich-
ten lassen. Rund zehn Jahre später ging dieser Standort in brandenburgischen Besitz über. Wo genau sich diese Feste erhob, ist heute

nicht mehr auszumachen. Beim nachfolgenden Text über die frühe Geschichte beziehe ich mich auf das Buch "Das Sternberger Land im Wandel der Zeiten" von 1988.

Die Burg Sternberg blieb längere Zeit ein Burgmannenschloß mit sechs Rittersitzen, wie sie der Erzbischof eingerichtet hatte. Zu ihr gehörten ursprünglich 48 Hufen Burglehen und später, nachdem die Kirche und das junge Städtchen Sternberg mit Ländereien beschenkt worden waren, nur 32 Ritterhufen.

Einige Jahrzehnte nach der Errichtung der deutschen Burg wurde ihr Name auf das ganze Land übertragen. Vermutlich deshalb, weil die Ritter des Landes hier häufig zu Beratungen zusammentrafen.

Bereits vorher befand sich an der Kreuzung der Handelsstraßen Frankfurt und Lebus nach Posen/Poznan und Crossen/Krosno nach Zantoch/Santok am Ufer des Eilangsees eine slawische Siedlung. Nach der Fertigstellung der stattlichen Burg entwickelte sie sich zu einem größeren deutschen Dorf. Dabei leisteten die Rittersitze entscheidende Hilfe.

Von den Angehörigen der Adelsgeschlechter, die schon am Bau der Burg beteiligt waren, erhielten die Strehles die Burgherrschaft. Unter den Burgmannen könnte sich bereits ein Ritter von Winning befunden haben. Um 1287, als der brandenburgische Markgraf Otto IV. den erzbischöflichen Teil des Sternberger Landes übernahm, verließen die Strehles die Burg. Wahrscheinlich wurden sie vom Markgrafen dazu gezwungen, der die neuen Grenzburgen in eigenen Besitz nehmen wollte. Einige Jahre später wurden diese Wächter an den Grenzen zuverlässigen Vasallen übergeben. Offenbar sahen sich die Strehles danach veranlaßt, Ansprüche auf Burg und Lehen geltend zu machen. Aus einer Urkunde des Jahres 1300 geht nämlich hervor, daß sie 150 Hufen Mannlehen und 50 Hufen Burglehen in Sternberg und Umgebung forderten, die sie einst vom Bischof empfangen hatten. Erst als das Geschlecht der Strehles im Jahre 1384 erloschen war, hatte sich dieser Streit endgültig erledigt.

Um 1300 waren die Ritter von Winning auf der Burg. Diese Familie kam aus dem Dorf Winningen im Halberstädtischen. Angehörige des Geschlechts gehörten vermutlich zu den Adligen, die gemeinsam mit dem Erzbischof in das Land gekommen waren. Wahrscheinlich haben sie den brandenburgischen Landesherren ihre Dienste angeboten, um im Land bleiben und einen Rittersitz erhalten zu können. Nach erfolgter Belehnung gehörten sie als Gutsherren zum Adel im Land und "auf dem Sternberge".

Mitte des 14. Jahrhunderts war die Burg Mittelpunkt eines Ritterdistriktes innerhalb des Sternberger Vogteibezirkes. Ein Amtssitz des Landvogtes entstand allerdings hier nicht Trotzdem ging im 14. Jahrhundert der Name der Burg auf das ganze Land über. Ab 1377 fehlen jegliche Nachrichten über die Burg. Wahrscheinlich ist sie in den unruhigen Zeiten nach dem Tode Karls IV. zerstört worden. Sie war vorher ein "verrufenes Raubnest", um das sich manche Legenden rankten.

Vom Städtchen Sternberg kennen wir nur die Eintragung im Landbuch aus dem Jahre 1375. Dort ist es als befestigter Ort aufgeführt. Die Stadtgründung selbst liegt im Dunkeln. Aber es gab die direkte Unterstellung unter den Markgrafen. Im Jahre 1472 übertrug Kurfürst Albrecht Achilles der Familie Winning die Grundherrschaft über die gesamte Stadt.

Von vier Brüdern lebten anscheinend drei im Ort. Also gab es drei Rittergüter: das Berg– oder Burggut, das Rote Gut und den Wasserhof. Die nachfolgenden Besitzer ab 1536 hielten sich dann überwiegend auf Besitzungen außerhalb der Stadt auf, blieben aber bis 1724 im Besitz der Grundherrschaft Sternberg/Torzym.

Wirtschaftliche Bedeutung konnte das Städtchen nicht gewinnen. Es blieb ein Marktflecken. Massive Befestigungen waren den Bürgern finanziell nicht möglich. Deshalb begnügte man sich mit einer Umzäunung.

Die Sternberger lebten fast ausschließlich von der Landwirtschaft, die sich mit äußerst kargen Böden begnügen mußte. Im Jahre 1461 waren 34 Bauernhufen besetzt, daneben lebten hier 19 Kossäten. Für die Ackerbürger waren einige Handwerker tätig.

Für das Jahr 1424 wurde ein Zoll zu Sternberg erwähnt. Das läßt darauf schließen, daß doch ein reger Handelsverkehr durch den Ort verlief. Viehmärkte brachten Einnahmen an Gebühren und Zöllen. Zu keiner Zeit jedoch wurde Sternberg/Torzym Mittelpunkt des Landes, das seinen Namen trug.

Soweit ein Blick zurück in die ältere Historie.

Für den Ort gab es schließlich eine gewisse Entwicklung, als er 1869 mit einer Station an die Bahnstrecke von Berlin über Frankfurt (Oder) nach Posen/Poznan bedacht wurde und sich seit der Motorisierung der Verkehr auf der parallel dazu verlaufenden Straße immer mehr verstärkte. Naturverbundene Touristen entdeckten die idyllische Lage.

Im Jahre 1939 hatte das Städtchen 2.158 deutsche Einwohner, heute sind es etwa 2.600 polnische. Die nach 1945 vorübergehend nicht vorhandenen Stadtrechte wurden Sternberg/Torzym im Jahre 1994 erneut zuerkannt.

In der Nähe der Stadt, bereits von Wald umgeben, stößt man auf einen größeren Gebäudekomplex. Das ist eine Klinik zur Behandlung und Rehabilitation für Herzkranke.

Bis zum Zweiten Weltkrieg war hier im Besitz der Stadt Berlin die Lungenheilstätte "Schöneberg". Am 1. Juli 1907 in Betrieb genommen, wurde sie vom "Verein zur Bekämpfung der Tuberkulose in Berlin–Schöneberg e.V." geführt. In einem Artikel über die Klinik ist nachzulesen:

"Die Heilstätte liegt etwa 130 Meter über dem Meeresspiegel inmitten ausgedehnter Waldungen, von denen über 400 Morgen Eigentum der Anstalten sind. In zwei Gebäuden können 102 Kranke in Schlafräumen mit 1 bis 4 Betten untergebracht werden. Jedes Gebäude hat einen Eßsaal und einen Tagesraum, der gleichfalls als Lesezimmer dient...

Die Behandlung erfolgt nach dem jahrzehntelang bewährten Grundsätzen der deutschen Heilstättenkuren auf Grund eines Heilplanes, den der leitende Arzt für jeden einzelnen Kranken festsetzt... Die Kur dauert im allgemeinen mindestens drei Monate...

Für Kraftwagenfahrt vom und zum Bahnhof Sternberg sind je 0,50 RM zu entrichten. Für Röntgenaufnahmen und Durchleuchtungen wird für jeden Kranken ein Einheitssatz von 10 RM in Rechnung gestellt..." Aber es gab damals bereits auch Kassenpatienten.

Markantestes historisches Bauwerk von Sternberg/Torzym ist die Kirche. Sie wurde nach dem Brand im Vorgängerbau zwischen 1831 und 1834 nach Plänen von Karl Friedrich Schinkel errichtet. Nach Kriegseinwirkungen im Jahr 1945 konnte die Neugestaltung von 1960 bis 1965 in die Wege geleitet werden. Heute macht das Gotteshaus innen wie außen einen schmucken Eindruck. Um den nahegelegenen Marktplatz herum gruppieren sich von altersher die Häuserzeilen. Wenn auch das Rathaus verschwunden ist, wird dennoch in einem polnischen Reiseführer von 1995 der Platz als "typisch für kleine märkische Städtchen" bezeichnet. Hier spielte sich einst der Viehmarkt ab. Einen gewichtigen Anteil daran besaß der Roß – also Pferdemarkt. Der immer stärker anwachsende Autoverkehr verläuft schon längst um den alten Stadtkern herum. Aber er belastet weiterhin die langgestreckte, bebaute Straße in Richtung Bahnhof. Frühere Kasernen wurden in ein Krankenhaus umfunktioniert. Etwas abseits vom lauten Verkehr bildet der Eilangsee mit Promenadenwegen und Badestrand eine Oase der Ruhe.

Nahebei an der Straße nach Süden Richtung Crossen/Krosno kann man in zwei Motels und in Privatquartieren einkehren. Hier beginnt, ähnlich wie entgegengesetzt im Tal der Eiland/Ilanka, eine liebliche Wald– und Wiesenlandschaft. Zur Bahnstrecke hin wird sie immer hügeliger und urwüchsiger und umschließt einige hübsch gelegene Seen.

Direkt an einer Hauptstraßenkreuzung entstand der großflächige Restaurant– und Hotelkomplex "Chrobry". Zinnen und Türme sollen an die Burg erinnern, die vielleicht im Mittelalter an dieser Stelle stand.

Am Stadtausgang in Richtung Posen/Poznan finden anspruchsvolle Gäste außerdem das moderne Hotel "Paradise" vor, knapp 50 Kilometer von der Landesgrenze entfernt. Ich übernachtete zweimal im Hotel "U Sosny" (An den Kiefern). Hier war es äußerst ruhig, und zum Abstellen des Fahrrades konnte die Garderobe genutzt werden.

Übrigens stellt das Wappen vom früheren Sternberg ebenso wie das vom heutigen Torzym drei goldene Sterne über einem "Dreiberg" dar. Nur gestalterisch wurde modernisiert.

Vietz / Witnica

Versöhnung unter Deutschen und Polen
als Lebensmaxime

1848 pachtete der Brau– und Brennmeister Ernst Ferdinand Handke aus Schönow/Oststernberg von Wilhelm Feuerherm den Brauereibetrieb. Schon bald reichten die Betriebsverhältnisse für den sich steigenden Ausstoß nicht mehr aus. Es wurde ein größeres Gasthaus mit Brauerei errichtet. 1854 wurde der Betrieb vom Pächter Handke dort weitergeführt, und schon 1856 konnte er das Anwesen von der Familie Feuerherm käuflich übernehmen. Auf dem 1862 von der Kossätenwitwe erworbenen Nachbargrundstück wurden weitere Kelleranlagen errichtet, und seit 1874 waren die Voraussetzungen für die Herstellung eines untergärigen Bieres geschaffen, welches man allgemein als Bairisch–Bier bezeichnete.

Gerste war in der Umgebung für die Malzherstellung im eigenen Betriebe reichlich vorhanden, und durch die gute Lage an der Ostbahn der Bezug von gutem Bayrischen Hopfen gesichert. Früher genügte der Hopfen, den man in der Gemarkung anbaute. Dieser Anbau muß große Ausmaße gehabt haben, da schon zu Klosterzeiten zwölf Vietzer Bauern etwa 28 Zentner an die Brauerei und an das Kloster liefern mußten. Zu Anfang des 18. Jahrhunderts wurden schon 600 Tonnen Bier hergestellt.

Dieser Brauerei– und Mälzereibetrieb entwickelte sich im Besitz der Familie Handke zu einer der modernsten Kleinbrauereien der "Norddeutschen Braugemeinschaft". Außer Bier wurde auch Malz, Mineralwasser und Limonade verkauft. Er galt in Vietz als der älteste Gewerbebetrieb, der stets dem Wettbewerb mit den immer mächtiger werdenden Brauereikonzernen standhielt.

Leider wird er auch dem alten Preußenkönig Friedrich II. Anlaß zu dem Ausspruch gegeben haben: Die Vietzer sind ein halsstarrig und versoffen Volk!

Ernst Handke sen. "Über die Brauereien in Vietz" (Auszug)

Aus: "Landsberg an der Warthe 1257–1945–1980"

Wenn von Vietz/Witnica die Rede ist, dann gehört das Brauereiwesen unbedingt dazu. Es ist zwar nicht ungewöhnlich, daß seit dem Mittelalter in brandenburgischen Kleinstädten Bier hergestellt wurde. Aber um 1800 war der Ort noch immer eine Landgemeinde, wenn auch eine recht große. Vom 16. Jahrhundert an ist der Braukrug der Familie Feuerherm bekannt. Schließlich lag das Dorf an einem wichtigen Heer– und Handelsweg.

Im 19. Jahrhundert begann nun der rasante Aufstieg der Brauerei. Und diese Tradition wurde in polnischer Zeit nach 1945 weitergeführt. Die alten Gebäude waren ja noch vorhanden. Bei der Fahrt durch die Stadt sind sie unübersehbar. Manchmal steigt sogar der Biergeruch in die Nase.

Neben den Einwohnern kehren natürlich gern Gäste in das Brauerei–Restaurant ein. Hier herrscht gepflegte Gemütlichkeit. Besonders den deutschen Besuchern, und manche von ihnen stammen gar aus dieser Region, gefällt die Übernahme von alten Markenzeichen. Man schwelgt in Erinnerungen, kann sich heimisch fühlen und genießt vielleicht ein "Landsberg–Bier".

Vietz/Witnica liegt rund zwanzig Kilometer von der Grenzstadt Küstrin/Kostrzyn entfernt zwischen Bruchlandschaft und bewaldetem Höhenrand. Nachdem das Sumpfgelände an der Warthe/Warta und Netze/Notec im 18. Jahrhundert trockengelegt wurde, fanden etwa 3.000 Familien in 152 neu angelegten Dörfern ihr Unterkommen und ein recht günstiges Auskommen. Unter ihnen war, was wenig bekannt ist, ein großer Anteil Auswanderer aus Polen, die aber schnell deutsche Sprache und Identität übernahmen.

Vietz/Witnica konnte als eines der ländlichen Zentren von der Neubesiedlung wirtschaftlich profitieren. Die Lage war auch deshalb günstig, weil ein Fließ den Ort durchquerte. Der deutsche Ortsname war aus dem Slawischen abgeleitet. Schließlich lebten hier bereits Menschen der bronzezeitlichen Lausitzer Kultur und germanische sowie slawische Stämme.

Im Jahre 1232 gelangte die seinerzeit zu Großpolen gehörende Region durch Schenkung des Herzogs an den Orden der Templer. Durch diesen wurde vermutlich am heutigen Standort von Vietz/Witnica eine deutsche dörfliche Siedlung angelegt. Um 1250 wurde ein größeres Gebiet östlich der Oder durch Verträge brandenburgisch. 1261 gaben die Templer den Landstrich an der Warthe/Warta an den Markgrafen von Brandenburg ab. Einige Ländereien blieben zwischenzeitlich Klosterbesitz und wurden nach der Reformation im 16. Jahrhundert staatliche Domäne.

Bereits im Mittelalter nutzte man die Wasserkraft des Vietzer Flie
ßes. Im Jahre 1228 ist urkundlich eine Mühle erwähnt. Für Handel
und Gewerbe war die Lage an der traditionsreichen Straße von Küstrin/Kostrzyn in Richtung Osten außerordentlich günstig.

Im Jahre 1747 wurde eine Leinen– und Strumpffabrik gegründet.
Wenige Jahre später erfolgte die Anlage eines Königlichen Eisenhüttenwerkes mit zwei Hochöfen. Später ging die Fabrik in Privathand über. Außerdem entstanden Ziegeleien, Sägewerke, Gießereien, Maschinenfabriken und Möbelwerke sowie die schon erwähnte Brauerei. Der Bahnanschluß im Jahre 1857 begünstigte die
industrielle Entwicklung. Um 1850 war Vietz/Witnica mit rund
2.500 Einwohnern die größte Landgemeinde der Provinz Brandenburg. Nach der Eingemeindung mehrerer Nachbarorte im Jahre
1929 wurden 1935 die Stadtrechte verliehen. Im Jahre 1939 lebten
hier mehr als 5.600 Menschen.

Nach Kriegsende 1945 wurde bis auf einen geringen Rest die Bevölkerung wie in der gesamten Neumark zwangsweise ausgewechselt.
Die Deutschen waren zum Teil bereits vor der Front geflohen. Die
anderen noch etwa 2.500 Vietzer wurden am 26. Juni von Militär–
und Milizpatrouillen aus ihren Wohnungen vertrieben und unter
Bewachung an den Oderübergang nach Küstrin/Kostrzyn gebracht.

Zu den ersten polnischen Einwohnern gehörten sogenannte Militärsiedler. Das waren Soldaten und Offiziere, die zumeist im
Grenzgebiet Dienst taten und nun in das Privatleben zurückkehrten. Oft geschah das auf Befehl, denn nahe entlang von Oder und
Neiße sollte eine linientreue kommunistische Verwaltung den Staat
absichern. Dazu gibt es Beispiele, daß Fremdarbeiter und Kriegsgefangene nach Ende der Kampfhandlungen woanders kein Zuhause
mehr hatten und gleich hier blieben. Etwa die Hälfte der Nachkriegsbewohner waren zumeist freiwillig aus Zentralpolen gekommen, um sich eine neue Existenz aufzubauen. Schließlich wurden
Menschen aus Litauen, aus Weißrußland und vorrangig aus der Gegend um Lemberg/Lwow angesiedelt, die von Polen abgetrennt

und der Ukraine einverleibt worden waren. Darunter befanden sich
sogar Tatarenfamilien, die nicht die sowjetische Staatsbürgerschaft
annehmen wollten.

Zahlreiche Ostpolen waren nach dem sowjetischen Überfall 1939
nach Sibirien und Kasachstan deportiert worden. Auch in Vietz/
Witnica fanden über 60 Familien von ihnen nun ein sicheres Unterkommen. Im Jahre 1989 bildete sich in der Stadt der "Verband der
Sibirier", der etwa 50 Mitglieder zählt. Er erinnert mit einem Buch
und mit einer Gedenktafel in der Kirche an die Zeit der Verban-
nung unter dem Stalinismus.

In Vietz/Witnica hat vor vielen Jahren eine Persönlichkeit die
Initiative übernommen, um das Erbe auch deutscher und polnischer Geschichte gleichberechtigt zu sammeln, zu erfassen und dar-
zustellen: der Lehrer Zbigniew Czarnuch, inzwischen längst im
Ruhestand. Er ist aber nicht nur leidenschaftlicher Regionalhistoriker, sondern ebenso ein engagierter Verfechter freundschaftlicher
deutsch–polnischer Begegnungen, also der Aussöhnung.

Hier seine Biografie: Zbigniew Czarnuch wurde 1930 in dem etwa
100 Kilometer östlich von Breslau/Wroclaw gelegenen Wielun geboren. Zwischen 1952 und 1956 studierte er Geschichte an Universitäten in Posen/Poznan und Warschau/Warszawa. Die Nachkriegs-
jahre hatte er in Vietz/Witnica verbracht, wo sein Vater von 1945
bis 1948 Bürgermeister war. Dreizehn Jahre lang wirkte er als Lehrer und Schuldirektor in Grünberg/Zielona Gora. Damals machte
er sich als Journalist einen Namen in ganz Polen. Da ihm das aber
auch Gegner einbrachte, versetzte man ihn ab 1975 in die äußerste
südöstliche Region Polens. Nach vier Jahren wurde er für weitere
vier Jahre Schulleiter in Siedlce, einer kleinen Stadt zwischen Warschau und Brest.

In einem Interview des "Heimatbriefes Oststernberg" vom März
2001 ging Zbigniew Czarnuch auf seine Bestrebungen ein: "Es galt
unseren Leuten zu erklären, was für ein schreckliches privates Unrecht auch jenen geschah, die einst von hier vertrieben wurden.

Zweitens galt es ein eigenes Gefühl zur neuen Heimat zu entwik-
keln. Und da ich Lehrer und Historiker bin, halte ich gar nichts
von abstrakter, großer Geschichte, zu der man keine direkte, keine

persönliche Bindung hat. Daher war es als Geschichtslehrer von Anfang an mein Ansinnen, die Stadt und ihre Umgebung, in der ich lehre und lebe, genauer kennenzulernen, und zwar sowohl ihre Geschichte als auch ihre Gegenwart. Das sollte natürlich auch in gleichem Maße für meine hier lebenden Schüler gelten. Um nun mit ihnen ihre Heimat besser erkunden zu können, gründete ich eine Pfadfindergruppe. Darüber hinaus begann ich alles mögliche zu sammeln, was ich im Städtchen über seine Vergangenheit fand – alte Arbeitsgeräte, Firmen– und Straßenschilder, Geschirr, Werkzeug.

Und drittens schließlich – um noch mehr Authentisches über das alte Vietz und heutige Witnica zu erfahren –, knüpfte ich Verbindungen nach Deutschland, zu ehemaligen Vietzern und auch zu Landsbergern".

Besonders hervorzuheben ist Czarnuchs Einsatz für den Heimatgedanken bei seinen Landsleuten. Darüber berichtete er:

"Eines Tages klopfte eine Frau an meine Tür und fragte mich zaghaft, ob sie sich noch einmal in diesem Hause umsehen dürfe, sie habe hier als Kind gelebt. Ich bat sie einzutreten und als ich sie beobachtete, wie sie sich umsah, mit ihren Händen die Türen streichelte und ihre Augen mit wehmütiger Erinnerung durch die Zimmer streiften, da begann ich plötzlich zu erahnen, was das ist, dieses Heimatgefühl der Deutschen – was sie meinen, wenn sie Heimat sagen. Und ich erkannte, daß es für dieses Heimatgefühl im Polnischen gar keinen vergleichbaren Begriff gibt. Und so setzte ich damals ein ganz neues Wort in die polnische Sprachwelt, den Begriff "Mala Ojczyzna", was soviel heißt wie 'Kleines Vaterland', die Stätte der Kindheit bezeichnet.

Das Echo war gewaltig. Ein Streit ging durch alle Zeitungen. Ich hatte es nicht leicht, vor allem nachdem am 31. August 1983 mein Artikel erschien 'Ich stehe zum Regionalismus'. Heute aber ist die Sache ausgestanden. Meine polnischen Landsleute haben den Begriff angenommen und man spricht mittlerweile in ganz Polen vom 'Kleinen Vaterland', wenn man seinen Geburts– und Wohnort sowie auch dessen nähere Umgebung meint".

Im Jahre 1985 gründete eine Gruppe polnischer Lehrer unter Zbigniew Czarnuch die "Gesellschaft der Freunde Witnica". Zu den Zielen dieser Vereinigung gehören die Sammlung, Darstellung und Verbreitung von Wissen über die Stadt und Region, die Pflege der Denkmäler, die Verschönerung des Stadtbildes und die Verbesserung des Zusammenlebens der Bewohner. Zahlreiche Publikationen dokumentieren das, viele davon aus der Feder des Initiators.

Im Jahre 1997 entstand durch entscheidende Aktivitäten von Czarnuch der deutsch–polnische Verein "Educatio pro Europa Viadrina" mit Sitz im Schloß Tamsel/Dabroszyn, der sich mit Projekten zur Kultur, Geschichte und Geselligkeit im Raum der unteren Warthe/Warta und der mittleren Oder/Odra befasst.

Mit drei Schöpfungen hat sich der Historiker aus Leidenschaft bei Polen und Deutschen für die Zukunft Denkmäler gesetzt: mit der Heimatstube, dem Wegweiserpark und dem Chronikband "Vietz am Wege der Geschichte".

Das Heimatmuseum fand seinen endgültigen Standort im Jahre 2000 im sogenannten "Gelben Palais", der einstigen Villa Fabian aus dem Jahre 1912. Vorher war die vielfältige Sammlung zur Regionalgeschichte in der Wohnung von Czarnuch untergebracht. Ich erinnere mich noch gern daran, als wir im Frühjahr 1995 als 30–köpfige Radlergruppe dorthin fuhren und eine lebendig vorgeführte Geschichtsstunde erleben durften.

Zum Park "Wegweiser und Meilensäulen der Zivilisation" lassen wir den Gestalter selbst sprechen:

"1995 wurde auf der zentral gelegenen Grünfläche der ehemaligen Wassermühle mit Fließ und Teichen begonnen, einen Park anzulegen. Es ist eine Art Freilichtmuseum im Entstehen, das mehrere Denkmäler, Kopien von Denkmälern, sowie Kunstwerke sammelt. Die erste Sammlung umfaßt Meilensäulen und andere Entfernungsbezeichnungen sowie Wegweiserformen und Grenzsteine. Die zweite Sammlung umfaßt Meilensäulen der Zivilisation. Das sind Erfindungen aus verschiedenen Jahrhunderten. Mit Hilfe von Originalobjekten wie Räderarten, Maschinenhammer, Säulen, Masten usw. stellt man die Verbindung zur Geschichte der technischen Zivilisation zu Witnica her. Informationstafeln erläutern die Umstände und Daten einzelner Erfindungen in dieser Umgebung. So werden die Erfindungen von Dampfmaschine, Gas, Strom, Flugzeug, Telefon und anderen Errungenschaften dokumentiert.

In diesem Teil befindet sich auch das Panorama über den Verlauf des Vietzer Fließes, das im 19. Jahrhundert die Papiermühle, die Eisengießerei, mehrere Wassermühlen und das Sägewerk in Bewegung setzte – Mühlenteiche, Fischteiche und Badestellen mit Wasser versorgte.

Eine weitere Sammlung befindet sich im sogenannten Reflektionsraum, in dem über Kriege und deren verbrecherische Ideologien informiert wird. Das menschliche Drama wird genauso wie die Kriegszerstörungen Witnicas in Form einer kaputten Skulptur aus dem nahegelegenen Schloßpark Tamsel symbolisiert. Diesem Thema widmet sich auch die Ausstellung 'Ein Weg ins Nirgendwo'. Panzersperren, Bunker, Steine und Tafeln stehen als Mahnmale für diese schrecklichen Systeme.

Die Sammlung 'Im Reflektionsraum' krönt die Ausstellung 'Exodus' mit einem symbolischen Wegweiser, der sich mit dem Problem kultureller Veränderungen am Beispiel der 1945 durchgeführten Ortsumbenennungen befaßt, dargestellt in der Szenerie eines durchschossenen Baumes. An ihn wurden Ortsschilder in drei Sprachen genagelt. Wege, die vom Wegweiser wegführen, haben eingemauerte Steintafeln mit Ortsnamen. Sie verweisen darauf, woher die polnischen Siedler kamen und wohin die deutschen Stadtbewohner gegangen sind".

Der zweisprachige Bild–Text–Band "Vietz am Wege der Geschichte" bietet eine umfassende und wunderbar illustrierte Historie, eingebettet in die Entwicklung der Region. Von der Entstehung des Thorn–Eberswalder Urstromtales bis zum Jahre 2000 führt diese reichhaltige Chronik. In der Presse wurde das "prächtige Bilderbuch" als "großer Wurf" gewürdigt.

Zbigniew Czarnuch hat sich auch um die Herausgabe von Theodor Fontanes Texten zu Küstrin/Kostrzyn, Tamsel/Dabroszyn und Zorndorf/Sarbinowo aus den "Wanderungen durch die Mark Brandenburg" in polnischer Sprache und vieler anderer Publikationen verdient gemacht. Er ist ein Vorbild für heutige und für zukünftige deutsch–polnische Zusammenarbeit und menschliche Annäherung.

Woldenberg / Dobiegniew
Museum im Kriegsgefangenenlager

Auf Silbergrund eine rote golden besamte Rose
Ward je in Wälderbergen
Ein Herz mit Glut und Erz bedrängt,
Von kunstverstrickten Zwergen
Zur Form der Rose umgezwängt,
So kann auch keiner dämmen
Den Blutquell, der im Kelch ihr kocht,
Den goldnen Klöppel hemmen,
Der unerschöpften Herzschlag pocht.

Dies Zeichen ward beschieden,
Uns immer klagend anzusehn,
Auf unsere falben Frieden
Die roten Tropfen herzuwehn,
In unsre lauen Zonen
Zu springen mit dem heißen Schlag,
An unserm Haus zu wohnen
Und mitzuleiden unsern Tag.

Gertrud Kolmar
Wappen von Woldenberg (Auszug)
Aus: "Preußische Wappen" 1934

Das von der 1894 in Berlin geborenen und seit 1943 in einem faschistischen Konzentrationslager verschollenen jüdischen Lyrikerin
Gertrud Kolmar beschriebene Woldenberger Wappen ist für eine

märkische Stadt eher ungewöhnlich. Es wird weder durch den brandenburgischen Adler geziert noch durch ein Symbol der Landschaft oder Wirtschaft.

Tatsächlich gab es vom 14. bis zum 16. Jahrhundert ein Stadtsiegel, auf dem hinter einem vergitterten Feld vier Adlerköpfe zu sehen sind. Auf einer Urkunde von 1624 findet sich dann schon das Siegel, auf dem "ein bereits der Rose ähnliches Gebilde mit stark hervortretendem Mittelstück" abgebildet ist.

Auch die Gerichtssiegel zeigen die Rose, seit dem Ende des 18. Jahrhunderts auf Amtssiegeln zusätzlich mit dem preußischen Adler, fliegend dargestellt und ausgestattet mit Zepter und Reichsapfel.

Woldenberg/Dobiegniew ist zwar keine Rosenstadt wie Forst, das hübsche und für die Liebe stehende Wahrzeichen ist aber von der Bevölkerung gern angenommen worden. In einer Sage heißt es sogar, daß Woldenberg/Dobiegniew einst den Namen Rosenberg führte. Tatsächlich hatte sich die Flurbezeichnung Rosengarten bis 1945 erhalten, und es gab auch eine Rosengasse.

Der Geschichtsforscher Paul von Nießen hat im Jahre 1893 eine ausführliche "Geschichte der Stadt Woldenberg" herausgegeben. Wir dagegen müssen uns mit einem kurzen historischen Abriß begnügen:

Funde belegen eine vorgeschichtliche Besiedlung von der jüngeren Steinzeit an. Außerdem wurden in der Umgebung der Stadt Reste von Pfahlbauten geborgen. Hier ließen sich Menschen nieder, weil die Lage zwischen Seen und sumpfigen Niederungen sowie an Handelsstraßen wirtschaftlich und strategisch günstig war.

Um das Jahr 1250 wurde der Ort als Dubegneve erstmalig urkundlich erwähnt, als der polnische Herrscher die Siedlung samt ihrer Umgebung dem Zisterzienserorden schenkte. Man vermutet, daß seinerzeit auch eine Burganlage bestand.

Bald darauf kam das Gebiet vertraglich in brandenburgischen Besitz. Der askanische Markgraf übergab 1286 den Zisterziensern weitere Ländereien. Das führte zur Gründung des Klosters Marienwalde/Bierzwnik in der Nähe von Woldenberg/Dobiegniew. Dort lohnt sich noch heute die Besichtigung der teils restaurierten oder freigelegten Anlagen.

In der Folgezeit waren die Markgrafen mehrmals in der Stadt zu Gast und schlossen hier Verträge ab, unter anderem im Jahre 1303 mit dem Bischof von Cammin/Kamien Pomorski.

Seit 1333 trug der Ort den Namen Waldinborg. Während der Herrschaft des Deutschen Ordens ab 1402 wurde die Stadt 1433 von den Hussiten zerstört. Ab 1455 unterstand Woldenberg/Dobiegniew dem brandenburgischen Landesherrn direkt.

Durch Brände ist die Bausubstanz bis 1710 mehrmals vernichtet worden. Im 18. Jahrhundert kam es zur Erweiterung des Marktplatzes und zur Begradigung der Straßen. Von der mittelalterlichen Stadtmauer mit ihren insgesamt 37 Weichhäusern blieb dadurch kaum etwas übrig.

Die Kreuzung an traditionellen Handelsstraßen war ein wertvoller wirtschaftlicher Faktor. Daneben lebten die Menschen früher hier vom Ackerbau, von der Viehzucht sowie vom Tuchmacherhandwerk. Außerdem gab es Mühlen, eine Ziegelei, ein Sägewerk, eine Faßfabrik sowie den Fischfang.

Im Jahre 1829 wurde die Chaussee von Berlin nach Ostpreußen, die spätere bekannte Reichsstraße 1, bis Woldenberg/Dobiegniew, ausgebaut. 1847 erfolgte der Anschluß an die Eisenbahnstrecke von Stargard/Stargard Szcz., die zwei Jahre später bis Kreuz/Krzyz verlängert wurde.

Woldenberg/Dobiegniew zählte 1939 etwa 5.300 Einwohner und war ein typisches märkisches Ackerbürgerstädtchen.

Am Kriegsende im Jahre 1945 wurde der Ort zu etwa 85 Prozent zerstört. Bis in die heutige Zeit sind diese furchtbaren Lücken nicht zu übersehen.

Renate Brandes–Korn hat damals Tagebuch geführt und folgendes aufgezeichnet:

"Als wir an den Postberg kamen, der in die Stadt hineinführt, blieb uns das Herz stehen. Rauchende Trümmer, geschwärzte Essen, Verwüstung und Zerstörung überall. Auf den Straßen ein heilloses Durcheinander: Wäschestücke, zerschlagene Möbel, Hausrat aller Art, und mitten auf dem Damm ein dunkler Fleck, der einmal ein Mensch gewesen war. Panzer hatten zerwalzt, was einmal Form und Leben gehabt.

Oben am Postberge – die gleiche Zerstörung. Wir mußten uns einen Weg bahnen, um die Stadt zu erreichen. Und mit Mühe nur fanden wir zu unserem Hause, zu unserem lieben Haus. Ach, ausgebrannt auch hier die Wände, schwarz die Fenster, und nun liefen mir noch die Tränen, und auch Rosemarie schluchzte zum Steinerweichen.

Wir gingen in den Garten, in dem wir so oft in froher Sommerzeit gesessen, – verbrannt, abgehackt, zersplittert die Bäume, zerschlagen die Bienenkästen, die Bienen haufenweise erfroren im Schnee, ein Bild des Jammers. Nur der Keller war noch einigermaßen erhalten, wenn auch alles von unten nach oben gekehrt.

Hilflos und bis in den Tod traurig standen wir drei wieder auf der Straße. Indem kam ein russischer Soldat auf uns zu und bedeutete uns barsch, ihm zu folgen. Wir gingen willig mit ihm, denn wohin sollten wir sonst? Er führte uns durch die Stadt, und überall sahen wir die gleiche Zerstörung. Rauch und Trümmer überall und ein schreckliches Durcheinander. Die ganze Innenstadt war ein einziger Brandherd, schwelend, qualmend, der Verwüstung grausames Bild...

Juni 1945: Es ist ein heißer Sommer mit strahlend blauen Tagen ins Land gezogen. Oft sitze ich auf dem erlenbebuschten Hügel neben der Mühle, von dem man weit ins schöne Land blicken kann; sehe den schmalen Feldweg entlang, den wir in besseren Tagen zu Feiertagen oft gewandert, und über mir trillern die Lerchen...

Ich weiß, seit einigen Tagen läuft unter uns Deutschen das Gerücht, daß hier unsere Bleibe nicht mehr lange sein wird. In einigen Dörfern der Umgebung sind schon, ganz plötzlich und ohne Ankündigung, ostpolnische Bauern angekommen. Da mußte die restliche deutsche Bevölkerung ebenso plötzlich das Feld räumen.

Mir schnürt sich das Herz zusammen, denn es ist doch unsere Heimat. Ich habe vorsorglich unser Wägelchen bereitgestellt, habe es mit dem Wenigen beladen, das wir wohl mitnehmen dürfen, mit Bett, Topf, Tasse und Löffel, und das werden sie uns wohl nicht wegnehmen. Meine zwei Kleider trage ich immer noch am Leibe, und unter den Kleidern will ich dies Heft verstecken.

In die Betten habe ich eingenäht, was ich damals am Straßenrand fand; Papiere meines lieben Mannes und meines Sohnes – so ist für den Aufbruch vorgesorgt. Und nun ist es soweit. Als letzte Deutsche verlassen wird unsere Heimat, das gepeinigte, vertraute und verratene Land...

Ich sitze auf einem Baumstamm vor einem verlassenen Bauernhaus, in dem unser Treck für eine Nacht untergekommen ist. Glutrot geht hinter dem Walde die Sonne unter, daß es aussieht, als brenne das ganze Land. Um ein loderndes Feuer sitzen und kochen todmüde unsere Leute, manche schliefen gleich ein, und das ist kein Wunder, haben wir doch heute mit unseren kranken, ausgemergelten Körpern immerhin an die zwanzig Kilometer geschafft...″

Außerhalb von Woldenberg/Dobiegniew, nahe an der Chaussee in Richtung Friedeberg/Strzelce Krajenskie, befinden sich noch immer einige der Baracken des früheren Kriegsgefangenenlagers. In ihnen wurde zur Erinnerung an das Lager für polnische Offiziere während des Zweiten Weltkrieges ″OFLAG II C Woldenberg″ ein Museum eingerichtet. Insgesamt gab es zwölf solcher Lager für die etwa 18.000 Offiziere, die nicht zur Arbeit herangezogen werden durften. Das wurde sogar von den faschistischen Machthabern eingehalten.

Die Ausstellung in den authentischen Räumen zeigt, wie man untergebracht und bekleidet war und welche Möglichkeiten der unterhaltenden, sportlichen, kulturellen und weiterbildenden Betätigungen es gab.

In einem Bericht des Internationalen Roten Kreuzes in Genf hieß es nach einer Visite: ″Woldenberg von 1942 bis 1945 mit etwa 6.000 polnischen Offizieren besaß eine Bibliothek, die sich von 10.000 auf 23.000 Bände erweiterte. Eine gut organisierte Universität mit sechs Vorlesungssälen und einem Raum für wissenschaftliche Arbeiten ermöglichte einen vielseitigen Unterricht und Kurse für Fremdsprachen″.

Diese Lageruniversitäten bestätigte ein ehemaliger polnischer Kapitänleutnant, später Professor in den USA, der selbst vor den Gefangenen Vorlesungen gehalten hatte. Die Kurse wurden nach dem Krieg beim Weiterstudium an polnischen Universitäten bestätigt und angerechnet.

Für sich und seine Kameraden stellte später einer der Offiziere fest: ″Es waren gewiß keine erfreulichen Jahre in der deutschen Gefangenschaft. Aber wir können nicht genug der göttlichen Vorsehung danken, daß wir nicht in russische Hände fielen und nach Katyn kamen". Dort waren zu Beginn des Krieges über 4.000 polnische Offiziere ermordet worden.

Die Gefangenen durften monatlich zwei Postkarten und einen Brief an ihre Angehörigen schreiben, außerdem Pakete mit Textilien oder Lebensmittel bis zu einem Gewicht von fünf Kilogramm in Empfang nehmen.

Im Museum gibt es weitere Informationen zur Stadtgeschichte.

Bei einem meiner Fahrrad–Besuche in Woldenberg/Dobiegniew lernte ich per Zufall eine junge Lehrerin kennen, die ihre Abschlußarbeit über Woldenberg geschrieben hatte. Sie sprach ausgezeichnet deutsch, interessierte sich für die Geschichte ihrer Heimat. Das merkte ich schnell und schenkte ihr den neumärkischen Sagenband meines Großvaters, der ja auch Geschichten aus dieser Region enthält. Die Freude war groß.

Meine Großmutter mütterlicherweits stammte aus Woldenberg/ Dobiegniew. Hier war sie als Tochter von Ackerbürgern im Jahre 1877 geboren. Vor der Jahrhundertwende lernte sie meinen Großvater kennen, der zu dieser Zeit auf dem Lehrerseminar in der nahen Kreisstadt Friedeberg/Strzelce Krajenskie studierte.

Wenig später ließen sich beide in Lippehne/Lipiany nieder, wo der junge Pädagoge eine feste Lehrerstelle erhielt. Von dort aus haben dann mein Bruder und ich gemeinsam mit der Oma das Schicksal der Vertreibung erlebt.

Mit der Großmutter lebten wir danach zusammen, bis sie hochbetagt verstarb. Sie hatte mir mancherlei Begebenheiten und Eindrükke von ihrer Heimat vermittelt. Und sie war die einzige, durch die ich noch neumärkisches Platt mitbekam.

Daran mußte ich jedes Mal denken, wenn ich mit dem Fahrrad allein oder in der Gruppe durch Woldenberg/Dobiegniew kam. Rast und Rundfahrten wurden dort jedes Mal eingelegt, aber zum Übernachten suchte man Orte in der Umgebung auf.

Bei Sommergästen war die Umgebung der Stadt früher sehr beliebt. Deshalb nun noch ein Werbetext, der aus der Zeit um 1930 stammt:

"Woldenberg (Neumark) ist mit seiner reichen Seen– und Waldlandschaft für Erholungsbedürftige und Fremde ein angenehmer Aufenthaltsort. Ausflüge mit dem Postauto nach dem idyllisch gelegenen Freischütz mit Badegelegenheit und herrlichen Waldspaziergängen sowie Ausflüge mit der Bahn nach Augustwalde in die Buchenwaldlandschaft, ferner die Grapower Schweiz, inmitten herrlicher Kiefernwaldungen gelegen. Für Paddelbootbesitzer die Dragelandschaft, die schönen Buchen– und Eichenbestände bei Marzelle. Als ganz besonders romantische Gegend ist zu erwähnen das Naturschutzgebiet am Barenortsee, bei Werder und Steinbusch. Nicht zu vergessen Langsteerofen mit dem Kleinen und dem Großen Lubowsee inmitten reicher Kiefernwaldungen.

Der Ort Woldenberg ist durch die günstigen, vielseitigen Verkehrsverbindungen als Ziel für Wochenendfahrten sehr geeignet".

Alle genannten Landschaftsidyllen findet man natürlich auch heute noch vor. Nur sind sie von Deutschland aus mit öffentlichen Verkehrsmitteln nicht mehr so gut zu erreichen. Ein eigener fahrbarer Untersatz ist günstig, und mit dem Fahrrad gelangt man bis in die letzte Ecke.

Zantoch / Santok
Polnisches und deutsches Troja

Abgeriegelt im Westen vom Lauf der Warthe, im Norden vom neumärkischen Höhenzuge, im Süden von den Ausläufern des damals Posener Höhenlandes, im Osten von der etwa bei Guscht von beiden Seiten herabhängenden Höhen ist das Gebiet der Netzemündung eine landschaftlich fest eingegrenzte Region.

In seiner Mitte von der Netze durchschnitten, durchkreuzt von toten Flußarmen, verlandenden Teichen, Moor– und Torfbrüchen; an den Seiten ausgefüllt von allmählich ansteigenden Äckern und

Wiesen; übergehend in Brache, Sandboden und Wald. So bietet das in Rede stehende Land pflanzlich drei großen Genossenschaften der deutschen Pflanzenwelt eine Heimat. Wiesenmoore, Acker und sonnige Hügel sind die Standorte der verschiedensten Kinder der Flora und Fauna.

Selten findet man auf einem so engen Gebiet Lebensbedingungen für soviel verschiedene Ansprüche stellende Pflanzen. Selten aber ist auf jedem der drei Gebiete auch eine solche Fülle seltener Gewächse zu finden als gerade hier.

Das wird zum Teil gewiß seinen Grund in der Abgeschlossenheit der Landschaft, zum Teil seinen Grund auch darin haben, daß weite Flächen durch Jahrhunderte, ja durch Jahrtausende hindurch sich in demselben oder einem dem heutigen wenigstens sehr ähnlichen Zustände befanden.

Der Wald war immer Wald, der Acker immer Acker, Wiesen und Moore waren immer dieselben, denn eine andere Bodennutzung ist, wie heute, immer unmöglich gewesen.

Johannes Koeppen

Botanische Streifzüge an der Netzemündung (Auszug)

Aus: "Landsberger Generalanzeiger.

Beilage: Die Heimat" 6. April 1923

Noch immer bietet sich die Landschaft an der Mündung der Netze/Notec in die Warthe/Warta bei Zantoch/Santok mit ihrer vielfältigen Tier- und Pflanzenwelt so dar, wie sie der Volksschullehrer des geschichtsträchtigen Dorfes einst bewandert, beobachtet und beschrieben hat.

Herrlich überschaubar ist die Niederung, wenn der Blick von der Aussichtshöhe mit dem Turm über sie hinwegschweift. Oft steht über den Winter hindurch die weite Bruchfläche unter Wasser. Nur vereinzelte Baumgruppen und die dammartig angelegte Straße nach Pollychen/Str. Polichno lugen aus einer riesigen Seefläche hervor. Das kann man dann noch im April so erleben. Nun muß aber die Feuchtigkeit langsam weichen, sonst bekommen die Landwirte Probleme mit der Bewirtschaftung.

Besonders poetisch hat der Journalist und Schriftsteller Paul Dahms seine Eindrücke von der Flusslandschaft aufgezeichnet. Er galt als der "ostmärkische Löns" und schrieb in seinem um 1930 erschienenen Buch "Buntes aus Bruch und Heide":

"Von Zeit zu Zeit hat aber das Bruch auch seine Tücken und zwar dann, wenn von Netze und Warthe Hochwasser gemeldet wird. Dann tritt das Wasser über die Ufer, bricht sich gewaltsam Bahn und überflutet Wiesen und Felder. Dann ist das breite Bruch ein Meer, aus dem die kleinen Dörfer und Ansiedlungen und einzelne Gehöfte wie Inseln ragen. Dann muß der Bruchbauer Pferd und Wagen feiern lassen. Er muß das Boot losketten, wenn er aufs Feld, zum Kaufmann oder hinüber zum Nachbarn will.

Die Stauung kommt, wo sich Netze und Warthe den Schwesternkuß geben, aber nicht zum friedlichen Zusammenlauf der Mutter Oder entgegen. Im Fremdland haben die zwei Schwestern Zucht und Sitte verlernt. Sie kommen als schlecht erzogene Kinder daher, schlagen wild ihre Wellen gegeneinander, gebärden sich wie ungezogene Rangen und schäumen auf in tollem Übermut. Sie springen über die flachen Ufer. Ja, sie scheuen selbst Deiche und Wälle nicht, tummeln sich durch die Gräben, lassen sie überlaufen und tanzen nun rauschend über die Wiesen, weit, weit in das Bruch hinein! Wenn Warthe und Netze, aus dem polnischen Winter kommend, so wüten im Bruch, haben sie gar nichts Mädchenhaftes mehr an sich, ist es mit ihrer wiesenumrankten Romantik vorbei..."

Genau in der genannten Mündung der Netze/Notec in die Warthe/Warta liegt das langgestreckte Straßendorf Zantoch/Santok. Es konnte sich nur in einem Seitental nach Norden hin ausbreiten, denn sonst blieb lediglich ein schmaler Streifen zwischen den Flüssen und einem Höhenzug für die Anlage der Gehöfte. Einzig die Gleise der Bahnstrecke wurden dazwischengezwängt.

Im September 1997 beging Zantoch/Santok den 1300. Jahrestag seines Bestehens und das 900. Jahr der ersten urkundlichen Erwähnung. Das Dorf gilt als der älteste Ort Polens, und dementsprechend lag der Schwerpunkt der Feierlichkeiten auf der polnischen Zeit.

Es wurde aber auch des Bischofs Otto von Bamberg gedacht, der im Jahre 1124 von der Warthefurt aus aufbrach, um die noch heid-

nischen Pommeranen zu bekehren. Schließlich tat er das im Auftrag des polnischen Herrschers.

In einer deutschen Zeitung hieß es zum Jubiläum am 5. September
1997: "Zantoch war viele hundert Jahre lang eine der wichtigsten
polnischen Burgen an der Grenze zur Mark Brandenburg".

Die vorher unter anderem mit Funden von den Wikingern nachge-
wiesene germanische Zeit und die danach deutsche werden einfach
unterschlagen.

An der Stelle der sogenannten Schanze, die nur mit Kahn oder
Fähre über die Warthe/Warta zu erreichen ist, ergaben nämlich
gründliche Ausgrabungen um das Jahr 1932 folgende Ergebnisse,
nachzulesen im "Handbuch der historischen Stätten Deutschlands,
10. Band: Berlin und Brandenburg":

"Es wurden 12 aufeinander folgende Burgen nachgewiesen. Sie ließen sich in 3 Gruppen untergliedern. Die Burgen 1–5 waren slawisch, die Burgen 6–9 frühdeutsch und die Burgen 10–12 spätmit-
telalterlich. War die slawische Burg 1 nur durch eine Palisade geschützt, so wurden die nachfolgenden Anlagen von Graben und
Wall umgeben. Die stärkste Befestigung wies Burg 4 auf, während
Burg 5 schon aus der Verfallszeit stammt. Burg 1 datiert vermutlich in die Mitte des 10. Jahrhunderts, die Besiedlung der Phase 5
muß in den Anfang 13. Jahrhundert gesetzt werden.

Die frühdeutschen Anlagen nahmen nicht mehr das gesamte Burg-
gelände ein, beschränkten sich vielmehr auf den Bereich der kleinen Herrenburg. Erstmalig bei Burg 8, die vermutlich unter Markgraf Otto V. angelegt wurde, ist Stein verwendet worden.

Gewinnt man schon bei den frühdeutschen Anlagen den Eindruck, daß es sich um Turmburgen handelt, so dürfte dies auf die
späteren Burgen des 14. und 15. Jahrhunderts mit Sicherheit zutref-
fen. Fast alle Befestigungen wurden gewaltsam zerstört.

Nach 1945 haben sich polnische Historiker und Archäologen sehr
darum bemüht, die geschichtliche Entwicklung des Burgortes zu
erforschen. An den Wallanlagen der Schanze wurden Relikte aus alter Zeit aufgestellt, und es gibt im Ort ein Museum.

Archivleiter Dariusz Rymar aus Landsberg/Gorzow hat sogar in
der Zeitschrift "TRAKT" im November 1995 einen Artikel in

deutscher Sprache veröffentlicht. Darin lesen wir unter anderem:
"Die ältesten Spuren von Ansiedlungen auf dem Gelände des heutigen Ortes stammen aus der Römerzeit. Doch der Beginn Santoks fällt in das ausgehende VII. Jahrhundert, denn aus dieser Zeit gibt es die ältesten Funde einer befestigten Siedlung. Dieses erste Dorf verbrannte um das Jahr 965. Es wurde wieder aufgebaut... Die Beschreibung von den Kämpfen am Santok in den Jahren 1097–1099 ist in der Chronik 'Gall Anonim' zu finden, in der Santok als Wachturm und Schlüssel des polnischen Königreiches bezeichnet wurde. Aus dieser Chronik wissen wir auch, daß die Pommern ihre Ansiedlung gegenüber dem polnischen Ort bauten. Es gab damals also zwei Niederlassungen: eine polnische in der Flußgabelung Netze/Warthe und eine pommersche auf dem nördlichen Ufer der Warthe...

Zu Beginn des XIII. Jahrhunderts gehörte Santok den Fürsten Großpolens. Ab 1234 kam es zum Herrschaftsbereich der schlesischen Fürsten, um dann im Jahre 1247 erneut zu Großpolen zu gehören. Im Jahre 1251 griff der pommersche Fürst Barnim Santok an. Da er die Burg nicht einnehmen konnte, baute er auf der anderen Seite der Warthe eine eigene Ansiedlung.

In den fünfziger Jahren des XIII. Jahrhunderts stellten die Brandenburger Markgrafen Ansprüche an die Gelände nördlich der Netze und Warthe, Santok einbezogen. Anfangs gelang es, die Gebietsansprüche beizulegen. Man trat den nördlichen Teil der Santoker Burg ab, aber gleichzeitig war damit die Hochzeit Konstanzes, der Tochter des Fürsten von Großpolen mit Konrad, dem Sohn des Markgrafen Johann I. verbunden. Die Vermählung fand im Jahre 1260 in Santok statt. Doch in den folgenden Jahren kam es zu einer Reihe von Streitigkeiten und Konflikten zwischen den Fürsten Großpolens und den Markgrafen, deren Ziel es war, die Grenzdörfer zu erobern und zu besitzen, darunter auch Santok. Das Ringen endete im Jahre 1296, als nach dem Tode des Königs Przemyslaws II. die Markgrafen Santok endgültig einnahmen".

Kurz gesagt, hatte Brandenburg das Gebiet um Zantoch/Santok im Jahre 1260 vertraglich als Mitgift erhalten. Das konnten die nachfolgenden großpolnischen Herrscher nicht verschmerzen, und sie versuchten mehrmals Eroberungen dieser Schlüsselstellung.

Selbst ein Kastellan von Zantoch/Santok wurde in Polen bis zum Ende des 18.Jahrhundert ernannt, obwohl es diesen Titel nur noch pro forma gab.

Fast in der Mitte des Dorfes fällt neben der Straße ein schmucker Turm im Fachwerkbau auf. Er gehörte einst zur Kirche. Als aber im Jahre 1857 die Eisenbahnstrecke angelegt wurde, war das Kirchenschiff im Wege. Die Trasse zu verändern, das war wegen des Bergrandes nicht möglich. So musste das Gotteshaus weichen und wurde im Nebental neu errichtet. Schon sollte der längst nutzlos gewordene Turm auch abgerissen werden. Aber man besann sich eines besseren und restaurierte im Jahre 1993 dieses historische Denkmal.

Bereits 1992 war eine ganze 28–seitige Ausgabe von "TRAKT" in polnischer Sprache in Wort und Bild Zantoch/Santok gewidmet. Darin wird auch ein Artikel von 1933 des deutschen Archäologen Wilhelm Unverzagt nachgedruckt, außerdem ein Aufsatz über den "Verein für Geschichte der Neumark", der zur deutschen Zeit gewirkt hat.

Aber Zantoch/Santok wird als "Polska Troja", also nur polnisches Troja, hervorgehoben. So wie wir Deutschen die etwa sechs Jahrhunderte während slawische Besiedlung in der Neumark anerkennen, sollten ebenso die Polen nicht die deutsche Zeit versuchen wegzuleugnen.

Die These vom "urpolnischen Land" aus sozialistischer Zeit hat sich sowieso überlebt. Dafür brauchen wir gar nicht mehr die Gegenthese von einem "urgermanischen Land" der Wikinger, Burgunder und Wandalen vor den Polanen und den Pomeranen hervorzuhenben.

Die Zukunft sind unsere beiden Länder in Europa vereint und man sollte sich bald gemeinsam an den Geschichtsdenkmälern aller Zeiten erfreuen. Und um Zantoch/Santok herum, dem polnischen wie deutschen Troja, kommt noch eine herrliche urwüchsige Landschaft hinzu...

Zehden / Cedynia
An den Karpaten des Nordens

Diese Karte, liebes Kind,
Zeigt Dir's Städtchen Zehden,
Recht viel schönes Du hier find'st, Gefallen muß es jedem.

Stehst Du hier auf Bergeshöh',
Oder drunt' im Thale,
Glaub', ich freu mich nicht allein,
Nein, sie freu'n sich Alle.

Diese traute Heimlichkeit,
Dieses Quellenrauschen,
Menschenherz, o kehr' hier ein,
Laß uns Worte tauschen.

Denk' hier der vergang'nen Zeit
Horch' der frohen Lieder,
Hast Du einmal hier geweilt,
Weiß ich. – Du kommst wieder.

Grüße aus Zehden
Text von A. St. auf einer Ansichtskarte: "Totalansicht"
Verlag von Arthur Stockmann, Zehden (ohne Datum)

Viele Abschnitte des Odertales sind von landschaftlicher Schönheit, darunter jener an der Flußschleife bei Hohenwutzen, wo sich
gegenüber am anderen Ufer der westlichste Punkt des polnischen

Staates befindet. Hier verläuft ein Höhenzug des Baltischen End-
moränenbogens, nur unterbrochen von dem nordwärts der Ostsee
zustrebenden Strom.

Etwa zwölf Kilometer vom Grenzübergang entfernt ist das Städt–
chen Zehden/Cedynia erreicht. Dabei haben wir neben uns ständig linkerhand die Weite von Bruchwiesen mit den Berghängen bei
Bellinchen/Bielinek sowie des Forstes von Peetzig/Piasek am fernen Horizont und rechts die sich bis zu siebzig Meter über dem
Meeresspiegel erhebende Hügelkette.

Bereits Reiseführer um 1900 bezeichneten Zehden/Cedynia als ein
"malerisch gelegenes, altes Bergstädtchen". Ein anderer historischer
Touristenführer spricht davon, daß "vor der Regulierung des Stol-
per Bruchs", auch Zehdener Bruch genannt, als noch ein Oderarm
an der Stadt vorbeifloß, diese im Vergleich zu anderen in der weiteren Umgebung "ein bedeutender Ort" gewesen sei.

So nimmt es nicht Wunder, daß eine bestimmt fast so alte Ansichtskarte ein Hohelied auf die abwechslungsreiche stille Gegend
rund um den Ort mit seinen damals rund 1.600 Einwohnern singt.

Der Verfasser war allem Anschein nach der Verlagsleiter und somit
Hersteller des Werbeproduktes Arthur Stockmann selbst. Diese
Verse bieten zwar keine literarischen Höhepunkte, sind aber eines
der vielen Beispiele dafür, wie die Neumärker ihre Heimat geliebt
und geehrt haben und das auch in Gedichten und Liedern aus-
drückten. Freude und Begeisterung galten der Landschaft und Natur, den Tieren und Menschen.

Die Geschichte bleibt allerdings oft, wie auch in unserem Beispiel,
außen vor. Was aber die Historie von Zehden/Cedynia betrifft, so
finden wir gerade hier ein Paradebeispiel dafür vor, daß Ereignisse
der Vergangenheit wie auch das Wirken von Persönlichkeiten in
vielen Fällen falsch oder übertrieben dargestellt werden. Vor allem,
wo eindeutige Quellen fehlen, da interpretiert man Geschehnisse
so, wie man sie aus seiner Sicht gern haben möchte.

Für eine Schlacht bei Zehden/Cedynia im Jahre 972 gibt es sogar
drei Varianten der Historiker: den Sieg des Markgrafen von Meißen; den Sieg des Herzogs von Polen bzw. die Schlacht fand gar
nicht statt. Wem soll man nun Glauben schenken?

Im "Wanderbuch für die Mark Brandenburg" von Professor Dr. E. Albrecht, dritter Teil, lesen wir in der mir vorliegenden sechsten Auflage von 1907: "Bei Zehden siegte der Markgraf Udo über den Polenherzog Mieczyslaw". Gemeint ist Mieszko I.

Ein weiteres Wanderbuch aus dieser Zeit ist nicht so eindeutig und führt aus, daß die beiden mit ihren Heeren gegeneinander kämpften, nennt aber keine Sieger. Udo, auch Hodo genannt, war der damalige Markgraf von Meißen, der "Sächsischen Ostmark".

Wie es in "Das Sternberger Land im Wandel der Zeiten" von 1988 heißt: "trat der Pole wie ein kaiserlicher Vasall auf und wandte sich u.a. gegen Markgraf Hodo, der gegen den Kaiser rebellierte und schlug ihn 972 bei Cidini (Zehden?)".

Das ist eine Version, die zwar nicht den Kampf anzweifelt, aber den Austragungsort – und zudem den anderen Kontrahenten zum Sieger erklärt. Hier hört es sich sogar so an, als seien die Polen die Angreifer gewesen!

Das in Polen gedruckte und verkaufte deutschsprachige Informationsheft "Cedynia Siekierki" aus dem Jahre 1978 übernimmt die polnische Geschichtsauffassung:

"Die wehrhafte Burg in Cedynia hat in unserer Geschichte eine wichtige Rolle gespielt. Das geschah im Jahre 972, als gerade hier Mieszko I. die Heerscharen des Markgrafen Hodo vernichtend schlug und in der Geschichte der polnischen Waffen den ersten Sieg über die deutschen Eindringlinge davontrug".

Dann bezieht man sich mit folgendem Wortlaut auf den Geschichtsschreiber Thietmar von Merseburg (975–1018): "Indessen sammelte der ehrenwerte Markgraf Hodo seine Streitkräfte und überfiel mit ihnen Mieszko, der dem Kaiser treu war und den Tribut bis zum Warthefluß entrichtete. Dem Markgrafen zur Hilfe eilte zusammen mit den seinigen mein Vater, Graf Siegfried, damals ein Jüngling und noch nicht verheiratet.

Als sie am Tage des heiligen Johannes des Täufers mit Mieszko zusammenstießen, siegten sie vorerst, aber danach bereitete ihnen, in der Ortschaft genannt Cedynia, sein Bruder Czcibor eine Niederlage, wobei alle besten Ritter den Tod fanden, mit Ausnahme der genannten Grafen.

Der Kaiser, tief durch die Nachricht von der Niederlage bewegt, entsandte schnellstens Boten, durch welche Hodo und Mieszko Befehl erhielten, unter Androhung des Verlustes seiner Gnade so lange Ruhe zu bewahren, bis er persönlich an Ort und Stelle eintreffe und die Angelegenheit untersuche".

Von deutschen Historikern wird bestritten, daß Thietmars Bericht in allen Punkten zutreffend sei. Sein Text weise nicht nach, daß mit Cidini Zehden/Cedynia gemeint ist, daß es sich um eine wichtige Schlacht gehandelt habe und daß der Kaiser anschließend vor Ort war, um die Auseinandersetzung zu schlichten.

Selbst in Publikationen der DDR wie "Zwischen Hradschin und Vineta" von Joachim Herrmann (1971) fehlen Hinweise auf die Schlacht und den Ort. Bei eindeutigen Quellen hätte dieses Ereignis keinesfalls gefehlt, paßte es doch gut zum sozialistischen Geschichtsbild. Auch in deutschen Standardwerken über die Entwicklung brandenburgischer Gebiete wird das Datum 972 einfach ausgelassen.

Nur im "Handbuch der historischen Stätten. 10. Band: Berlin und Brandenburg" finden wir in drei Auflagen bis 1995 den Vermerk: "Nicht ganz sicher ist es, ob der 972 genannte Ort Cidini, bei dem Markgraf Hodo und Graf Siegfried (v. Walbeck) eine Niederlage durch die Polen erlitten, mit Zehden identisch ist".

Als Laie fragt man sich, wie es zu solch unterschiedlichen Auffassungen überhaupt kommen kann. Wahrscheinlich gibt es keine sicheren zeitgenössischen Aufzeichnungen, denn Thietmar wurde erst 975 geboren und über die Kampfhandlungen an der Oder wurde nur mündlich berichtet. Ähnlich wie bei Sagen, weitete wohl jede Seite das Geschehen in ihrem Sinne aus.

Davon sollte man sich nicht beeinflussen lassen, auch wenn in Zehden/Cedynia ein Regionalmuseum, auf dem Burgberg am nördlichen Stadtrand Palisaden, Mauerfragmente und eine Inschrift sowie wenige Kilometer westlich auf dem sogenannten Czcibor–Berg das mächtige 1972 eingeweihte Denkmal einschließlich dem Mosaikbild unterhalb vom Hügel an die vielleicht gar nicht hier stattgefundene Schlacht erinnern.

Schriftlich erwähnt wurde Zehden/Cedynia im Zusammenhang

mit einem Kastellan de Zedin erstmalig wahrscheinlich im Jahre 1187. Das läßt auf eine damals bestehende pommersche Burg schließen. Ein "Land Zehden" fand im 13. Jahrhundert mehrfach Erwähnung. Es kam um das Jahr 1250 an die askanischen Markgrafen Brandenburgs, und zwar im Zusammenhang mit der Erwerbung des Landes Lebus von einem schlesischen Piastenzweig, der bis hierher sein Machtgebiet ausgebreitet hatte.

Im Jahre 1278 legten Zisterziensernonnen in Zehden eine Niederlassung an. Aus ihren Besitzungen wurde im Jahre 1555 das kurfürstliche Amt Zehden.

Die Siedlung städtischen Charakters entwickelte sich jedoch nur schwach weiter. Sie hatte keine strategische und handelspolitische Bedeutung mehr wie in den Jahrhunderten zuvor. Man lebte vorwiegend von Land– und Forstwirtschaft sowie vom Fischfang. So war dem Ort jahrhundelang ein Schattendasein beschieden. Um 1700, noch als Auswirkung des 30–jährigen Krieges, gab es nur 74 Bürger. Um 1800 zählte das Städtchen 947 Einwohner. Etwas Aufschwung brachte die Lage an der nach 1850 errichteten Straße von Bad Freienwalde nach Königsberg (Neumark)/Chojna mit sich.

In der polnischen Zeit nach dem Zweiten Weltkrieg hat sich Zehden/Cedynia kaum erweitert und nicht wesentlich verändert. Ein Besucherstrom stellte sich allerdings ein, denn der Ort wurde zu einem Zentrum der sogenannten "Region des nationalen Gedenkens". Obwohl die übersteigerte Glorifizierung der Schlacht von 972 nicht gutzuheißen ist, so führte sie doch viele Polen und vor allem junge Menschen zu den Aussichtshöhen auf den "Cedynia–Karpaten" und machte sie mit der abwechslungsreichen, weiträumigen Landschaft an der Oder bekannt.

Das Gebiet direkt am östlichen Oderufer nördlich von Küstrin/Kostrzyn war mir früher unbekannt, wurde also zu einer echten Neuentdeckung. An einem schönen Sommermorgen des Jahres 1991 machte ich mich von Fiddichow/Widuchowa aus mit dem Fahrrad in Richtung Zehden/Cedynia auf den Weg. Das Städtchen mit seiner Hanglage machte dann sofort auf mich einen sympathischen Eindruck. Die erste Rundfahrt führte mich auf den Burgberg, zu den Klosterruinen und auf den ehemaligen Bismarckturm mit den herrlichen Fernsichten. Dann besuchte ich das Museum gleich neben dem Rathaus. Der Museumsleiter zeigte mir sehr freundlich und eifrig nicht nur die Ausstellungsexponate, sondern auch die Schätze seiner Bibliothek.

Nach der Stadtvisite konnte ich mich im Freibad südlich von Zehden/Cedynia erfrischen. Dann setzte ich die Fahrt fort, vorbei am Schlachtendenkmal, an der Saldernbrücke und weiter entlang der Oder bis zur Einmündung der Schlibbe/Slubia. Von dort wurde landeinwärts das Tagesziel Mohrin/Moryn angesteuert.

Zu den Besonderheiten von Zehden/Cedynia gehört, daß die Stadt erst 1930 an das Eisenbahnnetz angeschlossen wurde. Über diese Kleinbahn–Nebenlinie ab Bad Freienwalde heißt es in dem Buch "Eisenbahnen in Ostbrandenburg und Posen" von Siegfried Bufe aus dem Jahre 1988: "Die am 5. Oktober 1930 eröffnete 17,55 km lange Strecke unterstand dem Landesverkehrsamt Brandenburg in Potsdam. Jenseits der Oder war Zehden bei allen Bahnplanungen unberücksichtigt geblieben. Das sollte sich erst spät ändern. Als in den zwanziger Jahren eine neue Oderbrücke bei Hohenwutzen geplant wurde, sahen die Zehdener ihre Chance wachsen, einen Bahnanschluß nach Westen über die Oder in Richtung Reichshauptstadt zu erhalten.

Dem Geldmangel der Zeit entsprechend wurde die Brücke allerdings zu schmal geplant, daß sie nur je eine Fahrspur für Straßenfahrzeuge besaß. Das Gleis der Kleinbahn erforderte samt Lichtraumprofil soviel Platz, daß bei Zugfahrten der Straßenverkehr gesperrt werden mußte. Den Zugverkehr über die Brücke regelte ein Hauptsignal. Insgesamt verlief in diesem Abschnitt die Bahn 450 Meter auf der Straße, sonst auf eigener Trasse. Im Endbahnhof Zehden, der zugleich Betriebsmittelpunkt war, gab es eine gut eingerichtete, kleine Werkstatt mit Fahrzeugschuppen. Der Betrieb begann mit drei Dampflokomotiven und einem Triebwagen.

Als Ende Januar 1945 die Front sich hier der Oder näherte, bildete die Bahn einen Treck mit zwei Dampfloks, zwei Triebwagen und den Personenwagen. Alle Kleinbahner und ihre Familien und wer darüber hinaus noch Platz fand, gelangten so sicher über die Oder – ehe die Brücke gesprengt wurde – nach Westen, zur Südstormarnschen Kreisbahn, wo die abenteuerliche Fahrt in Willinghusen ein Ende fand".

Den Reiz der Landschaft um Zehden/Cedynia macht vor allem die der Stadt vorgelagerte weite Niederung aus. Über die Meliora-tion dieser Grünfläche lesen wir im "Königsberger Kreiskalender" von 1995:

"Das Zehdener Bruch wird auf der westlichen Längsseite vom Oderdeich begrenzt. Die Ostgrenze bildet der halbmondförmige Höhenrand, der bis zu 80 Meter ansteigt. Die Talbreite beträgt etwa drei Kilometer...

Der zum Schutze der Zehdener Niederung erbaute hochwasserfreie Deich (10,2 Kilometer lang) von Niederwutzen bis Bellinchen war bereits 1853 größtenteils fertiggestellt. Bei den hohen Wasserständen von 1854 und 1855 blieb der Bau nicht nur liegen, sondern wurde streckenweise durch Wasser und Eis wieder vollständig zerstört. 1856 arbeiteten 500 Strafgefangene aus Moabit und 1857 schon 550 Strafgefangene aus Sonnenburg und Spandau mit gutem Erfolg an ihm. 1858 wurden die letzten 150 Ruten am Bellinchener See, den er durchschnitt, geschüttet.

Der Deich kostete mit zwei Dammhäusern und einem Wäch-terhaus 272 583 Taler und ging mit dem 1. April 1860 auf den Deichverband des Niederoderbruches über. Zu ernsteren Besorgnis-sen hat er nur in den Hochwasserjahren von 1888 und 1892 Veran-lassung gegeben.

Seit dem 1. Weltkriege ist der Schutzwall auf Grund des Odergeset-zes von 1905 erheblich verstärkt".

Der gleiche Autor Ernst Rehdorf berichtete im Jahrgang 1991 des Kalenders über das verheerende Hochwasser von 1940:

"Der Deich, der 1876, 1888 und 1892 trotz seiner damals wesent-lich geringeren Widerstandskraft den Wassergewalten getrotzt hatte, war bei der Hohensaatener Fährstelle endgültig gebrochen; die Oder suchte sich durch das Zehdener Bruch einen ihrer alten Läu-fe, von denen sie seinerzeit abgedrängt worden war.

Die Einbruchstelle war am 22. März um 2 Uhr schon 200 Meter breit. Das Wasser hatte in den späten Abendstunden des Vortages die Chaussee in Zehden erreicht. Um 11 Uhr 30 floß die erste Was-serwelle auf Hohenlübbichow zu. Zehn Stunden später stellte man auf diesem Dorf einen Wasserstand von 4,60 Meter fest, so daß schon mindestens 70.000.000 Kubikmeter Wasser in den Polder eingeströmt waren. Auf dem fruchtbaren Gelände war über Nacht ein wogendes Meer geworden. Von den schon vor einigen Tagen geräumten Ausbauten sahen nur noch die Dächer, von der Chaussee Zehden – Hohenlübbichow die Kronen der Obstbäume hervor, während der Deich am Höhenrandkanal bei Zehden ganz im Wasser verschwand.

In Niederlübbichow, Zehden und Hohenwutzen gerieten die am Bruchrand liegenden Gehöfte unter Wasser, in Zehden wurden so 100 Familien obdachlos. Vom Karfreitag bis über die Osterfeiertage hinaus fuhren mit Soldaten und Feuerwehrmännern bemannte Kähne, Pontons und Schlauchboote durch die überschwemmten Straßen, um Lebensmittel, Futtervorräte, Mobiliar usw. aus den Wohn– und Wirtschaftsgebäuden zu retten".

Die Überflutungskatastrophe von 1940 kann man sich bei heutiger Betrachtung der Landschaft schwer vorstellen. Seither hat dieser Damm auch standgehalten.

Kommen wir nochmals zu dem Gedicht auf der Ansichtskarte zurück. Es verkündet eine dauerhafte Aussage: man kommt immer wieder gern in die Zehdener Region, um das heutige Cedynia zu besuchen. Das kann ich aus eigener Erfahrung nur bestätigen.

Ziebingen / Cybinka
Das Refugium von Ludwig Tieck

Kommst du von auswärts zugezogen

und bist hier noch nicht eingewohnt,

da hast du, das in ungelogen,

mit der Verständigung deine Not.

190

Doch viel Jahrzehnte wohn ich schon
hier unter diesen netten Leuten,
und weiß auch ohne Lexikon
die eigenartige Sprach' zu deuten.

Für Heu und Stroh heißt's Häje, Strawe,
der Feldrain ist ne Schedelung,
Freund Klokker heißt der Storch, der Brave,
ein halbes Pfund im Krug der Trunk.

Kartoffelkraut sind Nudelkaupen,
und in den Humpen schläft das Kind.
Die Grubken, es ist kaum zu glauben,
gewöhnliche Pantoffeln sind...

Noch vieles könnt ich namhaft machen,
was anders heißt, wie sonsten wo,
doch hieß es, was machst dau fer Sachen,
du änderst nichts, 's ist Tradition.

Gustav Hempel (Pseudonym: Gustav von der Oder)
Ziebingscher Dialekt (Auszug)
Aus: "Heimatbrief des Kreises Weststernberg e.V., Nr.14, März 1995

Die große Landgemeinde Ziebingen/Cybinka an der Straße zwischen Frankfurt (Oder) und Crossen/Krosno fand bereits um 1900 Eingang in brandenburgische Wander– und Touristenführer. Erwähnt wurden der Aufenthalt des Dichters Ludwig Tieck im Schloß des Reichsgrafen Finck von Finckenstein, "ausgedehnte Teichanlagen in schöner Waldschlucht" und "Interessante alte Frauentrachten" in und um den Ort.

Wie uns der Herausgeber des "Ziebinger Tageblattes" von vor 1945, Gustav Hempel, hinterlassen hat, gab es also auch eine eigene Mundart für die engere Region. Sie kam jedoch weniger aus dem Oderwendischen, sondern ist mehr niederdeutsch gefärbt.

Die traditionsreichen Bekleidungsstücke von Ziebingen/Cybinka und der umliegenden Dörfer wurden von der slawischen Zeit her über die Jahrhunderte von Generation zu Generation weitervermittelt. Darüber heißt es in einem Text aus dem Jahre 1955:

Besonders fällt die bunte Mädchentracht auf. Sie besteht aus einem weiten Tuch– oder Samtrock, dazu schwarzes Mieder, und unter dem Mieder trägt man die Bluse, das Tollhemd, mit weiten, bis über die Ellbogen reichenden Weißstickereiärmeln. Das Typische bei dieser Tracht sind die großen bunten, aus geblümter Seide bestehenden Halbschürzen, wodurch eine sehr in die Breite gehende Wirkung erzielt wird. Über die Schürze hängen vorn, mit dem Schürzenrand anschließend, hinten etwa halb so lange, breite, buntseidene Atlasbänder. Ein von den Schultern kommendes breites Umschlagtuch wird über der Brust gekreuzt und mit den Enden auf dem Rücken gebunden. Die Füße sind mit schwarzen oder auch weißen Strümpfen und meist mit schwarzen Halbschuhen bekleidet. Bei besonderen Festlichkeiten wird eine aus bunten Stoffrosen bestehende Krone getragen.

Beim Kirchgang trägt man zum schwarzen Rock eine weite, vorn buntbestickte schwarze Jacke mit Keulenärmeln, dazu kommt eine bunte Schürze. Ähnlich wie diese Kirchgangstracht der Mädchen ist die Festtracht der Frauen, nur daß alles in Dunkel gehalten ist. Alltags wird von den Frauen und Mädchen der weite, mit schwarzen Samtbändern besetzte dunkle Tuchrock getragen, dazu eine dunkle Bluse mit Keulenärmeln (die Luftjacke) und eine große Blaudruckschürze.

Die Hochzeitstracht ist ähnlich der schwarzen Kirchentracht, dazu kommt bei der Braut die Myrtenkrone mit auf den Schultern herabfallenden breiten, grünen Bändern".

Dank zahlreicher überlieferter Kleidungsstücke konnte das Wendische Museum in Cottbus 1998 eine Ausstellung zu dieser Thematik bieten, ergänzt durch eine farbig gestaltete Publikation.

Ein knapper Rückblick auf die Geschichte nach der slawischen Epoche wird aus dem Buch "Das Sternberger Land im Wandel der Zeiten" übernommen.

Ziebingen/Cybinka mit der älteren Schreibweise "Czebingen" gehörte nach 1250 zum erzbischöflichen Teil des Sternberger Landes, bis es 1287 unter brandenburgische Landesherrschaft kam. Das Dorf wurde von Magdeburg aus mit deutschen Bauern besiedelt. 70 Hufen Land wurde zur Verfügung gestellt, je zwei für 31 Bauernstellen sowie je vier für den Lehnschulzen und die Pfarrei.

Im Stiftsregister des Bistums Lebus wurde der Ort im Jahre 1405 erstmalig urkundlich erwähnt. Im Jahre 1472 stellte Kurfürst Albrecht Achilles 21 Freihufen für einen Rittersitz zur Verfügung. Belehnt wurde zunächst die Familie von Winnig. Ihnen folgten die von Löben. Ziebingen/Cybinka lag an einer schon damals stark befahrenen Straße, die von Süden aus dem schlesischen Raum nach Frankfurt und Küstrin führt. Kurfürst Joachim II. und Markgraf Johann von Küstrin verordneten 1539, daß alle von Süden kommenden Fuhrwerke in dieser Richtung Ziebingen/Cybinka passieren müssen. Auf diese Weise wurde der Ort Rastplatz für Kauf- und Fuhrleute. Hier durften auch fast alle städtischen Dienstleistungen angeboten werden. Zahlreiche Gewerbetreibende ließen sich nieder, obwohl die Zunftbeschränkungen erst rund 33 Jahre später aufgehoben wurden.

Im Jahre 1582 kam zwischen Kurfüst Johann Georg und dem Herrenmeister der Johanniter ein Austausch von Dörfern zustande. Dabei fiel Ziebingen/Cybinka dem Orden zu. Die ansässige Adelsfamilie behielt ihre Privilegien. Ebenso veränderten sich die Bedingungen für die Einwohner kaum. Der Orden belehnte die Familie von Burgsdorff neu. Ihr letzter Sproß auf Ziebingen war der Komtur Joachim Friedrich Ehrenreich von Burgsdorff. Von diesem kaufte der Regierungspräsident Graf von Finckenstein im Jahre 1807 den Besitz "mit allen Partinenzien", wie es damals hieß.

Im Jahre 1845 stellte der Graf die Herrschaft zur Bildung eines königlichen Fideikommisses für die Prinzen von Preußen zur Verfügung. Hierfür erzielte er den Preis von 305.000 Talern. Aber schon 1857 kaufte die Familie von Finckenstein die Grundherrschaft zurück.

Das Bauernland blieb fast vollständig erhalten. Alle 70 Hufen waren im Jahre 1800 noch vorhanden. Neben den 28 Ganzbauern lebten hier noch 29 Halbkossäten, zwei Büdner, 64 Einlieger und zwei Förster. Der Gutsbezirk hatte einen Umfang von 1.791 Hektar. Die Dorfmark war 2.549 Hektar groß, wovon etwa ein Fünftel bewaldet war. Außerdem standen 1.500 Hektar Wiesen zur Verfügung.

Um 1800 hate Ziebingen/Cybinka 522 Einwohner. Es gab eine Ziegelei, zwei Wassermühlen, eine Windmühle und zahlreiche Handwerker. Die Einwohner von Ziebingen betrachteten ihren Heimatort stets als Marktflecken, obwohl hier keine Jahrmärkte abgehalten wurden.

Über die Gutsbesitzerfamilien Burgsdorff und Finckenstein sowie über den Musenhof im Herrenhaus und Park ist mehrfach ausführlich publiziert worden. In Ekkehard R. Baders "Unterwegs nach Arkadien. Glanz und Tragik der Finckensteins" aus dem Jahre 2000 finden wir die beiden Kapitel "Ziebinger Tafelrunde" und "Hausgast Ludwig Tieck".

Das Schloß hatte die Kriegswirren von 1945 überstanden. Nach einem Brand etwa um 1980 wurde es abgerissen. An gleicher Stelle errichteten die polnischen Grenzschutzbehörden einen recht einfachen Büro- und Wohnbau. Auch das Fluidum des Parks ist nicht mehr vorhanden. Verschwunden sind ebenso die beiden Hirschskulpturen vom Schloßzugang. Wenigstens eine davon findet man noch rund 25 Kilometer entfernt an der Forstschule in Friedrichswille/Staroscin bei Reppen/Rzepin vor. Die zweite blieb bislang verschollen.

Ein Teil des früheren Gutsparks ist heute Gedenkfriedhof für die im Jahre 1945 gefallenen sowjetischen Offiziere. Die einfachen Soldaten ruhen auf einer Friedhofsanlage außerhalb der Stadt. So hart ist Krieg, daß er sogar noch im Tode die Menschen nach ihrer Rangordnung trennt! Vielleicht hatte damit auch der Diktator Stalin zu tun. In einer Relief–Plastik vor dem Offiziersfriedhof ist er, wie es scheint für alle Zeiten, in Ziebingen/Cybinka verewigt.

Zur sogenannten Tieck–Eiche führt der Weg westlich zum Buschvorwerk/Bieganow. Kurz vor der hier beginnenden Oderniederung muß man nach rechts einbiegen. Ein Stückchen weiter fällt am unbefestigten Weg der mächtige Baum auf. Unter seinem Blätterdach soll Ludwig Tieck dichterische Inspiration erhalten haben. Das er jedoch dort an seiner Version des Märchens "Der gestiefelte Kater" gearbeitet haben soll, daß ist wegen der Erstveröffentlichung vor seiner Ziebinger Zeit recht unwahrscheinlich.

Bei der Eiche befinden wir uns nahe an den Fischteichen und am Pappelberg mit einer weiten Sicht über die Oderlandschaft. Der Sage nach soll auf dieser Höhe einst ein Fischerdorf gestanden haben. Einmal brachte ein Fischer von seinen Fahrten eine Christin als seine Frau in das heidnische Dorf und erregte damit den Unwillen des heidnischen Priesters.

Als die Sommerhitze das gefährliche Sumpffieber in das Dorf brachte, erklärte der Heidenpriester dies als Rache des Gottes Czernebog. Um den Gott zu versöhnen, sollte die junge Christin geopfert werden. Schon war auf dem Pappelberg der Scheiterhaufen errichtet, und die Flammen loderten um das Opfer. Da zuckte ein Blitz hernieder, ein furchtbarer Donnerschlag ließ alle erzittern. Der nachfolgende Platzregen löschte die Flammen, und die Frau war gerettet. Der Christengott hatte bewiesen, daß er stärker ist als Czernebog. Viele der heidnischen Fischer wurden zu Christen. Diese Variante der Legende stammt aus einem Heimatbrief des Kreises Weststernberg von 1995.

Ab 1907 war Ziebingen/Cybinka nach etwa 23 Kilometern auf einer Nebenbahnstrecke von Kunersdorf/Kunowice aus zu erreichen. Zwei Fabriken an der Linie, aber vor allem der Braunkohlenbergbau, waren an diesem Verkehrsweg äußerst interessiert, der bei Aurith/Urad über eine Anbindung an die Binnenschiffahrt verfügte.

Zum Thema Kohleabbau seien an dieser Stelle Auszüge aus dem Buch "Wanderungen durch Südostbrandenburg an und jenseits der Oder–Neiße–Grenze", Jahrgang 1997/98 von Dr. Manfred Schieche widergegeben.

Es gab bei Ziebingen/Cybinka insgesamt drei zur "Gewerkschaft Bach" gehörende Schachtanlagen, die seit 1864 Kohle förderten. Zwei übereinander liegende abbauwürdige Flöze waren von wirtschaftlichem Interesse. Das Oberflöz in 20 bis 50 Meter Tiefe hatte eine Mächtigkeit von 2 bis 30 Metern. Das Unterflöz, das nur durch Bohrungen erkundet wurde, ist etwa 8 Meter mächtig. Der

Schacht Bach II wurde um 1930 aufgegeben. Schacht I und II, letzterer erst ab 1934 in Betrieb, förderten bis 1945.

Beim Schacht I erreichte man die Kohle in 45 Meter Tiefe. Am Ende eines senkrechten Förderschachtes gab es nur noch gering abfallende Stollen mit Kettenbahnen von einem Kilometer Länge. Der Schacht III verlief auf einer Länge von 250 Meter schräg in die Tiefe als sogenannter Flachschacht dem Flöz folgend, um etwa 65 Meter unter dem Niveau des Einstiegs am tiefsten Punkt zu enden. Auch von diesem Schacht zweigten querverlaufende Förderstrecken ab, die mit zweigleisigen seilgezogenen Bahnen ausgerüstet waren.

Der Bau einer zu den Gruben gehörenden Brikettfabrik am Bahnhof um 1920 wertet die Braunkohle weiter auf. Es ermöglichte den Absatz des veredelten Produktes zu höheren Endpreisen. Die Fabrik war mit vier Hochleistungspressen für eine Tagesproduktion von 190 Tonnen ausgelegt. Zur Aufbereitung der feuchten Rohbraunkohle gehörten Transportbänder, Brecher, Siebe und Trocknungsanlagen.

Zur Ergänzung des öffentlichen Güterverkehrs und zur Verbilligerung der Transporte entstand eine Betriebskleinbahn von den Gruben zu den Papierfabriken Steinbockwerk und Pulverkrug.

In Ziebingen/Cybinka und Umgebung entwickelte sich eine lebendige Bergbautradition. Man trug die Bezeichnungen Bergmann und Steiger wie die Bauern ihre Hofnamen. Es gab Vereine, die Feste mit Umzügen veranstalteten und eine Grubenkapelle. Ziebingen/ Cybinka entwickelte sich also vor 1945 mit fast 4.000 Einwohnern zu einer großen Industriegemeinde.

Zur polnischen Zeit wurde der Bergbaubetrieb nicht weitergeführt. Auch die Bahnstrecke ist längst nicht mehr für den Personenverkehr in Betrieb. So gibt es eigentlich nur noch Relikte als Erinnerungen an eine interessante Dorfgeschichte. Lediglich die Kirche aus dem 18. Jahrhundert fällt als ein Kleinod auf und läßt erahnen, wie beschaulich und kultiviert es einstmals hier zuging.

Erst nach der Abfassung dieses Kapitels erfuhr ich, daß das 346 Seiten starke Buch "Ziebingen. Ein Marktflecken im Sternberger Land" erschienen ist. Ein weiteres Indiz dafür, daß es über den Ort viel zu berichten gibt.

Zielenzig / Sulecin
Aufgeschlossenheit für Fahrradtouristen

Der Landesfürst wollte nach seinem Regierungsantritt sein ganzes Land persönlich kennen lernen und besuchte darum alle Städte und Dörfer. So kam er auch in unseren Ort. Er ließ den Schulzen vor sich kommen und fragte ihn nach Namen, Größe, Abgaben usw., so der Ort habe. Doch der Schulze wußte den Namen nicht. Er sagte, man spreche von ihnen als von denen, die im Tale hauseten. Der Fürst sei anfangs erstaunt gewesen, habe dann aber zornig befohlen: "Wenn ich in acht Tagen wiederkomme, habt ihr dem Ort einen Namen gegeben!", und ritt mit seinem Gefolge weiter.

Grübelnd sitzen am Abend die Männer beim Bierkruge, ihre lauten Reden sind verstummt. Soviel sie auch sinnen, einen rechten Namen finden sie nicht. Am schlimmsten dran ist der Schulze. Recht niedergedrückt sitzt er am letzten Tage an seinem Fenster und grübelt. Wer weiß, ob er noch mal den Acker pflügen kann wie drüben der Nachbar mit den großen Ochsen.

Doch was spricht der denn immer auf seinen Lenz ein, so hieß der eine der Ochsen? Er öffnete das Fenster und lauschte: "Zieh Lenz!, zieh!", hört er den Nachbarn rufen: "Zieh Lenz!, zieh!" Ziehlenzzieh? denkt der Schulze. Ja, so könnte unser Ort wohl heißen. Ich will mal schnell die andern fragen. Doch da wird ihm gemeldet, der Fürst stehe vor dem Orte. Es ist also zu spät. Als er dann vor dem Fürsten steht und dieser Antwort heischt, spricht der Schulze: "Unser Ort möchte Ziehlenzieh heißen". Und dabei blieb es. Den andern wich ein Alp von der Brust.

Später aber schrieb man Zielenzig.

Arno Adolf Schädlich

Wie Zielenzig seinen Namen erhielt (gekürzt)

Aus: "Aus Zielenzigs Vergangenheit" 1924

Die tatsächliche Namensherkunft von Zielenzig/Sulecin habe ich nicht herausgefunden. Zu den ältesten Formen gehören Sulench, Zulenche und Zelenzeke. Die Bezeichnung entstand mit größter Wahrscheinlichkeit in der slawischen Zeit: "Sielanka" heißt auf deutsch Idylle. Das könnte wegen der hübschen Lage am Flüßchen Postum/Postomia durchaus ein Anhaltspunkt für die Benennung gewesen sein. Ebenso wäre die Herleitung von Salz, auf polnisch "sol", möglich. Schließlich lag der Ort von altersher an einer Handelsstraße, auf der unter anderem Salz transportiert wurde. Es gab hier sogar Zwischenlagerungen des wertvollen Produktes.

Vielleicht war aber wie in vielen Orten der Name eines der ersten Siedler ausschlaggebend: also der Ort eines "Sulench". Oder die Bezeichnung wurde von einem andern Ort übertragen.

Wie dem auch sei, spätere Bewohner dachten sich Legenden aus, die von Generation zu Generation weitererzählt wurden. Eventuell sind es im Falle von Zielenzig/Sulecin deshalb gleich mehrere, weil der tatsächliche Ursprung so im Dunkeln liegt.

Jedenfalls sind noch weitere Varianten aus dem 19. Jahrhundert überliefert. Einer zufolge seien zwei Lietzen, das sind Wasserhühner, die auf den Sternberger Höhen bisweilen Lenzen genannt werden, vor dem Ritterheere stets als Führer vorangeflogen. Auf der Postum bei Zielenzig hätten sie sich niedergelassen und Station gemacht, des Zurufs nicht achtend: "Weiter, ziehe Lenze!" Da wären auch die Ritter dort geblieben.

Eine andere Version wird folgendermaßen erzählt: Der polnische Graf Mrochko, der als Gründer des vorher bestehenden Dorfes galt, rief seinem deutschen Leibjäger, der häufig danebenschoß, voll Entrüstung zu: "Zielens sich!", und dieser erlegte nun drei Hirsche mit einem Schusse.

Die erste urkundliche Erwähnung der Stadt stammt aus dem Jahre 1241. Aus dem Lateinischen übertragen hat sie folgenden Wortlaut: "Wir Heinrich von Gottes Gnaden Bischof von Lebus gestatten, bedacht auf den Nutzen und Erfolg für unsere Kirche, mit vollem Einverständnis des ganzen Kapitels, dem Grafen Mrochko, in Sulench Deutsche anzusiedeln auf wie vielen Hufen er auch immer im ganzen Umkreis ansetzen kann und gestatten ihm, daß die

Menschen, die nach deutschem Recht dort angesiedelt sind, frei von Abgaben und Zehnten sind, die nach dem Gesetz der Polen entrichtet werden.

Jedoch wir und unsere Nachfolger erhalten statt des Zehnten von jeder Hufe, solange der Zins errichtet wird, 4 Maß Getreide im Jahr, nämlich 2 Scheffel Roggen und 2 Scheffel Hafer, mit Ausnahme der Hufen der Schulzen, die weder Zins noch Decem zu geben haben.

Gegeben zu Lebus im Jahre des Herrn 1241 in Anwesenheit des Präpositus von Lebus, Gerlach, des Dekans Volurammo, des Scholastikus Boruta, des Stiftsherrn Nikolaus derselben Kirche und vielen anderen".

Wahrscheinlich hatte diese Region damals eine Aufsiedlung nötig, um wirtschaftlich überhaupt bestehen zu können. Bereits drei Jahre später wurde per Urkunde das Gebiet Sulenche vom schlesischen Fürsten Rogatka an den Templerorden übereignet. Gemeint war damit ein ganzer Landstreifen zwischen Zielenzig/Sulecin und Zantoch/Santok. Er stammte wohl aus dem Erbe eines großpolnischen oder schlesischen Großgrundbesitzers.

Das vormals slawische Dorf entwickelte sich nun zu einem Marktflecken mit vorwiegend deutschen Einwohnern. Um 1250 ging die Gegend ebenfalls vertraglich in brandenburgischen Besitz über.

Die Markgrafen zogen den Templerbesitz ein und gründeten eine Stadt, die erstmalig als solche 1286 in einem Dokument erwähnt wurde. In diesem bestätigten Brandenburg und der Papst die Rückübertragung der Rechte an den Templerorden.

Die erste Stadtanlage wurde rechteckig gestaltet und von einer Mauer sowie einem Wassergraben geschützt. Um das Jahr 1270 war eine hölzerne Burg entstanden.

Nachdem Anfang des 14. Jahrhunderts der Templerorden verboten wurde, beanspruchte der Johanniterorden dessen Erbe. In Zielenzig/Sulecin erhielt er jedoch nur den Ordenshof, während die anderen Besitzungen dem Markgrafen verpfändet werden mußten. Die Stadt blühte nun auf. Viele Tuchmacher siedelten sich an.

Als Markgraf Waldemar 1319 starb, ernannte sich der Herzog von Schlesien–Glogau zum Besitzer und gab dem Johanniterorden alle seine einstigen Rechte zurück. Wenige Jahre darauf kam ein neuer Markgraf und zog die Ordensgüter wiederum ein. Später einigte man sich gütlich. Die Johanniter konnten bleiben, aber sie unterstanden zukünftig der Komturei in Lagow/Lagow. Und es gab die Klausel, daß den Markgrafen die Stadt mit ihrer Burg jederzeit offen stünde.

Im Jahre 1392 wurden der Stadt durch den Herrenmeister der Johanniter die Gerechtsame bestätigt. Zwar setzte die Ordensregierung den Bürgermeister ein, aber man blieb weithin selbständig, unter anderem bei der niederen Gerichtsbarkeit, bei Markttagen, bei der Flur–, Jagd–, Fischerei– und der Schäfereigerechtigkeit. Die Abhängigkeit gegenüber dem Orden hielt sich also in Grenzen und die Stadt konnte sich gut weiterentwickeln.

Im 16. Jahrhundert wurden zweimal die Verteidigungsanlagen verbessert. Bis 1810 blieb Zielenzig/Sulecin im Besitz des Ordens. Als im Jahre 1873 das Sternberger Land in zwei Kreise geteilt wurde, erlangte es den Sitz als Kreisverwaltung für Oststernberg.

Um 1850 war die alte Ost–West Handels– und Poststraße durch den Ort zur Chaussee ausgebaut worden. Der Eisenbahnanschluß erfolgte 1890 nach Meseritz/Miedzyrzecz und Reppen/Rzepin sowie 1912 nach Landsberg/Gorzow. Zur deutschen Zeit stieg die Einwohnerzahl trotz einiger Industrieansiedlungen nicht über 6.600.

Zielenzig/Sulecin hat sich in der polnischen Zeit nach 1945 trotz der fast zur Hälfte zerstörten Bausubstanz recht gut entwickelt. Jetzt leben dort an die 12.000 Einwohner, und seit 1999 ist es wieder eine Kreisstadt. Man setzt vor allem auf Gewerbeansiedlungen und auf den Tourismus.

Keine fünfzig Kilometer von der deutschen Grenze entfernt liegt es nahe, den Wochenend– und Tagestourismus auszubauen. Man ist Mitglied in der Euroregion Pro Europa Viadrina, veröffentlicht attraktive dreisprachige Prospekte, legt Fahrradwege an und gestaltet touristische Anziehungspunkte. Vielfältige Möglichkeiten der Zusammenarbeit werden genutzt: Urlauber– und Gewerbemessen, der deutsche Partnerkreis Oder–Spree im Land Brandenburg als auch der Heimatkreis Oststernberg, in dem sich die früheren deutschen Einwohner zusammengeschlossen haben.

Unter dem Motto "Herzlich willkommen in Sulecin" begrüßt der Bürgermeister die Gäste der Stadt und Umgebung in einem Werbeheft folgendermaßen:

"... Sulecin liegt im Tal des Flusses Postomia in der Wojewodschaft Gorzow. Die Gegend der Stadt gehört mit ihrer wunderschönen Landschaft zu den abwechslungsreichsten Gebieten im Herzen der Lubuska–Region. Hohe Hügel, Wälder mit zahlreichen malerischen Seen und große Findlinge bilden einzigartige Landschaften, die Sulecinska Schweiz genannt werden.

Nur hier kann man saubere Waldluft einatmen und an zahlreichen Gewässern eine heutzutage bereits seltene Ruhe finden. Unsere Gegend ist ein wahres Paradies für Angler, Pilzsammler und Touristen. Dank der gekennzeichneten Wanderrouten und Radwege, die auf den regionalen Karten zu finden sind, ist es möglich, die wunderschönen Orte unseres Gebietes auf umweltfreundlichste Art und Weise zu besichtigen. Es gibt hier genügend Übernachtungsplätze, gute Küche und geschmackvoll eingerichtete Restaurants...

Die Behörden laden alle Interessenten ein und gewährleisten gute Bedingungen zur Aufnahme einer wirtschaftlichen Tätigkeit... Wir laden alle Interessenten zur Errichtung eines festen Wohnsitzes bei uns ein...

Von Sulecin liegt Europa nur noch einen Schritt entfernt. Wir sind offen für sämtliche Initiativen. Also es lohnt, seine wirtschaftlichen Pläne mit der Sulecinska–Region zu verbinden.

Es ist wert, unsere Stadt kennenzulernen und uns Ihr Vertrauen zu schenken!"

Seit 1995 findet in Zielenzig/Sulecin jährlich Ende September ein "Internationales Radfahrertreffen" statt. Bei den Wettbewerben geht es unter anderem um einen Pokal des Präsidenten der Euroregion Pro Europa Viadrina. Für ein Cross Rennen wird das nahe Militärgelände von Wandern/Wedrzyn einbezogen. Drei Tage bieten einen Mix aus Sport, Kultur, Feiern und Geselligkeit – insgesamt ein menschenverbindendes Fest für die Einwohner und natürlich für die vielen naturverbundenen Gäste.

In der Stadt der Radfahrer wurden natürlich Radwege angelegt; nicht nur in den eigenen Straßen, sondern ebenso weitverzweigt in die Umgebung hinein. Sie sind zwar noch nicht zur vollen Zufriedenheit der Radler ganz vollendet, aber man kann sich zumindest zurechtfinden.

Direkt in der Stadt habe ich erst ein Mal Quartier genommen. Unvergeßlich wird mir aber die Unterkunft am Ostrower/Ostrowskie See bleiben, wenige Kilometer südlich gelegen. Hier befindet sich das einfache, aber liebevoll ausgestattete Sommer–Erholungszentrum "Marina". Die Lage ist einzigartig schön. In aller Abgeschiedenheit und Stille kann man hier die vollkommene Natur genießen und auch Wassersport betreiben, ebenso wie am Ankensee/Lubniewsko. Noch so manch anderer Winkel in und nahe der besuchenswerten Stadt Zielenzig/Sulecin bleibt zu entdecken.

Zorndorf / Sarbinowo
Der Pflug geht drüber hin – Schlachtfeld 1758

Eine halbe Meile nördlich von Tamsel liegt Zorndorf. Der Weg führt zunächst durch eine tiefe Schlucht, die hier, unmittelbar im Rücken des Dorfes, die Hügelkette torartig durchbricht und, immer ansteigend, auf ein Plateau von mäßiger Höhe mündet. Die Fahrt, die sehr malerisch beginnt, verliert sehr bald ihren Charakter; Sand und Baumwurzeln treten an die Stelle von mit Laubholz besetzten Berglehnen, bis endlich das freundlich daliegende Dorf Zorndorf die ziemlich reizlose Öde wieder durchbricht.

Zorndorf ist wohlhabend, wie fast alle Dörfer, wo Schlachten geschlagen wurden. Ob es lediglich daran liegt, daß die während des Kampfes zerstörten Dörfer besser und hübscher wiederaufgebaut werden, oder ob die Schlachtfelder, wie große Kirchhöfe, einen reicheren Acker schaffen? Es stehe dahin. Vielleicht auch kommt noch ein drittes hinzu.

Das Auferbauen aus Trümmern schafft nicht nur ein neues Dorf, es schafft auch, in nötig gewordener Anspannung, ein rührigeres Geschlecht. Und Fleiß und Energie, einmal wachgerufen, vererben sich weiter von Vater auf Sohn.

Theodor Fontane

Zorndorf (Auszug)

Aus : "Wanderungen durch die Mark Brandenburg.

Das Oderland 1863

Theodor Fontane war nicht der erste Autor, der über die Schlacht bei Zorndorf/Sarbinowo am 25. August 1758 im Siebenjährigen Krieg geschrieben hat. Es gibt zeitgenössische Berichte über diesen blutigen Tag und spätere Darstellungen von Historikern, aber auch poetische Texte. Selbst bildende Künstler haben sich des Ereignisses angenommen.

Zu den Augenzeugen gehörte der Pfarrer Christian Abraham Seidel aus Grüneberg/Golice bei Zehden/Cedynia, der die vorangegangene Belagerung und Beschießung von Küstrin/Kostrzyn durch den russischen General Fermor sowie das eilige Heranrücken der preußischen Armee aufzeichnete.

Über die Schlacht selbst und ihre Folgen ist eine Darlegung durch den seinerzeitigen Oberpfarrer von Neudamm/Debno überliefert worden. Darin heißt es:

"Bis um 9 Uhr an diesem so merkwürdigen Tage war alles still; dann fing das Treffen wirklich an. Um 11 Uhr fing das kleine Gewehr an, sich mit einzumischen. Unsre Einwohner sangen in ihren Häusern Bußlieder, sie riefen den Herrn an um Sieg und Errettung. Um 12 Uhr wurde der Flügel des Grafen Dohna in die Flucht geschlagen. Als das der König sah, eilte er sofort hierher und trieb die weichenden Truppen wieder mit Gewalt gegen den Feind.

Darauf dauerte das ganze entsetzliche Feuer bis abends 7 Uhr. Das Schlachtfeld war nur 1 Meile in die Länge und in die Breite.

Von Damm, einem Dorf bei Neudamm, bis Zorndorf und von Zicher bis Quartschen. 18.000 Russen liegen gewiß auf diesem engen

Raum. Dies ist die lautere Wahrheit; denn die Russen lagen glieder-
weise gestreckt, so wie sie standen. Von den Einwohnern der nächsten Umgebung wurden jeden Tag gegen 50 Mann beordert, die die
Toten zu beerdigen hatten, vier volle Wochen dauerte die schreckliche Arbeit. Es hat sie jeder doch mit Vergnügen, wegen der dabei
vorgefallenen guten Beute, verrichtet.

Aus den abgebrannten Dörfern hat man von solchen Elenden am
Leib und Gemüte zu 30 bis 100 aus dem Schutt, wie auch aus den
Gehölzern zusammengebracht. Auf den Feldern, im Getreide, im
Flachs, hinter den Zäunen lagen um uns herum eine große Menge
Tote...

Die noch Lebenden kamen in die Städte und Dörfer und baten um
Kliba (Brot). Die aber in den Heiden nicht fortkommen können,
hatten an den Bäumen die Rinde, Blätter und Wurzeln soweit abge-
nagt, als sie reichen können; und also hatten sie bis in die vierte
Woche gelebt. Welch erstaunend harte Natur!

Nach zwölfstündiger harter Blutarbeit war zwar die russische Armee geschlagen; aber auch Friedrichs Heer war so ermattet, daß es
die Verfolgung des besiegten Feindes nicht aufnehmen konnte. Ruhig mußte es daher zugeben, daß sich die Russen in der Nacht und
am folgenden Tage wieder sammelten und ein befestigtes Lager bezogen".

Die Historiker schrieben es vor allem dem Reitergeneral von Seydlitz zu, daß die Schlacht für Friedrich nicht verloren ging.

Der 1808 in Stettin/Szczecin geborene Philosoph und Architekt
Franz Theodor Kugler verfaßte um 1840 einen Text, in dem es
heißt:

"In dem Augenblick stürzten neue Scharen der russischen Reiterei
auf den linken Flügel der preußischen Armee. Dieser war aus den
Regimentern des Grafen Dohna gebildet; ein Teil von ihnen war es
gewesen, der schon bei jenem ersten Angriff auf den rechten Flügel
der Russen geflohen war. Jetzt ergriff sie insgesamt bei dem An-
brausen der feindlichen Haufen ein panischer Schrecken; in
schmachvoller Flucht verließen sie aufs neue das Schlachtfeld. Und
wieder war es dem Helden des Tages, Seydlitz, vorbehalten, die be-
drohliche Gefahr abzuwenden.

Aufs neue stürmte er mit seinen tapferen Scharen auf die Feinde, warf die russische Kavallerie in wilder Unordnung zurück und griff die noch stehenden Infanterietreffen der Russen trotz des lebhaftesten Kartätschen– und Gewehrfeuers mutig an. Bald kam auch Friedrich mit dem erprobteren Teil seiner Infanterie heran, und nun entstand wiederum ein Gemetzel, jenem gleich, welches dem rechten Flügel der Russen bereits den Untergang gebracht hatte.

Während Friedrich seine Armee zur Nachtruhe ordnete, suchten die Russen in einzelnen Haufen ihr Heil in der Flucht. Da sie aber überall die Brücken abgebrochen fanden, hinderte dies die gänzliche Auflösung ihres Heeres, dessen Führer es sich nun auf alle Weise angelegen sein ließen, die Zerstreuten zu sammeln.

Eine Schar von einigen tausend Russen hatten sich wieder auf dem Schlachtfelde aufgestellt. Gegen sie ließ Friedrich noch einmal Truppen marschieren; doch blieb dieser letzte, übrigens unbedeutende Angriff fruchtlos, da es teils an Munition fehlte, teils auch die Hälfte der Angreifenden, aus Bataillonen des linken Flügels bestehend, zum dritten Mal vor dem feindlichen Feuer entfloh.

Über Nacht hatten die Russen sich gesammelt und am folgenden Morgen sich aufs neue in Schlachtordnung gestellt. Es schien sich eine zweite Schlacht entwickeln zu wollen, und in der Tat begann auch eine Kanonade, die vier Stunden lang währte. Aber auf beiden Seiten war die Erschöpfung groß. Zugleich fehlte es auch an Munition, so daß es zu keinem ernstlichen Angriff kam. Fermor bat nun um einen Waffenstillstand von einigen Tagen unter dem Vorwand, die Toten begraben zu wollen. Friedrich ließ ihm antworten, dies sei die Pflicht des Siegers. So benutzte Fermor die folgende Nacht, den linken Flügel des preußischen Heeres zu umgehen und seine Wagenburg wiederzugewinnen, wo er sich vorläufig verschanzte.

Gefangene waren am Tage der Schlacht von Zorndorf auf beiden Seiten nur wenige gemacht worden. Man hatte Pardon weder gege ben noch genommen″.

Von einem jungen preußischen Offizier, der das Gemetzel miterlebte, gibt es folgenden Bericht:

″Ich sah Stellen, wo die Kavallerie dreingeschlagen hatte und Menschen und Pferde untereinander lagen, wobei mir die Wut, die in den Gesichtern der Gebliebenen noch zu bemerken war, am meisten auffiel...

Übrigens konnte ich mich mit meinem Pferde durch die Leichen und Armaturen kaum durchwinden, denn da lagen Flinten, Pistolen, Säbel, Patronentaschen, Grenadiermützen, besonders aber viele russische Pulverladeschaufeln in solcher Menge, daß man die größten Transporte hätte machen können, um alles wegzubringen".

Nach dem Patt in der Schlacht hatten sich die Russen in Richtung Landsberg/Gorzow zurückgezogen. Über den anschließenden Aufenthalt der Preußen ist in dem Buch "Friedrich der Große. Ein Soldatenleben" von Christopher Duffy aus dem Jahre 1985 nachzulesen:

"Friedrich setzte Graf Dohna mit 17.000 Mann zur Verfolgung der Russen an, die sich erst im November in ihre Winterquartiere jenseits der Weichsel zurückzogen. Er selbst brach am 2. September mit einem Großteil der Armee auf und zog in elftägigem Gewaltmarsch über Manschnow auf dem linken Oderufer... bis nach Dresden.

Vorher hatte er sein Hauptquartier in Tamsel südöstlich von Zorndorf am Nordrande des Wartebruchs für fünf Tage bezogen. Auf Schloß Tamsel bei der Familie von Wreech war er bekanntlich mehr als ein Vierteljahrhundert zuvor während seiner Küstriner Zeit als Kronprinz oft zu Gast gewesen und hatte die junge Hausherrin in Gedichten angehimmelt.

Diese angenehmen Erinnerungen vermochten den König jedoch nicht über das unbehagliche Gefühl hinwegzutrösten, daß er hier jenseits der Oder weit weg von den übrigen Kriegsschauplätzen festsaß. Er wußte, daß seine Anwesenheit dringend in Sachsen notwendig war, wo Prinz Heinrich sich den vereinten Kräften von Daun und der Reichsarmee gegenübersah..."

Im Jahre 1846 erschienen die "Lieder vom Alten Fritz" des 1809 in Breslau/Wroclaw geborenen Mediziners Julius Mindig. Er faßte die Geschehnisse in seiner eigenen Art zusammen.

Hier sein Gedicht: "Die Schlacht von Zorndorf":

"Ist der Alte Fritz geritten
weit von Olmütz her in Mähren,
neben ihm der alte Zieten;
fragte, wo die Russen wären.

Brauchte gar nicht lang zu fragen,
roch den Brand auf hundert Meilen,
Hilferufen, Jammern, Klagen;
Alter Fritz, du mußt dich eilen!

Saht ja selbst die Kosaken
jüngster Tage noch im Lande,
auf den Kleppern hohe Packen,
eine wahre Räuberbande...

Endlich muß das Würgen enden:
Was nicht tot ist, ist entlaufen.
Dort nur mit gebundnen Händen
Noch ein paar Kosakenhaufen...

Lange blickt er auf die Strolche,
und dann hörte man ihn sagen:
'Seht er, Wedel, nur! mit solchen
Lumpenkerlen muß ich mich schlagen!

Und dann wandte er die blauen
Augen zu den Märker Bauern:
'Ich will alles wieder bauen;
Kinder, hört nur auf zu trauern!"

Zorndorf/Sarbinowo kenne ich seit Juli 1945. Als damals unser Vertriebenentreck am Gelände des Schlachtfeldes vorbeizog, dachte wohl niemand an die Ereignisse des Siebenjährigen Krieges zurück. Trauer um den Verlust der Heimat und um manch Angehörige und Freunde, Angst vor der Brutalität der Sieger, Sorge um die ungewisse Zukunft, das waren die vorherrschenden Gefühle. Nicht einmal die Verpflegung für die nächsten Stunden und Tage war gesichert.

In Zorndorf/Sarbinowo wurden die Pferdefuhrwerke und Handwagen gestoppt. Es hieß, daß wir uns im Ort einquartieren müssen, da die Warthe– und Oderbrücken in Küstrin/Kostrzyn gesperrt seien. Als Unterkünfte fanden sich Scheunen. Das war zwar nicht komfortabel, während der Sommerzeit aber immerhin erträglich. Den vielen Frauen war eine Art Massenquartier sogar lieber, da sie dann besser gegen Vergewaltigungen geschützt waren. Auch gab es sauberes Trinkwasser, und es konnte gekocht werden. An Gewalttätigkeiten erinnere ich mich während der rund zehn Tage und Nächte in Zorndorf/Sarbinowo nicht.

Obwohl wir uns wegen der Ungewißheit des Aufbruchs nie weit weg von der Scheune entfernen durften, kam es den Kindern nicht langweilig vor. Man war ein ähnliches dörfliches Umfeld gewöhnt und vertrieb sich die Zeit mit einfachen Spielen. Soldaten waren dabei keine nachahmenswerten Vorbilder; denn nicht nur der Vater war in eine Uniform gezwungen worden und kam nicht wieder aus dem Krieg zurück. Auch die Mutter wurde im Frühjahr 1945 als "lebende Reparation" von russischen Soldaten verschleppt und mußte uns später suchen. Nur die Großmutter war bei uns.

Als wir Zorndorf/Sarbinowo verlassen konnten, mußten die Pferdegespanne, auf denen bisher alte Leute und Kleinkinder transportiert worden waren, auf der zukünftig polnischen Oderseite zurückbleiben. Die eigentliche Odyssee für den Treck begann erst...

Im August 1968 sah ich während der ersten Radtour in die Heimat die Landschaft um Zorndorf wieder. Nun hieß der Ort Sarbinowo. Die Örtlichkeiten waren sofort wieder im Bewußtsein. Der Standort des Denkmals zum Gedenken an die Schlacht ist mir damals nicht bekannt gewesen, aber das Gelände, auf dem sich die Gefechte abspielten.

Bei einer der ersten Durchfahrten mit den Radfahrern hielt ich mich zwischen Zorndorf/Sarbinowo und Zicher/Cychry neben einem einheimischen Radfahrer. Dabei wollte ich trotz schwieriger Verständigung ein Gespräch auf die historischen Ereignisse lenken. Und tatsächlich war ihm die so lange zurückliegende Schlacht bekannt.

Im Jahre 1991 war ich intensiv auf den Spuren von Erinnerungen an historische Stätten unterwegs und natürlich hatte sich viel verändert seit Fontanes Zeilen, das hatte ich bereits in dem Buch "Wanderungen östlich der Oder" (1992) erwähnt. An das schlichte Denkmal auf dem Friedrichshügel erinnerten nur noch herumliegende Granitbrocken.

Wenige Jahre später hatte sich im Zusammenwirken von polnischen Interessenten und früher hier wohnenden Deutschen einiges geändert. An der Chaussee zwischen Zorndorf/Sarbinowo und Quartschen/Chwarszczanyn findet der Vorbeifahrende eine große Schautafel. Sie berichtet in polnischer und deutscher Sprache über den Hergang der Schlacht. Im Mittelteil ist der Schlachtplan wiedergegeben. Wo früher im nun wieder ausgelichteten kleinen Wäldchen das Denkmal stand, befindet sich eine mit Zement zusammengefügte Ansammlung von Granitsteinen.

Das Monument ist wahrscheinlich nach und nach abgebaut worden, denn die polnischen kommunistischen Machthaber wollten mit dieser historischen Erinnerung nichts zu tun haben.

Nachdem ich erfuhr, daß sich Relikte des 1826 errichteten Denkmals auf nahegelegenen Bauernhöfen befinden sollen, suchte ich während einer Radtour einfach das nächstgelegene Gehöft auf. Der Bauer empfing mich freundlich und bekam schnell mit, was mein Begehren war. So durfte ich ohne viel Umstände von den drei steinernen Platten vor der Verandatür, mitten auf dem Hof sowie hinter dem Stall Fotos machen. Für die Kinder hinterließ ich Süßigkeiten und verließ die Familie mit dem guten Gefühl, daß Geschichte selbst nicht nach Jahrzehnten des Totschweigens in Vergessenheit gerät, denn zumindest steinerne Zeugnisse wie die in Zorndorf/Sarbinowo bringen sie immer wieder in Erinnerung.

Abschließend noch der Text Theodor Fontanes über das Zorndorfer Denkmal:

"...Der Hügel mit seinen jetzt steil abfallenden Wänden, hier und dort von Liguster und Distelbüschen überwachsen, nimmt sich vortrefflich aus als Postament für das auf seiner Höhe errichtete Denkmal. Dieses ist einfachster Art. Es besteht aus drei Granitstufen, auf deren oberster sich ein Oblong, ebenfalls aus Granit, erhebt. Das Ganze ist ein etwa mannshoher, höchst schlichter Steinbau, der früher an einer seiner Fronten eine Inschrift trug. Man liest noch jetzt: Hier stand Friedrich... M.D.C.C.L.VIII. Alles andere ist verlöscht. Das Monument ist schlicht genug. Aber der Blick über das Schlachtfeld hin, das jetzt schattenhaft grau vor der dahinter gelagerten Abendröte liegt, ist entzückend.

Lerchen sind eben still geworden, und nur von rechts und links rufen die Unken über das Feld hin. Die hausen noch im Zaber− und Galgengrund, wenn auch freilich nicht mehr wie sonst. Denn die beiden Gründe haben längst aufgehört eigentliche Wasserrinnen zu sein; die Kultur hat sie trockengelegt, und nur wo hier und da noch ein Restchen Sumpfwasser in der Vertiefung steht, halten sich ihre alten Bewohner.

Noch einmal, es ist ein schlichtes Monument, das an dieser Stelle das Gedächtnis an den Tag von Zorndorf zu wahren trachtet. Aber es ist gut, daß es schlicht ist.

Prächtige Monumente gehören in die Stadt, in den Bereich der Kunst. Zu Wald und Feld stimmen Denkmäler, die sich einreihen in den Hausrat der Natur. Übergang und Verschmelzung, nicht Gegensatz. Würfel und Obelisk werden auf Schlachtfeldern noch lange das beste bleiben".

Zu diesem Buch

Als im Jahre 2000 der Titel "Neumärkische Spaziergänge" mit 26 Essays zu Orten zwischen Arnswalde/Choszczno und Züllichau/ Sulechow" erschienen war, gab es eine positive Resonanz. Zugleich aber gab es Anfragen, warum diese oder jene Stadt oder beispielsweise die Schlacht von Zorndorf/Sarbinowo nicht behandelt seien.

Deshalb habe ich für den vorliegenden Band nochmals die brandenburgischen Gebiete östlich von Oder und Neiße "durchforstet" und meine Erinnerungen bis 1945 sowie ab 1968 aktiviert. Und siehe da: es war in einem zweiten Band nicht einmal alles unterzubringen, das auch heute noch von Interesse wäre. Wer also immer noch etwas vermißt, der möge das verzeihen. Ich maße mir zudem nicht an, die Region lückenlos zu kennen. Dafür ist sie zu groß.

Zumindest ist nun die Mehrzahl der einstigen Städte erfaßt. Es fehlen von diesen nur Blesen/Bledzew, Bomst/Babimost, Brätz/Brojce und Unruhstadt/Kargowo aus der einstigen Grenzmark Posen–Westpreußen sowie Christianstadt/Krzystkowice, Gassen/Jasien und Triebel/Trzebiel aus dem früheren Kreis Sorau, Bobersberg/ Bobrowice aus dem Kreis Crossen, Fürstenfelde/Boleszkowice aus dem Kreis Königsberg und Göritz/Gorzyce aus dem Kreis Weststernberg.

Im Unterschied zu meinen touristischen Publikationen, in denen das nur irritieren würde, setzte ich hier die deutschen geographischen Bezeichnungen an die erste Stelle. Damit wird den amtlichen Festlegungen entsprechend deutsch–polnischer Vereinbarungen seit 1989 entsprochen.

Der Begriff "Neumark" wird auf Karten der Bundeszentrale für politische Bildung und auf Atlanten nur in deutsch aufgeführt, da diese historische Landschaft nach 1945 keine analoge polnische Bezeichnung erhielt. Der größte Teil der ehemals brandenburgischen Kreise Arnswalde, Königsberg und Soldin wurden der früheren preußischen Nachbarprovinz Pommern zugeordnet. Während die alten deutschen Namen Pommern und Schlesien nach einer 1999 durchgeführten Verwaltungsreform wieder zu Wojewodschaftsnamen wurden, bekannte man sich für die ostbrandenburgischen Gebiete nicht zur gleichen Traditionslinie.

Dafür wurden drei früher niederschlesische Kreise hinzugefügt, und das Lebuser Bistum, allerdings nie identisch mit geschichtlichen oder gegenwärtigen staatlichen Verwaltungsgrenzen, gab der neu gebildeten Wojewodschaft seine Bezeichnung.

Reiseführer und Bild−Text−Bände allein reichen nicht aus, um das Defizit an Kenntnissen über diese Region abzubauen. Aus demselben Grunde habe ich mich auch entschieden, Geschichte und Geschichten nicht literarisch auszuweiten oder weitschweifend zu kommentieren, dagegen aber viele Informationen, vor allem anhand von Zitaten, zu vermitteln. Die Fremdtexte sind voller Absicht und sollen nachweisen, daß diese Landschaft zu Unrecht in die Vergessenheit gestoßen wurde.

Ich habe versucht, eine Mischung aus Landschaftsdarstellungen, Natur, Sage, Geschichte und Gegenwart auszuwählen und dabei fast alle früheren Kreise berücksichtigt: Königsberg und Oststernberg mit je fünf, Soldin mit vier, Landsberg, Meseritz und Weststernberg mit je drei, Friedeberg mit zwei sowie Arnswalde, Crossen, Sorau und Züllichau−Schwiebus mit je einem Kapitel, außerdem die Dammvorstadt von Frankfurt (Oder). Lediglich der Ostteil des Kreises Guben ist nicht vertreten.

Neben der historischen Neumark ohne die 1815 abgetrennten Kreise Dramburg und Schivelbein wurden also auch die 1535 inkorporierten Kreise, das nach 1815 hinzugekommene Schwiebus und die östliche Niederlausitz sowie die ab 1938 zu Brandenburg gehörenden Gebiete der Grenzmark Posen−Westpreußen mit aufgenommen.

Damit halte ich mich an das "Handbuch der historischen Stätten Deutschlands. 10. Band: Berlin und Brandenburg" aus dem Kröner Verlag (3. Auflage, 1995).

Ohne Unterstützung und den freundlichen Zuspruch von vielen deutschen und polnischen Partnern hätte das Buch nicht in dieser Form entstehen können. An dieser Stelle danke ich allen, die mitgeholfen haben.

Stellvertretend möchte ich nur Herrn Zbiegniew Czarnuch aus Vietz/Witnica, Herrn Jan Koziol aus Drossen/Osno und Frau Frieda Todte aus Rosenthal/Rozansko sowie die Bibliothek im "Haus Brandenburg" in Fürstenwalde/Spree nennen.

Geschrieben wurde der Text in den Jahren 2000 und 2001. Es kann sich also durchaus hier und dort etwas verändert oder weiterentwickelt haben.

Wichtig ist mir, daß diese Publikation ein kleiner Baustein zur Erhellung historischer und gegenwärtiger Vorgänge sowie zum Verstehen des früheren deutschen und des heutigen polnischen Lebensgefühls wird und – das liegt mir seit Jahrzehnten besonders am Herzen – zur Annäherung und Verständigung zwischen deutschen und polnischen Menschen im grenznahen brandenburgischen Gebiet beiträgt.

Jörg Lüderitz

Ernst-Thälmann-Straße 66,
D-15537 Grünheide (Mark).
Telefon 03362 / 26622

Quellen– und Literaturhinweise

(Auswahl)

Kapitelübergreifend:

Theodor Fontane: Wanderungen durch die Mark Brandenburg. Zweiter Teil: Das Oderland. Verlag Wilhelm Hertz, Berlin 1863

Die Provinz Brandenburg in Wort und Bild. Verlag Julius Klinkhardt Leipzig und Berlin. Band 1: 1900 (Nachdruck Weltbild Verlag Augsburg 1998), Band 2: 1912

Paul Biens: Heimatklänge. Sagen und Bilder aus der Geschichte der Neumark. Verlag Paul Wagner Lippehne 1909 (Nachdruck Verlag Bock & Kübler 1994)

Rosemarie Pankow: Sagen und Geschichten aus dem Sternberger Land. Husum–Verlag, Husum 1992

Kreis Königsberg/Neumark. Erinnerungen an einen ostbrandenburgischen Landkreis. Westkreuz–Verlag Berlin/Bonn 1997

Gerd Heinrich: Handbuch der historischen Stätten Deutschlands. Band 10: Berlin und Brandenburg. Alfred Kröner Verlag Stuttgart 1995

Fritz R. Barran: Städte–Atlas Ostbrandenburg. Verlag Gerhard Rautenberg Leer 1990

Manfred Vollack: Ostbrandenburg. Adam Kraft Verlag Mannheim 1999

Jörg Lüderitz: Wiederentdeckte Neumark. Verlag Bock & Kübler Fürstenwalde 1995

Jörg Lüderitz: Die Neumark entdecken. Trescher Verlag Berlin 2002

Jörg Lüderitz: Das Sternberger Land. Trescher Verlag Berlin 1998

Heinz W. Linke/Heinz Paschke: Das Sternberger Land im Wandel der Zeiten. Heimatkreis Weststernberg Iserlohn Eigenverlag 1988

Bad Schönfließ/Trzcinsko Zdroj:

Königsberger Kreiskalender 1993. Herausgeber: Heimatkreis
Bärwalde/Mieszkowice.

Johannes Schultze: Die Mark Brandenburg. Band I.

Verlag Duncker & Humblot Berlin 1961

Berneuchen/Barnowko:

Landsberg an der Warthe 1257–1945–1976. Band I 1976.
Herausgeber: Bundesarbeitsgemeinschaft

Königsberger Kreiskalender. 2000 Evangelische Jahresbriefe Jahrg.
1951/52. Elisabeth von Viebahn: Berneuchen und seine Herren

Bernstein/Pelczyce:

Pommersches Hausbuch. Husum–Verlag, Husum 1989
Heimatkalender für den Kreis Soldin 1930
Heimatkreis Soldin/Neumark. Eigenverlag Heimatkreis 1981

Betsche/Pszczew:

Heimatgruß. Mitteilungsblatt Heimatkreis Meseritz, Nr. 147,
Dezember 1998

Wanderungen um Meseritz. Verlag Trowitzsch & Sohn
Frankfurt (Oder) 1936

Driesen/Drezdenko:

Mit Mikrofon und Kamera durch die polnischen Westgebiete.
(etwa) 1960

Drossen/Osno:

Im Westen fließt die Oder. Verlag der Nation Berlin 1973

Frankfurt – Dammvorstadt / Slubice:
Ludwig Tieck: Die Gesellschaft auf dem Lande. Insel – Verlag
Leipzig (etwa) 1920

Gleißen / Glisno:
Hans Erich Kubach: Die Kunstdenkmäler des Kreises
Oststernberg. Kohlhammer Verlag Stuttgart 1960
Kalau / Kalawa:
Günter Leibner: Die Festung Oder – Warthe – Bogen.
Eigenverlag 2000

Liebenau / Lubrza:
Georg Friedrich Reim: Kloppe, Klipp und große Klappe.
Olten – Verlag Homberg 1993

Neudamm / Debno:
Friederike Feldhahn: Unter der Walze – Eine neumärkische
Tragödie. Märkische Verlags – und Vertriebsgesellschaft Kiel 1967
Königsberger Kreiskalender 1992

Paradies / Goscikowo:
Heimatkalender für den Kreis Meseritz 1929

Pförten / Brody:
Gerhard Abraham: Was das Pförtener Kirchenbuch erzählt.
Verlag für Wissenschafts – und Regionalgeschichte Berlin 1993

Rokitten / Rokitno:
Kreis Schwerin / Warthe. Ein Heimatbuch 1975
Paul Graeter: Führer durch das Westposener Wald – und Seengebiet
1908

Rosenthal/Rozansko:

Willi Gruse: Unsere Heimat. Heimatkreis Soldin 1959

Rostin/Roscin:

Heimatjahrbuch für den Kreis Soldin 1937

Soldin/Mysliborz:

Nachrichtenmagazin FOCUS (29. April) 1995

Sommerfeld/Lubsko:

Heimatbuch des Kreises Crossen (Oder) 1927

Sorauer Heimatblatt 50. Jahrgang 2001, Nr. 2

Wenn über Crossen die Schwalben fliegen...

Selbstverlag Heinz Schulz Dortmund 1991

Spiegelberg/Pozrzadlo:

Fedor von Zobeltitz: Ich hab' so gern gelebt. 1934

Hanns von Zobeltitz: Im Knödelländchen und anderswo. 1916

Sternberg/Torzym:

Heimatkalender für den Kreis Oststernberg 1927

Vietz/Witnica:

Landsberg an der Warthe 1257–1945–1980. Band III 1980
Bundesarbeitsgemeinschaft

Heimatbrief Heimatkreis Weststernberg. Heft 36, (März) 2001

Zbigniew Czarnuch: Vietz am Wege der Geschichte. 2000

Woldenberg/Dobiegniew:

Paul von Nießen: Geschichte der Stadt Woldenberg 1893
Rundbrief Heimatkreis Friedeberg 1999, Nr. 50

Zantoch/Santok:

Paul Dahms: Buntes aus Bruch und Heide. 1934
R. Müller Eberswalde/Berlin/Leipzig

Zehden/Cedynia:

Siegfried Bufe: Eisenbahnen in Ostbrandenburg und Posen.
Bufe–Fachbuch–Verlag Egglham 1988
Königsberger Kreiskalender 1995

Ziebingen/Cybinka:

Wanderungen durch Südostbrandenburg an und jenseits der
Oder–Neiße–Grenze. Jahrgang 1997/98
Verlag Hanns–Ulrich Wein, Soltau 1997

Zielenzig/Sulecin:

Aus Zielenzigs Vergangenheit 1924

Zorndorf/Sarbinowo:

Pommersches Hausbuch. Husum–Verlag, Husum 1992

Der Autor

Jörg Lüderitz wurde 1935 in Rostin, Kreis Soldin/Neumark, geboren und stammt aus einer Lehrerfamilie. Sein Großvater war der Regionalhistoriker und Sagensammler Paul Biens.

Nach der Vertreibung aus der Heimat im Juli 1945 wurde Rüdersdorf der neue Wohnort. Seit 1964 lebt er in Grünheide (bei Berlin). Der gelernte Buchhändler blieb diesem Beruf bis zum Vorruhestand 1991 treu.

Bekannt wurde Jörg Lüderitz, seit vielen Jahren Vorsitzender des Literaturvereins "Georg Kaiser" in Grünheide, zunächst durch Presseveröffentlichungen zu heimatgeschichtlichen und kulturellen Themen. Landschaftsbeschreibungen, Geschichte, Kultur und Gegenwart sowie touristische Tips in den brandenburgischen Gebieten östlich von Oder und Neiße dominieren dabei.

1999 wurden dem Autor für seine langjährigen Bemühungen um die "Entwicklung freundschaftlicher Beziehungen zwischen polnischen und deutschen Bürgern" das Bundesverdienstkreuz verliehen.

Bisher erschienene Bücher des Autors:

"Wanderungen östlich der Oder", Stapp Verlag Berlin 1992

"Heimatklänge. Sagen und Bilder aus der Geschichte der Neumark" von Paul Biens (Neuherausgabe der Ausgabe von 1910), Verlag Bock & Kübler Fürstenwalde 1994

"Radtouren östlich der Oder", Trescher–Verlag Berlin 1994

"Wiederentdeckte Neumark", Verlag Bock & Kübler Fürstenwale 1995

"Orts– und Wanderführer Woltersdorf/Schleuse", Verlag Bock & Kübler Fürstenwalde 1995

"Die Neumark entdecken", Trescher Verlag Berlin 1997

"Orts– und Wanderführer Grünheide und Umgebung", Verlag Bock & Kübler Fürstenwalde 1997

"Das Sternberger Land", Trescher Verlag Berlin 1998

"Woltersdorf in alten Bildern", Hrsg. Jörg Lüderitz Verlag Bock & Kübler Fürstenwalde 1999

"Wandern und Radfahren in der Neumark", Trescher Verlag Berlin 1999

"Orts– und Wanderführer Rüdersdorf und Umgebung", Verlag Bock & Kübler Schöneiche 2000

"Wandern und Radfahren östlich der Oder", Trescher Verlag Berlin 2000

"Neumärkische Spaziergänge", Verlag Bock & Kübler Fürstenwalde 2000

"Die Neumark im Herzen", Texte zu Landschaft, Geschichte und Brauchtum von Paul Biens. Hrsg. Jörg Lüderitz, Individuell Verlag und Werbeagentur Schöneiche 2002

"Orts– und Wanderführer Erkner und Umgebung", Verlag Bock & Kübler Schöneiche 2002

"Neumärkisches Lesebuch", Hrsg. Jörg Lüderitz: Trescher Verlag 2003

DAS GESTÜT "Bielin"

BIELIN 1, 74-503 MORYŃ
tel./ fax. (+48 91) 414-60-78
Regon 810795219

In unmittelbarer Nähe des schönen Mohriner See's (Stadt Moryn)
nördlich von Küstrin/Kostrzyn finden Sie das Gestüt "Bielien"
im gleichnamigen Ort – ein Paradies für Pferdefreunde.
Hier können Sie reiten in herrlicher Natur.
Das Hotel im Herrenhaus hat 40 Übernachtungsmöglichkeiten
in 17 Zwei–, Drei und Vierbettzimmern.

Sie werden beim Reiten von erfahrenen Reitlehrrern begleitet.
Beliebt sind auch Kutschfahrten in die schöne Umgebung.

Paul Biens: Heimatklänge.

Sagen und Bilder aus der Geschichte der Neumark.

256 Seiten, Festeinband, Format 20,5 x 13,5 cm; Euro 12,40

ISBN 3–86155–025–3

Die Geschichte und Sagenwelt einer fast in Vergessenheit geratenen Landschaft östlich der Oder. Nachdruck des 1910 erschienenen Buches ″Heimatklänge″ des Sagensammlers und Regionalhistorikers Paul Biens (1874–1945). Heimatgeschichtlich geforscht hatte Paul Biens bereits als junger Lehrer. Im Jahre 1908 erschien seine ″Chronik der Stadt Lippehne (heute Lipiany). Die ″Heimatklänge″ wurden mehrmals aufgelegt.

Ekkehard R. Bader: Unterwegs nach Arkadien.

Glanz und Tragik der Finckensteins.

176 Seiten, Festeinband, zahlr. Bilder, Farbteil, Fb., Euro 12,40

ISBN 3–86155–105–5

Der Autor stellt einen Ort vor, der über Jahrhunderte durch eine märkisch–preußische Adelsfamilie geprägt wurde, und Alt Madlitz, nahe Fürstenwalde, erlebt seit 1989 durch Karl Wilhelm Graf Finckenstein erneut einen Aufschwung. Erinnert wird an historisch bemerkenswerte Persönlichkeiten, deren Lebensbahnen sich mit denen der Finckensteins oft schicksalhaft verknüpften und die preußische Geschichte bestimmten.

Rupprecht W. Düll

Geboren in Küstrin – einer versunkenen Stadt

112 Seiten, Festeinband, cell., Format 21,8 x 21,8 cm,
ISBN 3–86155–075–X, Euro 14,90

Küstrin – die Stadt am Zusammenfluß von Oder und Warthe – ist eng mit der preußischen Geschichte verbunden. Der Autor, noch im Kaiserreich geboren, läßt sich von seinen persönlichen Erinnerungen leiten. Erlebnisse in Familie, Schule und Fabrik formen ein Stück Zeitgeschichte zwischen den Weltkriegen.

Franz Ehmke: Märkische Dorfkirchen.

Bild–Text–Band, 248 Seiten, farbig, Festeinband

Schutzumschlag, 28,0 x 24,5 cm, Euro 24,80,

ISBN 3–86155–102–0

Von der Prignitz bis in die Lausitz, von der Uckermark bis in den Fläming grüßen hunderte Kirchtürme. Wuchtige Feldsteintürme wechseln mit hoch über die Dächer der Dörfer hinausragenden Turmspitzen, barocken Hauben, bescheidenen Fachwerktürmchen. Der Autor, bekannt duch zahlreiche Veröffentlichungen zur Landschaftsgestaltung und zur Gartenkunst hat 200 Dorfkirchen ausgewählt.

Einmalig die Pastelle des Grafikers und Autors, ergänzt durch historische Daten über Kirchen und Orte.

Jörg Lüderitz: Neumärkische Spaziergänge.

Geschichte und Geschichten um brandenburgische Orte östlich von Oder und Neiße.

176 Seiten, Festeinband, cell., Format 20,5 x 13,5 cm,

ISBN 3–86155–103–9, Euro 12,40

26 neumärkische Städte – zwischen Arnswalde/Choszczno und Züllichau/Sulechow – stellt der bekannte Autor vor. Dieser Titel kann als 1. Band der Essays von Jörg Lüderitz zu neumärkischen Orten angesehen werden. Der Titel: "Neumärkisches Panaroma" vervollständigt mit 31 weiteren Städten die Absicht des Autors, die Mehrzahl neumärkischer Orte vorzustellen.

"Lüderitz begleitet uns in jene Orte der Geschichte, in die er mit seinem modernen Bewußtsein und Willen zur Zusammenarbeit an dieser wichtigen Nahtstelle Europas die Menschen zusammenführt. Polen und Deutsche. Ein Schmied der Freundschaft ist er geworden..." Wolfgang Wirth, "Hellmut–von Gerlach–Gesellschaft"

Neuwedell / Drawno

Bernstein / Pelczyce

Bad Schönfließ / Trzcinsko Zdroj

Woldenberg / Dobiegniew

Soldin / Mysliborz

Zehden / Cedynia

Rostin / Roscin

Rosenthal / Rozansko

Driesen / Drezdenko

Bärwalde / Mieszkowice

Berneuchen / Barnowko

Landsberg /

Zantoch / Santok

Netze

Neudamm / Debno

Gorzów Wlkp.

Vietz / Witnica

Zorndorf / Sarbinowo

Warthe

Warthe

Rokitten / Rokitno

Königswalde / Lubniewice

Gleißen / Glisno

Betsche / Pszczew

Drossen / Osno

Zielenzig / Sulecin

Kalau / Kalawa

Slubice
Frankfurt-Dammvorstadt

Paradies / Goscikowo

Sternberg / Torzym

Liebenau / Lubzra

Spiegelberg / Pozrzadlo

Oder

Aurith / Urad

Ziebingen / Cybinka

Oder

Neiße

Pförten / Brody

Sommerfeld / Lubsko

F. Ehmke